DJ James
Ei Fywyd a'i Ddylanwad

DJ James

Ei Fywyd a'i Ddylanwad

Richard Morgan

Cyhoeddwyd gyntaf yn 2021
gan Ymddiriedolaeth James Pantyfedwen, Aberystwyth

ISBN 978-1-5272-9561-2

Argraffwyd yng Nghymru gan
Wasg Gomer, Llandysul, Ceredigion
www.gomer.co.uk

Cyflwynir y gyfrol hon i gadeiryddion yr ymddiriedolaeth(au)
y cefais y fraint a'r pleser o gydweithio â hwy, sef:

y diweddar Thomas Ivor Williams
y diweddar Graham Lloyd Rees
y diweddar Emrys Wynn Jones
Gwerfyl Pierce Jones
Derec Llwyd Morgan

CYNNWYS

tud.

Rhagarweiniad ix

Diolchiadau xiii

D J JAMES

Pennod 1: Y Blynyddoedd Cynnar yn Llundain a Phontrhydfendigaid: llaeth 3

Mudo i Lundain 3

Dychwelyd i Geredigion 8

Yn ôl i Lundain 10

Ystad Sunny Hill 13

Pennod 2: Cwmni James a'i Fab: grawn 17

Y briodas 17

Y busnes grawn: D J James a'i Fab 18

Cwmni D J James a'i Fab yn dilyn ymddeoliad DJ a'i farwolaeth 23

Y cwmni heddiw 27

Pennod 3: Sinemâu 30

Sinemâu: cyd-destun 30

Sinemâu DJ 32

Sylwadau Leslie Kemp 40

J Arthur Rank a DJ 42

Marw Catherine James 44

Pennod 4: Lled Ymddeol 48

Urdd Gobaith Cymru 49

Pantyfedwen, y Borth 49

Cwpan Arian yr Urdd 53

Clwb y Cymry yn Llundain 56

Trafodaethau gyda'r Enwadau yng Nghymru 62

Yr Eisteddfod Genedlaethol 70

Eisteddfodau Pantyfedwen 71

Prifysgol Dewi Sant, Llanbedr Pont Steffan 80

Cronfa Goffa y Fonesig Grace James 82

Haelioni ac anrhydeddau85

tud.

Eglwys y Santes Fair, Ystrad-fflur 89
Dau angladd 90
Cronfa Mynwent Ystrad-fflur 93

Pennod 5: Ei Fywyd a'i Waith: rhai sylwadau 98

YR YMDDIRIEDOLAETHAU

Pennod 6: Dechreuadau a Datblygiad 105

Pennod 7: Amcanion a Heriau 123
Cynhyrchu'r incwm 123
Datganiad o egwyddorion buddsoddi 127
Heriau 129
Gwario'r incwm 140
Y seiliau a osodwyd gan DJ 141
Adolygiadau yn y cyfnod 1967–98 144
Uno'r Ymddiriedolaethau yn 1998 147
Adolygiad Mewnol 2014 150

Pennod 8: Dylanwadau 156

Atodiadau
A Yr Ymddiriedolwyr 165
B Strwythur y Pwyllgorau 170
C Cadeiryddiaeth yr Ymddiriedolaethau 172
Ch Ysgrifenyddion Gweithredol/Cynorthwywyr Swyddfa 174
D Cronfa D J James/Cronfa Catherine a'r Fonesig Grace James: rhai ystadegau 175
Dd Cronfa John a Rhys Thomas James: rhai ystadegau 178
E Ymddiriedolaeth James Pantyfedwen: rhai ystadegau 180
F Y Gronfa Incwm Wrth Gefn 182
Ff Grantiau a Dalwyd 184
G Y Darlithoedd 188

Llyfryddiaeth 190

Mynegai 193

Tanysgrifwyr 201

Rhagarweiniad

Yn ystod fy nghyfnod yn gweithio fel ysgrifennydd gweithredol Ymddiriedolaeth James Pantyfedwen am dros ddeng mlynedd ar hugain, derbyniais lu o ymholiadau am noddwr y gronfa, sef y diweddar Syr David John James (y cyfeirir ato yn y gyfrol hon fel DJ). Ymholiadau gan unigolion a elwodd o gymorth yr Ymddiriedolaeth oeddent yn bennaf, a digon rhwydd oedd eu cyfeirio at y wefan (www.jamespantyfedwen.cymru) er y gwyddwn mai braslun yn unig o'r hanes a welir yno. Roedd yn amlwg bod llawer yn awyddus i wybod mwy amdano, a dyma a sbardunodd y syniad o greu cyfrol ar fywyd a gwaith DJ. Gwyddwn o'r gorau fod yma stori werth ei hadrodd ond roeddwn hefyd yn ymwybodol y byddai llu o anawsterau wrth geisio paratoi cyfrol gyflawn ac addas. Nid oes cofnod archifol o fywyd a gwaith DJ. Mae gan swyddfa'r ymddiriedolaeth rai o'i lythyron – heb fod yn fwy na hanner dwsin mewn nifer – yn ymwneud yn bennaf â sefydlu'r ymddiriedolaeth(au). Ond tu hwnt i'r ychydig lythyron hyn, nid oes unrhyw ddeunydd gwreiddiol. Ychwanegir at yr anawsterau o gofio bod DJ wedi marw yn 1967 – dros hanner can mlynedd yn ôl, ac nad oes neb o'i gyfoedion yn fyw heddiw. Wrth fynd ati i baratoi'r deunydd ar gyfer y gyfrol cefais y fraint o gyfarfod â nifer o ddisgynyddion rhai o'i gyfoedion, a bu'r sgyrsiau hyn yn ddefnyddiol tu hwnt wrth greu darlun o DJ. Bu rhai archifau anuniongyrchol hefyd o gymorth, yn fwyaf arbennig archif y diweddar Syr David Hughes Parry pan oedd yn ymddiriedolwr ac, yn ddiweddarach, yn gadeirydd yr ymddiriedolaethau (1957–73). Diolch i'r Parchedig Ddr John Tudno Williams am gyflwyno'r archif hwn i'r Llyfrgell Genedlaethol fel ei fod ar gael i'r cyhoedd.

O'r cychwyn cyntaf penderfynwyd bod angen adrodd hanes bywyd a gwaith DJ, yn ogystal â hanes a gwaith yr ymddiriedolaethau a sefydlwyd ganddo. Er cymaint ei garedigrwydd a'i haelioni tuag at lu o achosion ledled Cymru a thu hwnt, mae'n sicr mai'r ymddiriedolaeth a weinyddir heddiw o swyddfeydd yn Stryd y Farchnad, Aberystwyth, yw ei gymwynas fwyaf â Chymru a'i phobl. Mae'n naturiol felly fod y gyfrol hon mewn dwy ran. Yn y rhan gyntaf – Penodau 1 hyd at 5 – cyflwynir hanes bywyd a gwaith DJ gan roi sylw arbennig i'r tri maes busnes y bu'n ymwneud â hwy, sef llaeth, grawn/bwydydd anifeiliaid a sinemâu. Portreadir dyn cymharol ifanc yma oedd yn barod i fentro ym myd busnes – darlun o entrepreneuriaeth a menter oedd yn amlwg ymhlith nifer o Gymry blaenllaw yn Llundain. Yn y rhan gyntaf hefyd rhoddir sylw i'r hyn y ceisiodd DJ ei hun ei gyflawni'n uniongyrchol yng Nghymru ym meysydd addysg, crefydd a diwylliant ar ôl iddo led ymddeol.

Yn ail ran y gyfrol – Penodau 6, 7 ac 8 ynghyd â'r atodiadau ystadegol – adroddir hanes sefydlu a datblygu'r ymddiriedolaethau. Mae'n bwysig tanlinellu bod DJ wedi sefydlu dwy ymddiriedolaeth genedlaethol ynghyd â nifer dda o ymddiriedolaethau mwy lleol eu pwyslais. Y rhai cenedlaethol sy'n cael sylw yn ail hanner y gyfrol hon, sef Ymddiriedolaeth Catherine a'r Fonesig Grace James ac Ymddiriedolaeth John a Rhys Thomas James. Gweinyddid y ddwy gronfa o Aberystwyth rhwng 1968, pan agorwyd y swyddfeydd, a 1998 pan unwyd y ddwy gronfa i greu Ymddiriedolaeth James Pantyfedwen. Un ymddiriedolaeth sydd heddiw, ond yng nghorff y gyfrol cyfeirir weithiau yn y cyfnod cyn 1998 at 'ymddiriedolaethau' ac wedyn at yr 'ymddiriedolaeth'; am y cyfnod cyn yr uno y sonnir wrth ddweud 'ymddiriedolaethau'. Os bu anhawster dod o hyd i wybodaeth ffeithiol ac argraffiadau ar gyfer hanner cyntaf y gyfrol, nid oedd hynny'n wir am yr ail hanner gan fod gwybodaeth gyflawn a sicr yn swyddfa'r ymddiriedolaeth o 1957 ymlaen. Rwyf yn hynod ddiolchgar i Gwenan Creunant, ysgrifennydd gweithredol presennol yr ymddiriedolaeth, ac i Nel Williams, cynorthwyydd gweinyddol yr ymddiriedolaeth – un y cefais y fraint o gydweithio â hi am dros ugain mlynedd – am eu parodrwydd i agor archifau'r swyddfa i mi, ac am eu hamynedd grasol yn delio â'm gofynion a'm hymholiadau. Gwenan fu'n gyfrifol am yr holl waith cysylltiedig â chyhoeddi'r gyfrol ac rwyf yn ddiolchgar iawn iddi am y gymwynas hon.

Yn ei gyflwyniad i'r gyfrol *The Welsh in London* (2001) dywed y diweddar Athro Emrys Jones fod yr hanes yn seiliedig ar symudiadau dynion a merched cyffredin o Gymru i Lundain, ac yn ôl. Â ymlaen i ddweud mai teg yw adrodd o leiaf ran o'r hanes trwy drafod yr hyn a gyflawnodd unigolion, yn y bedwaredd ganrif ar bymtheg a'r ugeinfed ganrif yn bennaf. Dyma unigolion a fu'n arweinyddion ac a lwyddodd i wneud cymdeithas Cymry Llundain yn elfen o bwys yn y datblygiadau oedd yn gynyddol bwysig i ddyfodol Cymru – y mudiadau i greu prifysgol yng Nghymru yn bennaf, ond hefyd waith addysgiadol a dyngarol mwy eang. Heb os nac oni bai mae DJ yn perthyn i'r traddodiad hwn. Do, fe gyfrannodd yn ystod ei fywyd at nifer o sefydliadau tu allan i Gymru, ond ei brif amcan oedd defnyddio'i gyfoeth i gefnogi gweithgarwch yng Nghymru. Bu nifer o Gymry mwyaf blaenllaw Llundain yn hael yn eu hymwneud â sefydliadau – eglwysi, ysbytai ac ysgolion yn bennaf – ond sefydliadau yn Llundain a'r cyffiniau a noddid ganddynt at ei gilydd. DJ oedd yr unig un yn y traddodiad hwn a roddodd ei brif sylw i Gymru.

Diolchiadau

Cyflwynir y gyfrol hon i gadeiryddion yr ymddiriedolaeth(au) y cefais y fraint o gydweithio â hwy. Dyma'r unigolion y bûm mewn cyswllt cyson â hwy yn ystod fy ngyrfa, unigolion a gyfrannodd lawer yn gwbl wirfoddol i waith yr ymddiriedolaeth(au) ac a fu'n gefn mawr i mi. Bu'n hyfrydwch cydweithio â hwy o 1982 hyd at fy ymddeoliad yn 2016. Rhoddodd nifer ohonynt gyfnodau hir o wasanaeth a buont yn rhyfeddol o ffyddlon a chefnogol. Wrth wneud hyn, nid wyf am ddibrisio am eiliad gyfraniad allweddol yr ymddiriedolwyr gwreiddiol o 1957 ymlaen y bu eu cyfraniadau'n hynod werthfawr. Mae'n briodol hefyd diolch i'r ymddiriedolwyr cyfredol am gomisiynu'r gyfrol hon a sicrhau fersiynau Cymraeg a Saesneg ohoni. Caniatawyd hefyd arian tuag at gwrdd â'r gost o ymchwilio, yn Llundain a Northampton yn bennaf, ac rwyf yn ddiolchgar iddynt am y nawdd a'r gefnogaeth hon.

Casglwyd gwybodaeth wrth gyf-weld nifer o unigolion ac yn y cyd-destun hwn rwyf yn ddiolchgar i John Armitage, Eleri Davies, Twynog Davies, y Parchedig Goronwy Evans, John Evans (Aberystwyth), Megan Hayes, J Cyril Hughes (yr Urdd), David Jenkins (Aberystwyth), Wynne Melville Jones, Dafydd Roberts, Mali Thomas (yr Urdd), Ifan Jones (Bethania) ac Eirwen Ann Williams. Bu nifer o drigolion Pontrhydfendigaid a'r cyffiniau yn hael eu cymorth, gan gynnwys Charles Arch, Roger Earis, Lyn Ebenezer, Ceri Jenkins, Neli a Selwyn Jones a Dai Meredith.

Yn ychwanegol at yr uchod bu cyfraniadau dau gyfaill yn gwbl allweddol. Y cyntaf yw Michael King sy'n byw yn Upminster, ger Llundain. Bancwr oedd Michael cyn ymddeol; mae bellach yn ymddiddori yn hanes sinemâu yn Llundain ac wedi canolbwyntio'n ddiweddar ar y sinemâu oedd yn eiddo (p'un ai'n rhannol, yn gyfan gwbl neu ar brydles) i DJ. Bu cryn lythyru rhyngom a threuliais beth amser yn ei gwmni'n ymweld â safleoedd rhai o sinemâu DJ ynghyd â lleoliadau eraill o bwys yn ei fywyd a'i waith. Diolch hefyd i Pat, gwraig Michael, am ein gyrru ni o amgylch cyrion Llundain. Rhaid cyfaddef na fyddai wedi bod yn bosibl ysgrifennu'r bennod ar y sinemâu oni bai am gymorth Michael King. Yr wyf hefyd yn ddiolchgar i Michael am ei ganiatâd i ddefnyddio'r lluniau sinemâu a welir yn y gyfrol.

Yr ail gyfraniad o bwys oedd un Robert ('Bob') Hall. Penodwyd Bob yn gadeirydd Cwmni James a'i Fab yn 1993 a bu'n gweithio iddynt yn Awstralia o 1999 hyd at ddechrau 2019. Ers dychwelyd i Brydain, mae wedi dal i weithio i'r cwmni fel cyfarwyddwr anweithredol. Cyn ymfudo, a thra oedd y cwmni'n parhau'n weithredol yng ngwledydd Prydain, penderfynodd Bob greu archif o bapurau'r cwmni. Bellach mae'r archif hwn yn cael ei gadw mewn hen adeilad amaethyddol, gydag archifau eraill, ar gyrion tref Northampton. Treuliais rai dyddiau'n ymchwilio yn yr archif, ac rwyf yn ddyledus iawn i Bob ac i Andrew Clifford, cyfrifydd y cwmni, am y cyfle hwn. Mae'r archif yn cynnwys casgliad gwerthfawr o luniau sy'n amlinellu datblygiad y cwmni yn ystod yr ugeinfed ganrif a thu hwnt.

Hoffwn fynegi fy niolchiadau i staff Gwasg Gomer am eu gwaith ardderchog yn tynnu gwahanol rannau'r gyfrol at ei gilydd. Mae'n bleser hefyd yn y fan hon enwi nifer o unigolion a fu o gymorth mawr yn cywiro ac yn gwella rhediad y cynnwys. Meinir Pierce-Jones fu'n golygu'r testun Cymraeg; Marian Beech Hughes fu'n gweithredu fel prawfddarllenydd a Siôn Ilar fu'n dylunio clawr y gyfrol a hefyd yn mynegi barn ar ansawdd y lluniau sy'n ymddangos yn y gyfrol. Diolch hefyd i Richard Pritchard am ei waith yn dylunio'r map o sinemâu DJ yn Llundain.

Y bwriad gwreiddiol oedd cyhoeddi'r gyfrol yn ystod 2019, ond fe'm rhwystrwyd gan afiechyd pur ddifrifol. Yn wyneb yr oedi hwn daeth y syniad o lansio'r gyfrol yn ystod wythnos yr Eisteddfod Genedlaethol yng Ngheredigion (Tregaron) yn 2020. O gofio bod ardaloedd Pontrhydfendigaid, Ffair-rhos a Thregaron yn agos iawn at galon DJ credwn fod hynny'n briodol tu hwnt. Ond daeth pandemig Covid-19 i'n plith ac ni chafwyd eisteddfod yn Nhregaron yn 2020. Cytunwyd wedyn i lansio'r gyfrol yn ystod wythnos yr Eisteddfod Genedlaethol – eto yn Nhregaron – yn 2021. Ond fel sy'n hysbys i bawb bellach ni chafwyd eisteddfod yno yn 2021. Y gobaith yw y bydd modd cynnal eisteddfod yno yn 2022, ond yr ydym wedi penderfynu symud ymlaen i gyhoeddi'r gyfrol yn ystod 2021. Ein gobaith yw y bydd hi ar gael erbyn diwedd 2021.

Richard Morgan

D J JAMES

Pennod 1

Y Blynyddoedd Cynnar yn Llundain a Phontrhydfendigaid: llaeth

Mudo i Lundain

MAE HANES PANTYFEDWEN yn dechrau gyda dau Gardi mewn cariad – John James a Catherine Rowlands[1] – ac un, os nad y ddau ohonynt, â thrwyn busnes craff. Roedd gwreiddiau'r ddau'n gryf o fewn amaethyddiaeth yn y sir: John wedi'i godi ar fferm Bron Helyg ym Mronnant, a Catherine yn ferch i Richard a Cathrine Rowlands oedd yn ffermio ym Mryncethin, Llangeitho. Ddechrau'r 1880au, cyn iddynt briodi, roedd John a Catherine eisoes wedi dechrau siarad am y posibilrwydd o symud i Lundain, fel y gwnaeth nifer o'u cyfoedion flynyddoedd ynghynt. Roedd y ddinas fawr yn denu.

Yn 1882 gwireddwyd y freuddwyd honno pan gytunwyd i brynu eiddo yn ardal Bromley-by-Bow ar ochr ddwyreiniol Llundain – siop yn gwerthu llaeth a nwyddau eraill ar y llawr gwaelod, a lle byw uwchben. Yn fuan ar ôl cyrraedd y brifddinas aethpwyd ati i drefnu'r briodas, a ddigwyddodd heb lawer o ffws na ffwdan; nid oes unrhyw dystiolaeth bod aelodau o'r naill deulu na'r llall yn bresennol ynddi. Roedd John James yn dipyn o fentergarwr ac ymhen dwy flynedd roedd wedi agor ail fusnes llaeth yn Haggerston yn ardal Hackney, eto ar ochr ddwyreiniol Llundain. Ond roedd hefyd yn ymwybodol ar y pryd bod y cyfleoedd i ehangu'r busnes yn gryfach ar ochr orllewinol y ddinas, lle'r oedd mwy o bobl dosbarth canol yn byw a lle'r oedd y galw am laeth yn cynyddu'n gyflym, yn arbennig yn yr ardaloedd canolog. Sylweddolodd John James hefyd fod y cyfle i wneud elw drwy'r ddwy siop yn Bromley-by-Bow a Haggerston braidd yn gyfyng gan fod yn rhaid prynu'r llaeth a'r nwyddau eraill i'w gwerthu i'r cwsmeriaid, a hynny am brisoedd a drefnid gan eraill.

Yn ei gyfrol *The Welsh in London* (2001) mae Emrys Jones yn rhoi ei fys ar bwynt pwysig, sef bod y Cymry'n ymwneud â'r diwydiant llaeth ar draws Llundain ond gyda pheth canoli yn ardal Clerkenwell yng nghanol y ddinas. Dengys dadansoddiad Emrys Jones o gyfrifiad 1851 y cyswllt cryf rhwng Clerkenwell a Cheredigion. Ni lwyddais i ddarganfod unrhyw dystiolaeth bod aelodau o deuluoedd John a Catherine wedi dangos y ffordd i Lundain mewn blynyddoedd cynt, ond gwyddom yn sgil astudiaethau mudo bod teulu a ffrindiau'n ffactor o bwys o ran rhannu gwybodaeth a dylanwadu ar aelodau eraill o'r teuluoedd mewn blynyddoedd sy'n dilyn. Â Emrys Jones ymlaen i ddadansoddi canlyniadau cyfrifiad 1861, gan ddarganfod bod y cyswllt rhwng ardal Clerkenwell a Cheredigion yn para dros y cyfnod o ddeng mlynedd.

Ar 13 Mai 1887, bum mlynedd ar ôl iddynt gyrraedd Llundain, newidiodd byd John a Catherine am byth gyda genedigaeth eu plentyn cyntaf, David John James – prif gymeriad y gyfrol hon. Mae'n bosibl fod hynny wedi cyfrannu at y dynfa tua chanol y ddinas a busnes mwy proffidiol. Gwireddwyd eu dymuniad yn 1890 pan werthwyd y ddau fusnes yn nwyrain Llundain a phrynu llaethdy Northampton yn 230, St John Street yn Clerkenwell. Yn ogystal â llaethdy roedd yma siop yn gwerthu llaeth a nwyddau eraill, ac roedd yn fusnes mwy crwn, yn cynhyrchu'r llaeth a'i werthu ar y stryd ac o dŷ i dŷ. Roedd y safle hefyd yn llawer mwy, gyda beudái ar gyfer oddeutu hanner cant o wartheg godro.

Ond hyd yn oed mor gynnar ag 1890, roedd newidiadau ar y gorwel i'r diwydiant llaeth yn Llundain – newidiadau a fyddai'n arwain maes o law at leihad sylweddol yn nifer y llaethdai unigol a nifer y busnesau oedd yn cadw gwartheg godro o fewn y ddinas.

Yn ei chyfrol *Y Lôn Laeth i'r Ddinas* (2018), mae Megan Hayes yn hawlio bod cymaint â 72% o laeth Llundain yn cael ei gyflenwi o feudái'r ddinas yn 1871, a bod cynifer â 24,000 o wartheg yn y brifddinas ar y pryd. Erbyn 1910 roedd llai o dipyn o gadw gwartheg godro ar y safle a llawer mwy o gludo llaeth ar drenau. I'r rheini oedd yn cadw gwartheg yn Llundain datblygodd y patrwm o gadw'r gwartheg yn y ddinas am rai misoedd a'u rhyddhau wedyn i bori ar dir ffermydd am gyfnod. Rhentodd John James yntau tua 60 erw o dir yn agos i Cuffley yn Swydd Hertford gyda chytundeb y câi'r teulu ddefnyddio'r tŷ fferm.

Ond roedd oes aur y diwydiant llaeth fel busnes teulu'n dirwyn i ben, fel y profodd ymchwil yr Athro P J Atkins.[2] Gyda dyfodiad y rheilffyrdd a'r gallu i gludo llaeth yn ffres o bellteroedd mwy, nid oedd cymaint o alw am gadw gwartheg yn y ddinas. Roedd nifer o resymau eraill hefyd, yn cynnwys afiechydon ymhlith y gwartheg, yr angen am welliannau iechydol a glanweithiol (a olygai fuddsoddi'n sylweddol mewn offer ac adeiladau), a'r angen i fuddsoddi mewn technoleg newydd, yn arbennig pasteureiddio a pheiriannau potelu llaeth. Roedd pris llaeth a chig eidion wedi gostwng hefyd, a gostyngiad sylweddol ym mhris y gwrtaith a werthid i ffermwyr a pherchnogion gerddi marchnad yn ffactor. Ond roedd un nodwedd bwysicach na'r rhain i gyd, sef pŵer cynyddol nifer cymharol fach o gwmnïau oedd yn ymwneud â chyfanwerthu ac adwerthu ac oedd yn awyddus i uno â'i gilydd. Yn 1880 roedd tua 14 o'r cwmnïau hyn; ugain mlynedd yn ddiweddarach roedd y nifer wedi gostwng i tua deg, gan gynnwys Wiltshire United Dairies, Great Western and Metropolitan Dairies, Express Dairies, Amalgamated Dairies ac F W Gilbert, oedd â'i wreiddiau yn Swydd Derby.

Erbyn troad y ganrif roedd y deg cwmni mwyaf, gyda'u pwyslais ar arbedion maint ac ymgyfuno, yn rheoli dros 40% o'r diwydiant llaeth. Yr enghraifft orau o hyn oedd yr United Dairies 'newydd' a ffurfiwyd yn 1915 trwy uno Wiltshire United Dairies â nifer o gwmnïau eraill. Erbyn diwedd y Rhyfel Byd Cyntaf roedd y cwmni newydd hwn yn rheoli tua dwy ran o dair o'r farchnad cyfanwerthu llaeth yn Llundain a thua un rhan o dair o'r farchnad adwerthu (yn 1959 unwyd United Dairies â chwmni Cow and Gate i greu Unigate).

Roedd y cwmnïau mawr yn gryfach yng nghanol y ddinas ac ar yr ochr orllewinol. Diau fod presenoldeb y gorsafoedd rheilffyrdd, megis Euston a Paddington, yn rhannol gyfrifol am hyn. Llwyddai'r llaethdai unigol i ddal eu tir yn y maestrefi ac ar yr ochr ddwyreiniol yn bennaf, ond erbyn 1925 roedd bron y cyfan o'r llaeth a werthid yn Llundain wedi ei basteureiddio mewn masnach lle'r oedd dau gwmni'n ddylanwadol iawn, sef United Dairies ac Express Dairies. Golygai hyn anfantais i'r adwerthwyr llai oherwydd dim ond y mawrion integredig oedd yn medru hawlio'r cyfalaf i fuddsoddi yn y dechnoleg newydd.

Gwelodd John James beth oedd yn dyfod ac er i'r teulu ddal gafael yn y busnes llaeth tan 1916 roedd y penderfyniad wedi'i wneud i arallgyfeirio. Yr hyn a wnaeth e oedd prynu'r brif siâr mewn cwmni oedd yn cynhyrchu bwyd gwartheg o'r grawn sy'n weddill yn sgil y broses fragu. Sefydlwyd y cwmni hwn yn ardal Olmar Wharf (ar yr Old Kent Road ac yn agos at gamlas Surrey). Prif bwrpas y cwmni oedd cynhyrchu a gwerthu bwydydd i'r unedau hynny oedd yn cynnal beudái gwartheg godro yn Llundain. Fel yr awgrymwyd eisoes, roedd y farchnad hon yn lleihau a'i dyddiau'n dod i ben ond gwelai John James ymhellach, a'i obaith oedd gwerthu'r cynnyrch i ffermwyr ar draws y wlad. A dyma'n wir a ddigwyddodd, fel y gwelir yn nes ymlaen. O'r diwrnod pan brynwyd siâr yn y busnes newydd roedd gan y busnes llaeth teuluol gystadleuydd oedd i dyfu'n bwysicach – menter a fyddai'n dwyn amser a diddordeb John James fwyfwy, ynghyd ag amser a diddordeb ei fab, David John James, ar ôl marwolaeth ei dad.

Wrth edrych ar y cyfnod pan ymfudodd John a Catherine James i Lundain fel cynifer o Gymry eraill, mae'n ddiddorol nodi'r rhesymau a roddir gan yr Athro P J Atkins sydd wedi arbenigo yn y maes hwn.[3] Yn gyntaf, mae'n ymdrechu i esbonio pam oedd y Cymry mor niferus yn y diwydiant llaeth, a'r rheswm a roddir yw 'because they alone among the inhabitants of the United Kingdom [could] make cowkeeping in London pay'. Iddynt hwy hefyd – mudwyr o ardaloedd gwledig yng Nghymru – roedd y diwydiant llaeth yn cynnig cyfle gwych i ddefnyddio'u sgiliau gwledig yn y ddinas, ac felly'n gam naturiol ymlaen i fywyd mwy trefol. Dyma a ddywedodd Goronwy Rees yn ei lyfr *A Chapter of Accidents* (1972) wrth ddisgrifio ffordd o fyw'r Cymry hyn: 'it was a modest living, threatened neither by poverty nor affluence, sufficient to maintain the standards of independence and respectability which they had brought from Wales'. Yn ôl Emrys Jones (2001), 'daethant yn arloeswyr yn y diwydiant llaeth fel ceidwaid gwartheg'.

Roedd y mudo wedi dechrau 'nôl yng nghyfnod y porthmyn, a charfan arall a ddaeth o Geredigion fel y Jamesiaid oedd merched ifainc i lanw swyddi fel 'merched y gerddi' – ffynhonnell bwysig o lafur yn y diwydiant gerddi marchnad. Awgryma John Williams-Davies yn ei erthyglau hynod ddiddorol mai o ardal Tregaron a'r cyffiniau y deuai'r rhan fwyaf o'r rhain.[4] Bu llawer o'r merched hyn yn werthwyr llaeth yn nes ymlaen ac aeth nifer i weini yn rhai o gartrefi crand Llundain. Yn ddiweddarach cafodd nifer ohonynt swyddi mewn siopau – rhai yn y llaethdai i ddechrau ond wedyn mewn amrywiaeth o siopau, siopau dillad merched gan mwyaf – fel y datblygai Llundain yn ganolfan fasnachol. Maes o law pan fentrodd DJ i faes y sinema, cyflogid nifer o ferched ifainc o Gymru fel tywyswragedd yn y sinemâu.

Wrth gwrs, roedd swyddi i'r dynion a fentrai i'r brifddinas o gefn gwlad Ceredigion hefyd. Dynion yn bennaf a wnâi'r gwaith o ddosbarthu'r llaeth i'r cartrefi a'i werthu ar hyd y strydoedd. Wrth i'r dechnoleg cludo llaeth o dŷ i dŷ ddatblygu roedd y gofynion corfforol yn drymach. Wrth ddisgrifio'r dulliau o gludo'r llaeth oddi amgylch, fel hyn mae Megan Hayes yn gosod y dilyniant – 'pram, cert, berfa', sef 'gwthio i ddechrau, batri wedyn, ceffylau (cobiau'n bennaf) a pheiriant wedyn'. Ychwanega hefyd y byddai'r 'cerbydau'n cario nwyddau sychion o'r siop' yn ogystal â llaeth.

Soniwyd yn gynharach bod mudo'n aml yn fater teuluol wrth i aelodau o'r un teulu ddilyn ei gilydd, yn arbennig o un genhedlaeth i'r nesaf, er na chafwyd unrhyw dystiolaeth o hyn yn achos John a Catherine James. Tueddiad arall perthnasol iddynt hwy oedd y patrwm o ddenu gweithwyr o'r ardaloedd brodorol i gynorthwyo'r teulu oedd wedi mudo i Lundain gyda'r gwaith, yn arbennig gweithwyr â sgiliau neilltuol. Nid oedd hyn yn amlwg ar y dechrau gan fod John a Catherine yn rhedeg y siop yn Bromley-by-Bow heb unrhyw gymorth o'r tu allan. Ond pan oedd y busnes yn Clerkenwell yn ei anterth roedd ganddynt oddeutu deg o weithwyr, yn cynnwys ceidwaid gwartheg, dynion yn dosbarthu'r llaeth a merched yn cynorthwyo yn y llaethdy. Yn eu plith yr oedd David Jenkins, saer coed o Ffair-rhos. Ei brif waith wedi cyrraedd Llundain oedd adeiladu'r cerbydau ar gyfer dosbarthu'r llaeth ond cafodd rôl fwy eang wrth i'r diwydiant grawn ddatblygu. Dyma linyn teuluol a ddaeth yn ganolog ym mywyd a gwaith DJ. Mab David Jenkins – Charles Jenkins – a ddilynodd DJ fel cadeirydd y cwmni grawn yn 1966, a dyma'r gŵr y bu iddo rôl allweddol wrth geisio gwireddu rhai o gynlluniau DJ gyda thrigolion Pontrhydfendigaid. Pan oeddent yn fechgyn ifainc, byddai meibion Charles Jenkins – John a David

– yn ymweld yn aml â DJ a'r Fonesig Grace James yn eu cartref yn Sutton Hall, ger Barcombe yn Swydd Sussex. Byddai'r ddau fachgen yn cyflawni amryw o dasgau ar yr ystad, ac er y caent arian poced am eu gwaith mae'n debyg nad oedd y gydnabyddiaeth yn hael! Yn nes ymlaen daeth John Jenkins yn gadeirydd ar y cwmni grawn. Cyn hynny bu'n gweithio gyda chwmni Crosse and Blackwell pan oedd DJ yn un o gyfarwyddwyr y cwmni.

Yn y flwyddyn 1894 pan oedd DJ yn saith mlwydd oed, ganwyd brawd iddo – Rhys Thomas James. Bu cryn gonsýrn am iechyd y brawd; darganfuwyd yn fuan ar ôl ei eni ei fod yn dioddef o hyrddiau, megis epilepsi neu'r clefyd cwympo. Bu DJ ei hun yn ddigon gwan ei iechyd hefyd yn ifanc. O ganlyniad dechreuwyd holi'n bur aml pa mor addas oedd dinas Llundain fel lle i godi'r ddau fachgen. Onid gwell fyddai codi'r plant mewn cynefin oedd yn gyfarwydd i'r rhieni ac yn gynefin mwy iachus, sef y Gymru wledig? Arweiniodd hyn at benderfyniad tyngedfennol yn 1897 i adael Llundain – yn rhannol beth bynnag – a symud yn ôl i Geredigion ar ôl cyfnod o dros bymtheng mlynedd.

Dychwelyd i Geredigion

Yn 1897 penderfynodd perchnogion Ystad Pantyfedwen yn ardal Ystrad-fflur werthu'r cyfan o'r eiddo mewn cyfrannau, a hynny mewn arwerthiant cyhoeddus. Roedd mwyafrif yr unedau ar werth yng nghyffiniau Pontrhydfendigaid lle saif Pantyfedwen – y plasty oedd yn ganolbwynt yr ystad – ond roedd un uned yn ardal Lledrod ac un arall yn Llanddewibrefi. Ffermydd oedd mwyafrif yr unedau, a thenantiaid yn dal yr eiddo ar brydles. Daeth yr ystad yn eiddo i Thomas Davies yn 1843, a phan fu e farw yn 1854 fe'i hetifeddwyd gan ei unig blentyn, Margaretta Janetta Davies. Bu ganddi hi ddeg o blant ond bu farw pedwar ohonynt yn ifanc, felly'r chwech oedd ar ôl oedd yn rhannu'r ystad, a hwy oedd yn gwerthu pan osodwyd y cyfrannau ar y farchnad mewn arwerthiant a gynhaliwyd ar 14 Gorffennaf 1897.

Erbyn hyn roedd John a Catherine James wedi penderfynu symud yn ôl i Geredigion ac aethant ati i brynu cyfran Pantyfedwen o'r hyn oedd ar werth, sef y plasty a 900 erw o dir. Hwn fyddai cartref newydd y teulu;

lle delfrydol i'r ddau fachgen – David John James yn un ar ddeg oed a Rhys Thomas James yn dair oed. Symudodd Catherine James gyda'r ddau fachgen i'w cartref newydd yn weddol fuan ar ôl y pryniant, ond roedd presenoldeb y tad yn fwy ysbeidiol gan ei fod yn rhannu'i amser rhwng y cartref newydd yn Ystrad-fflur a Llundain. Er bod diddordeb John James yn y diwydiant llaeth yn lleihau erbyn hyn, roedd ei ddiddordeb yn y diwydiant grawn yn parhau'n gryf gan ei fod yn gweld y potensial i ehangu a datblygu. Fodd bynnag roedd y galwadau ar ei amser o du Pantyfedwen yn galw am ei sylw hefyd, yn arbennig adeg wyna a chneifio. Mewn geiriau eraill, roedd rhannu ei amser rhwng y gofynion hyn yn heriol iawn, ac yn medru bod yn draul ar iechyd dyn.

Ar y pryd roedd y cartref newydd – Pantyfedwen – mewn tair rhan gyda'r plasty yn y canol. Dyma lle'r oedd y teulu'n byw, a bu Catherine James fyw yma weddill ei hoes. Ar y chwith wrth wynebu ffrynt y tŷ gwelir yr ail ran, sef lle byw'r gweision. Ar y dde roedd y drydedd ran, sef y tŷ ffarm. Teg nodi yn y fan hon arwyddocâd yr enw 'Pantyfedwen'; mewn emyn-dôn ac wrth rannu arian dyma'r enw a gysylltir â haelioni DJ. Er iddo dreulio rhan helaeth o'i fywyd yn Lloegr, ac yn Llundain yn fwy penodol, roedd y Pantyfedwen hwn yn bwysig iawn iddo gydol ei oes. Yn sicr, roedd y lle'n golygu llawer iddo pan oedd ei fam yn fyw oherwydd bu Catherine James yn gryn ddylanwad ar gwrs bywyd DJ, fel y gwelir yn nes ymlaen. Sonnir mwy am Bantyfedwen yn ddiweddarach yn y gyfrol.

Cafodd DJ ei addysg fore yn ysgol gynradd Ystrad-fflur oedd yn ffinio â'r hen fynachlog. Nid yw'r ysgol yn bod bellach ond mae'r adeilad yno o hyd. Caiff ei ddefnyddio heddiw gan Cadw fel prif fynedfa ymwelwyr i'r fynachlog, a cheir yno arddangosfa barhaol o hanes y lle. O ysgol y fynachlog aeth DJ i Goleg Sant Ioan yn Ystradmeurig (cyfeirir at y coleg hefyd fel Ysgol Ramadeg Sant Ioan) o dan brifathrawiaeth John Jones, gŵr lleol oedd wedi ennill gradd o Goleg yr Iesu, Rhydychen, ac a fu'n brifathro tan ei farw yn 1915. Sefydlwyd y coleg gan Edward Richard yn 1734 a thyfodd i fod yn un o'r ysgolion gramadeg mwyaf blaenllaw yng Nghymru yn y ddeunawfed ganrif a'r bedwaredd ar bymtheg. O dan arweiniad Esgob Burgess awdurdodwyd pedair ysgol yn Esgobaeth Tyddewi (gan gynnwys Ystradmeurig) i gynnig cwrs saith mlynedd, yn cynnwys y Clasuron, Hebraeg a Diwinyddiaeth. Ar ôl cwblhau'r cwrs, wrth iddynt godi'n dair ar hugain oed, byddai'r bechgyn ar dir i'w derbyn i'r weinidogaeth fel diaconiaid. Daeth y trefniant hwn i ben gan fod yr un ddarpariaeth i'w chael yng Ngholeg Dewi Sant yn Llanbedr Pont Steffan. Ond nid dyna ddiwedd ar waith Coleg Ystradmeurig. I nifer roedd y coleg yn cynnig cyfnod o baratoi cyn symud ymlaen i brifysgol gyda nifer go dda'n ennill mynediad i Goleg Dewi Sant yn flynyddol, yn arbennig felly os oeddynt yn dymuno hyfforddi ar gyfer y weinidogaeth. Awgrymir mai dyma oedd bwriad DJ wrth ddod yn ddisgybl yn y coleg. Dyma'n sicr oedd dymuniad ei dad a'i fam. Ond, fel y cawn weld, nid felly y bu.

Caeodd y coleg yn 1972, ond roedd yr adeilad yn dal i gael ei ddefnyddio fel neuadd yr eglwys, ac ar gael i'r gymuned leol fel man cyfarfod a chanolfan ieuenctid. Yn wyneb costau cynnal a chadw sylweddol, caewyd yr adeilad yn 1992. Ond daeth tro ar fyd ar ddechrau'r unfed ganrif ar hugain pan ddaeth grŵp o bobl leol ynghyd i geisio gwella'r adeilad, gan ddenu arian sylweddol o wahanol fannau. Agorwyd yr adeilad ar ei newydd wedd yn 2005, a rhoddwyd iddo'r enw 'Canolfan Edward Richard'. Bellach y mae'n adnodd o bwys i'r gymuned leol.

Yn ôl i Lundain

Prin dymor y bu DJ yng Ngholeg Ystradmeurig. Rai misoedd ynghynt roedd ei rieni wedi penderfynu bod y gofynion o gyfeiriad Llundain a Phontrhydfendigaid yn ormodol, yn arbennig felly ar John James. Rhaid oedd llacio rhywfaint, a'u hateb oedd gwerthu'r busnes llaeth yn Clerkenwell. Er mai'r prif amcan oedd lleihau'r pwysau ar ysgwyddau'r tad, roedd John a Catherine hefyd yn argyhoeddedig bod oes aur y llaethdai unigol yn dirwyn i ben. Cytunwyd i werthu i un o'r gweithwyr, ond nid oedd ganddo'r arian i dalu'n llawn am y busnes. Yn wyneb hyn cytunwyd ar gynllun lle byddai'r prynwr yn ad-dalu swm yn fisol i'r teulu James, a hynny dros gyfnod o bum mlynedd. Mewn geiriau eraill, cytunwyd ar fath o forgais. Y gwahaniaeth oedd nad trydydd parti oedd yn darparu'r benthyciad ond yn hytrach y gwerthwr. Mae'r trefniant hwn yn ymddangos braidd yn od; trefniant oedd rhwng dau deulu. Cafwyd taliadau gan y prynwr am ddau fis cyntaf y cytundeb, ond dim am y trydydd. O holi, cafwyd ar ddeall bod y cwmni llaeth mewn trafferthion a bod y prynwr yn bwriadu rhoi'r gorau i'r fenter. Penderfynodd John James ar unwaith bod angen dychwelyd i Lundain i geisio adfer y sefyllfa, a gofynnodd i DJ fynd gydag e. Un ar bymtheg mlwydd oed oedd DJ ar y pryd. Y bwriad oedd gwella sefyllfa'r busnes er mwyn ceisio'i werthu unwaith yn rhagor. Mae'n ymddangos i'r tad a'r mab lwyddo yn eu hymdrechion ond yn hytrach na gwerthu'r busnes, penderfynwyd parhau i'w redeg. Gydag amser dychwelodd John James i'r cartref yn Ystrad-fflur, er ei fod yn dal i deithio'n ôl ac ymlaen i Lundain oherwydd ei ddiddordeb yn y busnes grawn, a hefyd i gefnogi DJ yn ei waith yn rhedeg y busnes llaeth. Roedd yn dipyn o fenter i fachgen un ar bymtheg mlwydd oed redeg busnes fel hyn ond fel ei dad roedd yn un parod iawn i fentro – mae'r penderfyniadau a wnaeth yn y blynyddoedd oedd i ddod hefyd yn cadarnhau hyn. Ni ddychwelodd DJ i Bantyfedwen ac eithrio ambell ymweliad i weld ei fam a'i frawd. Llundain oedd ei gartref o hyn allan, ac wrth i'w dad lacio gafael yn y ddau fusnes yn Llundain syrthiodd y cyfrifoldebau hyn fwyfwy ar ysgwyddau DJ.

Yn 1912 bylchwyd y teulu gan farwolaeth Rhys Thomas James, ac yntau'n ddim ond deunaw mlwydd oed. Ychydig wybodaeth sydd gennym amdano ond gwyddom mai ei afiechyd ac, i raddau llai, iechyd bregus DJ a orfododd y rhieni i ystyried gadael Llundain. Ond er iddynt symud i Bantyfedwen gan obeithio y byddai cyflwr Rhys yn gwella ni ddigwyddodd hynny, a bu'n fregus ei iechyd trwy gydol ei fywyd. Ar 6 Tachwedd 1912 aeth allan am dro ond ni ddaeth yn ôl, ac anfonwyd y gweision i chwilio amdano. Darganfuwyd ei gorff ar lethr y mynydd ger Hafodnewydd. Bu'n ofynnol cael archwiliad a chwest i'r farwolaeth a'r canlyniad oedd iddo farw'n dilyn ffit epileptig. Ar ei garreg fedd torrwyd y geiriau: 'Un annwyl iawn a gollwyd ym mlodau ei ddyddiau'. Gadawodd hyn fwlch mawr ar yr aelwyd a thuedd gynyddol yn y rhieni, yn ddigon naturiol, i ganolbwyntio'u sylw ar y mab oedd ar ôl, er bod hwnnw bellach yn torri ei gŵys ei hunan yn Llundain.

Gyda dyfodiad y Rhyfel Byd Cyntaf daeth yn fwyfwy anodd dod o hyd i weithwyr i'w cyflogi, er i'r llywodraeth geisio diogelu rhai busnesau rhag bod heb weithwyr allweddol. Yn 1916 collodd DJ ei weithlu'n gyfan gwbl, a hynny dros nos fel petai, gan iddynt ymrwymo i ymuno â'r lluoedd arfog. Cafodd ei adael gyda dim ond y merched oedd yn gweithio yn y llaethdy. Wedi ymgynghori â'i dad cytunodd y ddau nad oedd ganddynt unrhyw ddewis ond ceisio gwerthu'r busnes, a llwyddwyd i wneud hynny'n reit sydyn. Prynodd United Dairies y llaethdy a'r rowndiau llaeth. Nid oedd gan y cwmni ddiddordeb yn y gwartheg godro, a gwerthwyd y rhain ym marchnad anifeiliaid Caledonia. Mae digon o dystiolaeth i awgrymu nad oedd DJ yn or-siomedig yn yr hyn a ddigwyddodd. Efallai nad oedd amseriad y gwerthu wrth ei fodd ond roedd wedi derbyn ers peth amser bod gwerthu'n anorfod. Nid oedd angen chwilio am gyfleoedd newydd gan fod y cwmni grawn yn cynnig nifer o bosibiliadau, ac roedd John James yn gwbl argyhoeddedig mai yma roedd eu dyfodol fel teulu. Serch hynny, mentrodd DJ i gyfeiriad newydd yn 1920 – sinemâu. Ond cyn hynny bu'n rhaid iddo dderbyn y cyfrifoldeb am arwain y cwmni grawn yn llawer cynt nag yr oedd wedi breuddwydio. Y rheswm am hyn oedd marwolaeth annisgwyl ei dad yn 1917.

Bu farw John James gartre ym Mhantyfedwen ar 7 Chwefror 1917, a hynny ar ôl dim ond pythefnos o waeledd. Roedd yn 61 mlwydd oed. Er mai DJ yw prif destun y gyfrol hon, mae'n gwbl amlwg bod dyled DJ i'w dad yn aruthrol fawr. John James a ddilynodd 'y lôn laeth i'r ddinas', chwedl Megan Hayes. John James a ragwelodd yn reit gynnar bod dyddiau'r llaethdai unigol yn dirwyn i ben. John James a welodd yr angen i arallgyfeirio, ac a aeth ati i sefydlu'r busnes grawn. Mae'n amlwg bod DJ wedi etifeddu mentergarwch ei dad, ac roedd bob amser yn werthfawrogol o'r hyn a ddysgodd wrth ei draed. Ceisiwyd cyfleu rhywfaint o'r gwerthfawrogiad hwnnw ar garreg fedd John James, gyda'r geiriau: 'roedd ei ddylanwad dyrchafol ar ei fab … cadwai ei air er a gostai hyn iddo, a mawr oedd clod ei fab iddo am hyn … gŵr rhinweddol ydoedd, mwynaidd a hawddgar, cymydog a chwmnïwr delfrydol, a charedig mewn gair a gweithred'.

Ystad Sunny Hill

Ar ôl gwerthu'r busnes llaeth ac yn dilyn marwolaeth ei dad, rhoddodd DJ ei holl egni i ddatblygu'r busnes grawn. Dechreuodd adeiladu portffolio eiddo hefyd oedd yn cynnwys dwy elfen ddaearyddol, sef eiddo yn Llundain – eiddo masnachol yn bennaf – ac eiddo yng Nghymru – eiddo amaethyddol yn bennaf, a hwnnw wedi ei ganoli ym Mhontrhydfendigaid. O ran yr olaf, daeth ei gyfle cyntaf mor gynnar â 1918 pan oedd ychydig dros ei ddeg ar hugain oed.

Roedd ystad Sunny Hill yn sylweddol, yn cynnwys ffermydd yn ardaloedd Tregaron a Phontrhydfendigaid, tai yn Aberystwyth a chyfran sylweddol o adeiladau tref Tregaron. Yn y ddeunawfed ganrif roedd y tŷ, Sunny Hill, a saif i'r gogledd o Dregaron, yn gartre i deulu'r Powells o Nanteos. Daethai'r eiddo i deulu'r Powells trwy briodas rhwng Anna Powell a Richard Stedman.

Cynhaliwyd tri arwerthiant dros dridiau yng ngwesty'r Talbot yn Nhregaron fel a ganlyn:

> 27 Awst 1918 – gwerthiant ffermydd yn ardal Tregaron;
> 28 Awst 1918 – gwerthiant ffermydd yn ardal Pontrhydfendigaid, a thai yn Aberystwyth ac ym Mhontrhydfendigaid;
> 29 Awst 1918 – gwerthiant unedau eiddo yn nhref Tregaron (gan gynnwys gwesty'r Talbot).

Trefnwyd yr arwerthiant ar orchymyn morgeiswyr, sy'n awgrymu bod y perchnogion yn chwilio am arian i glirio dyledion. Roedd yr ail arwerthiant yn cynnwys 21 o eitemau neu lot, ac yr oedd gan DJ ddiddordeb mawr yn nifer o'r rhain, sef lot 2 hyd at lot 13 – y cyfan yn dir amaethyddol ym mhlwyfi Caron Uchaf a Gwnnws Uchaf. Roedd tenantiaid ym mhob un o'r ffermydd.

Dyma'r manylion:

Lot 2 59 erw rydd-ddaliadol
rhent o £20 y flwyddyn
pris: £1,000

Lot 3 Fferm y Fynachlog Fawr (Great Abbey farm)
466 erw + llwybr defaid + hawliau mwyngloddio
rhent o £178 y flwyddyn
pris: £5,000

Lot 4 Fferm Dolybolion
82 erw + hawliau mwyngloddio
rhent o £45 y flwyddyn
pris: £1,575

Lot 5 Fferm Bronberllan
334 erw + dau dyddyn
rhent o £80 y flwyddyn
pris: £2,200

[maes o law unwyd Dolybolion a Bronberllan i greu un uned – Dolebolion]

Lot 6 Fferm Caemadog
184 erw + un tyddyn
rhent o £58 y flwyddyn
pris: £1,400

Lot 7 Fferm Penlan
173 erw
rhent o £32 y flwyddyn
pris: £1,600

Lot 8 Fferm Grofftau + Fferm Blaen Fflur
392 erw
rhent o £68 y flwyddyn
pris: £1,600

Lot 9 Fferm Talwrn
167 erw
rhent o £30 y flwyddyn
pris: £750

Lot 10 Fferm Cil Garn
177 erw
rhent o £45 y flwyddyn
pris: £1,300

[maes o law unwyd Talwrn a Chil Garn gyda Grofftau a Blaen Fflur]

Lot 11 Gwndwngwynau (tŷ unnos)
70 erw
rhent o £15 y flwyddyn
pris: £620

Lot 12 Pwllwhyd (ar y rhos)
9 erw
rhent o £6 y flwyddyn
pris: £150

Lot 13 Gareglwyd a Hafodeidos
279 erw o dir mynyddig
rhent o £40 y flwyddyn
pris: £1,700

Roedd gan DJ ddiddordeb mawr ym mhob un o'r uchod, a llwyddodd i brynu'r cyfan yn yr arwerthiant. Gwariodd gyfanswm o £18,995 (+costau). Roedd y gost gyfan yn cyfateb i bris o £7.89 yr erw. Byddai hyn yn rhoi incwm blynyddol o £617 (neu 3.26%) iddo. Beth tybed oedd prif gymhelliad DJ wrth brynu'r ffermydd hyn? Yn y tymor byr nid oedd y ffigyrau rhent yn ffafriol iawn. Byddai gwerth y tir yn sicr o godi yn y tymor hir (heddiw byddai gwerth y tiroedd hyn rhwng £5,000 a £7,000 yr erw) ond rhaid cofio bod tenantiaid ym mhob un o'r ffermydd, a phe byddai DJ yn penderfynu gwerthu byddai'n rhaid rhoi'r cyfle cyntaf i'r tenantiaid a hynny am bris gostyngol.

Yn ei hunangofiant *Byd Moc* (2012), mae'r diweddar Moc Morgan yn neilltuo pennod i sôn am y berthynas rhyngddo a DJ. Mae'n amlwg bod y ddau'n gyfeillion agos, a'r cyfeillgarwch hwnnw'n deillio'n bennaf o'r diddordebau oedd gan y ddau'n gyffredin, sef hela a physgota. Wrth sgwrsio gyda Moc adeg sefydlu Eisteddfod Teulu James (Pantyfedwen) ym Mhontrhydfendigaid, soniodd DJ am ei gynlluniau (a wrthodwyd i raddau helaeth gan aelodau'r pwyllgor lleol) gan ddweud wrth Moc: 'I'm a bit of a show-man, you know'. Yn ei gyfrol mae Moc Morgan yntau'n ategu, 'ac mi oedd tipyn o wirionedd yn hynny'. Diau bod elfen o'r 'show-man' i'w gweld yn y prynu ffermydd hefyd.

Yn y blynyddoedd rhwng 1918 a 1957 gwerthwyd mwyafrif y ffermydd, gan amlaf i'r tenantiaid neu i'w disgynyddion. Ni weithredwyd felly mewn tri achos – fferm y Fynachlog Fawr, Dolybolion a rhai caeau oedd yn rhan o fferm Penlan. Roedd y tair uned yma'n rhan o'r portffolio eiddo a gyflwynwyd i'r ymddiriedolaeth a grëwyd gan DJ yn 1957. Yn 1981 penderfynodd ymddiriedolwyr Cronfa Catherine a'r Fonesig Grace James werthu'r tri lle i'r tenantiaid. Nid yw'r rhesymau am beidio â gwerthu pan werthwyd y gweddill yn gwbl eglur. Ym marn Charles Arch, roedd bodolaeth hawliau mwyngloddio'n cymhlethu pethau, yn arbennig felly yn achos Dolybolion. Yn achos fferm y Fynachlog Fawr mae'n bosib bod agosrwydd y fferm at fynwent Ystrad-fflur yn ystyriaeth o bwys gan fod gan DJ gynlluniau i ehangu tir y fynwent trwy ddefnyddio peth o dir fferm y Fynachlog Fawr, fel y cawn weld yn nes ymlaen.

---

[1] Ar y dystysgrif geni rhoddir 'Cathrine' ond Catherine a ddefnyddir ym mhob dogfen wedyn.

[2] Awgryma P J Atkins (1977, 1980) y sefyllfa ganlynol o ran cadw gwartheg a nifer y llaethdai am y cyfnod rhwng 1856 a 1914.

	Canol Llundain		Y Maestrefi	
	Cadw gwartheg	Llaethdai	Cadw gwartheg	Llaethdai
1856	-	1,579	-	-
1876	-	1,614	-	575
1886	301	1,435	-	-
1896	199	1,442	80	876
1906	125	1,462	37	879
1914	80	1,214	19	722

(lle mae bylchau nid oes gwybodaeth ystadegol ar gael)

[3] P J Atkins (1977, 1980) Gw. y Llyfryddiaeth

[4] John Williams-Davies (1977, 1978) Gw. y Llyfryddiaeth

Pennod 2

Cwmni James a'i Fab: grawn

YN 1918 GWAHODDWYD DJ i lenwi'r bwlch yn y busnes grawn a adawyd yn dilyn marwolaeth ei dad – tipyn o her i ddyn ifanc deg ar hugain oed. Er ei fod yn gymharol ddibrofiad yn y maes hwn aeth DJ ati i gadeirio'r cwmni gydag arddeliad a brwdfrydedd. Parhaodd yn gadeirydd y cwmni hyd ei ymddeoliad yn 1966, flwyddyn yn unig cyn ei farw, er iddo lacio rhywfaint ar ei gyfrifoldebau o 1955 ymlaen.

Bu datblygiadau allweddol eraill ym mywyd DJ yn y cyfnod hwn a chawn ei hanes yn mentro i faes newydd y sinemâu yn y bennod nesaf. Mae'r sinema gyntaf iddo'i phrynu'n bwysig iawn yn ei hanes am reswm personol hefyd gan mai yno – yn y Palmadium, Palmers Green yn Llundain – y cyfarfu DJ yn 1920 â'r ferch y byddai'n ei phriodi, Grace Lily Clinch. Fel rhan o'r sinema newydd roedd caffi lle darperid te a choffi a byrbrydau. Grace Lily Clinch oedd yn rhedeg y caffi hwnnw.

Y briodas

Grace Lily Stevens oedd yr hynaf o bedwar plentyn Ashley ac Alice Stevens – teulu o amaethwyr: dau fab a dwy ferch. Roedd fferm ganddynt yn Luddenham Court, Davington, ger Faversham yn Swydd Caint, a gwnaeth y tad gryn enw iddo'i hunan yn bridio defaid pedigri. Bu Ashley Stevens hefyd yn weithgar yn sefydlu'r Gymdeithas Bridio Defaid Romney Marsh yn 1895, a daeth yn llywydd y Gymdeithas. Enillodd lu o wobrau wrth ddangos ei ddefaid mewn sioeau amaethyddol ar draws Lloegr a hefyd yn Ffrainc a'r Eidal. Yn 1933 dyfarnwyd yr anrhydedd Chevalier de l'Ordre du Mérite Agricole iddo gan lywodraeth Ffrainc. Yn 1920 sefydlodd gwmni cydweithredol i farchnata gwlân. Dyma ŵr oedd hefyd yn weithgar yn y gymuned.

Yn 1916 a hithau'n 26 oed, roedd Grace wedi priodi ffermwr lleol o Faversham o'r enw John Clinch, dyn oedd ddeugain mlynedd yn hŷn na hi. Bu e farw o fewn tair blynedd gan adael Grace yn wraig weddw. Datblygodd carwriaeth rhwng Grace a DJ ddechrau'r dauddegau a daethant yn ŵr a gwraig mewn gwasanaeth yn Eglwys y Fair Fadlen yn Davington ar 22 Ebrill 1924. Roedd DJ yn 36 mlwydd oed a Grace yn 34 mlwydd oed.

Cafwyd sawl awgrym nad oedd Catherine James, mam DJ, yn gwbl fodlon ar ddewis DJ o wraig. Ai'r ffaith mai dyma'r ail briodas i Grace oedd i gyfrif am hynny? Neu a oedd y fam yn teimlo nad oedd y dewis o wraig yn gwbl addas? Nad oedd yn ddigon da i'w mab? Beth bynnag oedd y rheswm, mae gennym ddigon o dystiolaeth bod agwedd y fam tuag at ei merch yng nghyfraith wedi gwella gydag amser, gan iddi weld mor hapus oedd yr uniad rhwng gŵr a gwraig. Roedd Catherine James yn bresennol yn y briodas ac yn un o'r tystion.

Yn dilyn y briodas, symudodd y pâr i dŷ sengl yn ardal New Cross yn Llundain – 38 Reservoir Road – heb fod ymhell o Olmar Wharf (pencadlys y busnes grawn) a'r Old Kent Road lle'r oedd DJ yn cynllunio i ddatblygu nifer o sinemâu. Cyn hynny bu DJ yn byw mewn nifer o fflatiau yn yr ardal, yn Islington yn bennaf.

Roedd y rhai a gafodd y cyfle i gyfarfod â Grace Lily James yn fawr eu hedmygedd a'u gwerthfawrogiad ohoni. Sonnir amdani fel gwraig hynaws a charedig. Yn ei lyfr *Ar Lethrau Ffair Rhos* (1963), mae W Jones-Edwards yn ysgrifennu fel hyn amdani: 'bu'r Bont [Pontrhydfendigaid] a Chymru yn ffodus yn ei ddewisiad o gymar bywyd, oherwydd y mae hithau, er yn Saesnes, nid yn unig yn fodlon iddo roddi o'i gyfoeth i'w wlad enedigol, ond yn ei gymell i wneud hynny'. Fel hyn yr ysgrifennodd Moc Morgan (2012) amdani: 'roedd ei briod, Lady Grace, yn ddynes hawddgar a bonheddig dros ben, ac roedd Syr David yn meddwl y byd ohoni a'r ddau'n cyd-dynnu'n hyfryd'.

Y busnes grawn: D J James a'i Fab

Yn dilyn gwerthu'r busnes llaeth ac ar ôl marw ei dad, aeth DJ ati i ddatblygu'r busnes grawn, er ei fod yn fuan wedyn wedi dechrau llygadu ambell sinema, gyda golwg ar fentro'i lwc yn y byd newydd ac ecsotig

John James

Catherine James

Rhys Thomas James

DJ a'i fam tu allan i Bantyfedwen

Pantyfedwen heddiw

Ysgol Ystrad-fflur, bellach yn ganolfan ar gyfer ymwelwyr i Abaty Ystrad-fflur

Coleg Sant Ioan, Ystradmeurig

Coleg Sant Ioan heddiw, bellach yn ganolfan gymdeithasol – Canolfan Edward Richard

Llun o'r cyfarwyddwyr a'r gweithlu yn y busnes grawn (i'r chwith o DJ mae Charles Jenkins a fyddai'n ei ddilyn fel cadeirydd y cwmni)

Olmar Wharf: y cerbydau yn barod i gludo'r bwydydd anifeiliaid

Cludo'r grawn o fragdy Young's yn Wandsworth, Llundain

Cludo'r grawn yn Llundain, gyda thŵr Llundain yn y cefndir

Bragdy Shepherd Neame yn Faversham, Swydd Caint

hwnnw. Ond y diwydiant grawn oedd yr unig fusnes cyson yn ei fywyd yn yr hanner can mlynedd rhwng 1917 a 1967. Diddorol nodi hefyd mai dyma'r unig un o'i gwmnïau sy'n dal mewn bodolaeth heddiw, er nad yn y Deyrnas Gyfunol.

Sylfaen y cwmni y prynodd tad DJ y siâr fwyaf ynddo oedd dod i gytundeb â nifer o fragdai yn Llundain i gasglu gweddillion y grawn ar ôl gorffen ei ddefnyddio i gynhyrchu amrywiol fathau o gwrw. Pwrpas hynny oedd defnyddio'r gweddillion i fwydo anifeiliaid, a gwartheg yn benodol, ond roedd hefyd yn gymwynas â'r bragdai wrth iddynt allu ailgylchu stwff a fyddai'n wastraff fel arall, ac angen ei gasglu a'i waredu. Ar y dechrau, bwydo'r gwartheg godro yn y ddinas oedd y prif amcan gan y byddai ceidwaid y gwartheg yn aml iawn heb wair a silwair (pan ddaeth hwn yn fwy poblogaidd ymhlith ffermwyr) ac yn gorfod dibynnu ar borthiant arall, fel gweddillion grawn. Y broblem, wrth gwrs, oedd bod nifer y gwartheg yn Llundain yn lleihau, ac os oedd cwmni DJ yn mynd i oroesi, rhaid oedd ehangu'r farchnad ac anelu i werthu'r cynnyrch i ffermwyr ar draws y wlad. Dyma'r her i DJ a'i gwmni yn y cyfnod cynnar.

Gwnaeth cwmni D J James a'i Fab gytundebau â sawl bragdy lleol i brynu eu grawn; un o'r rhai cyntaf oedd bragdy Wenlock ar City Road. Dilynwyd hyn gan nifer o gytundebau eraill, yn cynnwys un o'r rhai mwyaf, hwnnw gyda bragdy Whitbread yn Chiswell Street (ac wedi hynny pan symudodd bragdy Whitbread i Luton). Erbyn canol y 1920au daeth yn amlwg na fyddai unrhyw ddyfodol i'r cwmni os oedd am ddibynnu ar baratoi bwydydd ar gyfer gwartheg y ddinas yn unig. Na, er mwyn i'r cytundebau â bragdai Llundain ddal eu gwerth roedd yn rhaid i Gwmni D J James a'i Fab allu darganfod marchnadoedd newydd ymhlith ffermwyr tu allan i Lundain. Neges y cwmni i'r ffermwyr hynny oedd bod y bwydydd a wneid o weddillion grawn y bragdai'n cynyddu'r cynnyrch llaeth a chig, yn arbennig o'u cymysgu gyda bwydydd eraill.

Un sialens i'r cwmni oedd sicrhau bod y gweddillion grawn yn cadw'n ffres, ac i'r perwyl hwnnw gwnaed ymdrechion i gwtogi'r daith o'r bragdy i'r fferm. Ar y dechrau defnyddid y rheilffyrdd gyda'r ffermwyr yn casglu'r bwyd o'r gorsafoedd. Wedyn symudwyd i ddefnyddio wagenni a dynnid gan geffylau. Yn 1926 defnyddiwyd wagenni stêm (y 'sentinel') am y tro cyntaf, a dilynwyd hynny wedyn gan gerbydau disel o wahanol fathau: y cerbydau Reo Speed yn y 1940au, cerbydau Dodge yn y 1950au, cerbydau Thames Trader o ddiwedd y 1950au ymlaen, cerbydau Ford (cyfres D) yn y 1970au, a cherbydau ERF yn y 1990au. O'r cychwyn cyntaf melyn oedd lliw'r holl gerbydau gyda'r enw 'James & Son' yn goch.

Bu DJ yn gadeirydd ar y cwmni am y rhan fwyaf o'i oes, ac yn ystod y cyfnod hwn bu cryn gynnydd yn nhrosiant y cwmni. Ar y cychwyn canolid y cwmni yn ardal Islington, ond yn 1923 symudwyd i Olmar Wharf a Malt Street. Bu Olmar Wharf yn bencadlys i'r cwmni am dros hanner can mlynedd. Roedd Gwlad Belg yn gwsmer rhagorol am weddillion grawn sych yn y blynyddoedd cynnar, gyda'r cynnyrch yn cael ei gludo ar hyd Camlas Surrey gerllaw i'w lwytho ar longau i borthladd Antwerp. Bu'r fasnach hon yn bwysig hyd at ddiwedd y 1960au.

Wrth i'r cytundebau â'r bragdai ymestyn tu hwnt i Lundain, dechreuwyd sefydlu canolfannau rhanbarthol gerllaw safleoedd y bragdai. Byddai'r canolfannau hyn yn darparu gofod i storio gweddillion y grawn yn ogystal â lle parcio/llwytho a dadlwytho ar gyfer y cerbydau cludo. Yn ei anterth yr oedd gan y cwmni ddeuddeg o ganolfannau, y rhan fwyaf ohonynt yn ne-ddwyrain Lloegr, gyda llai o bresenoldeb i'r gogledd o Lundain, er bod canolfannau fel Northampton a Derby yn dod yn bwysicach. Diddorol nodi bod un ganolfan yn gwasanaethu bragdy Truman yn Buxton, ac un arall yn gwasanaethu bragdy Shepherd Neame yn Faversham, Swydd Caint. Faversham, wrth gwrs, oedd cartref Grace James, ond nid oes unrhyw dystiolaeth bod ei theulu hi wedi dylanwadu ar y penderfyniad i leoli canolfan yn Faversham.

Yn ystod cyfnod DJ fel cadeirydd, cyflogai'r cwmni ychydig dros gant o weithwyr ar yr adegau prysuraf, y rhan fwyaf ohonynt yn gweithio yn Olmar Wharf. Deuai canran dda o'r gweithwyr o Gymru. Soniwyd eisoes am David Jenkins a ddaeth i weithio yn y llaethdy yn Clerkenwell. Ar ôl i'r cwmni llaeth ddod i ben, aeth i weithio i'r cwmni grawn a bu yno am 32 o flynyddoedd. Bu ei fab, Charles Jenkins, yn gweithio i'r cwmni am dros ddeugain mlynedd, ac ef ddaeth yn gadeirydd y cwmni yn dilyn ymddeoliad DJ. Tu hwnt i'w gyfrifoldebau fel cyfarwyddwr, ac wedyn fel cadeirydd y cwmni, bu Charles Jenkins yn ffrind agos i DJ, a threuliodd dipyn o amser yn ceisio gwireddu rhai o'i gynlluniau dyngarol, yn fwyaf arbennig y rheini ar gyfer Pontrhydfendigaid. Un arall a roddodd oes o wasanaeth oedd Tom Williams a ddôi'n wreiddiol o Gwmystwyth, ac a gododd i fod yn rheolwr cyffredinol y cwmni yn 1944. Roedd yn dilyn Alfred Hall, oedd yn dad-cu i Bob Hall, yn y swydd hon. Y rheswm pennaf dros sôn am y cysylltiadau hyn yma yw pwysleisio'r elfen deuluol o fewn y cwmni – cenhedlaeth ar ôl cenhedlaeth o weithwyr, meibion a merched yn dilyn aelodau eraill o'u teuluoedd ac yn llenwi swyddi o fewn y cwmni. Daw hyn yn fwy amlwg eto'n nes ymlaen. Fel hyn y dywed Bob Hall, un o gyn-gyfarwyddwyr y cwmni: 'yr oedd yr enw James a'i Fab o bwysigrwydd mawr i DJ … gwerthfawrogodd yn fawr iawn y cyfle a gafodd i gydweithio gyda'i dad, ac yr oedd ganddo berthynas ddiffuant gyda'i weithwyr, gyda llawer ohonynt wedi symud o Gymru i weithio yn y diwydiant … bu rhai cyfnodau anodd a byddai DJ yn barod iawn i estyn benthyciadau o'i arian ei hun er mwyn sicrhau bod y cwmni yn parhau ac yn goresgyn y cyfnodau anodd hyn'.

Cwmni preifat oedd Cwmni James a'i Fab, gyda 20,000 o gyfranddaliadau gwerth £1 yr un. DJ oedd yn dal 15,000 o'r cyfranddaliadau hyn. Wrth lunio'i ewyllys ar ôl marw ei wraig, mynegodd DJ ei ddymuniad i rannu ei gyfranddaliadau yn y cwmni rhwng ei gyd-gyfarwyddwyr, a hynny'n rhad ac am ddim, ond gyda rhai amodau. Y pedwar a fyddai'n derbyn y cyfranddaliadau oedd:

Charles Jenkins: fe fyddai'n dilyn DJ fel cadeirydd;

Charles Selvage: nid oedd eto'n gyfarwyddwr (penodwyd ef ym mis Awst 1966) ond byddai'n dod yn ddirprwy gadeirydd. Dywedodd DJ am Charles Selvage, 'dechreuodd Charles gyda mi pan oedd yn fachgen 14 mlwydd oed, a dros y 36 mlynedd nesaf dyrchafwyd ef i fod yn gyfarwyddwr rheoli Stiwdio 1 a 2 (sinemâu DJ) yn Oxford Street yn Llundain … bydd Charles yn gaffaeliad i'r cwmni grawn gan ei fod yn ddyn busnes eithriadol o dda';

Harry Smith: bu'n weithiwr i'r cwmni am 43 o flynyddoedd, a fe oedd yr Ysgrifennydd;

John Hall: bu'n gweithio i'r cwmni am dros 30 o flynyddoedd, ac fe'i penodwyd yn gyfarwyddwr ym mis Awst 1966. Roedd yn fab i Alfred Hall, a fe oedd tad Robert Hall.

Mynegodd DJ ei ddymuniad i gyflwyno'r cyfranddaliadau cyn iddo farw, ar ôl iddo ymddeol o'r gadeiryddiaeth ym mis Hydref 1966. Roedd yn wael iawn ei iechyd erbyn hyn. Cyflwynodd y cyfranddaliadau, yn y lle cyntaf, i gwmni o gyfrifyddion. Y bwriad oedd y byddai'r partneriaid yn y cwmni cyfrifyddion yn gweithredu fel ymddiriedolwyr, a chanddynt yr hawl i ymwneud ag unrhyw fater oedd yn berthnasol i'r cwmni grawn, fel y gwelent yn dda. Mae'n anodd deall pam y gwnaeth DJ hyn. Ar un llaw, roedd yn awyddus i gyflwyno'r cyfranddaliadau i'r pedwar a fu'n gyd-weithwyr agos a chyson iddo. Ar y llaw arall, wrth greu corff o ymddiriedolwyr ar wahân i'w gyd-gyfarwyddwyr roedd yn awgrymu na allai ymddiried yn llawn ynddynt. Wrth osod amodau roedd DJ hefyd yn cyfyngu ar allu'r cyfarwyddwyr i weithredu. Pan glywodd y cyfarwyddwyr am fodolaeth corff o ymddiriedolwyr, ynghyd â'r pwerau oedd ganddynt, roeddynt yn anfodlon tu hwnt. Er eu bod yn ddiolchgar am y cyfranddaliadau a gawsant yn rhodd, doedden nhw ddim yn fodlon bod mewn sefyllfa lle'r oedd angen caniatâd ymddiriedolwyr cyn gwneud penderfyniadau. Cyflwynwyd eu hanfodlonrwydd i DJ a gwelodd yntau bod camgymeriad mawr wedi'i wneud. Awgrymodd ei fod wedi arwyddo'r ddogfen pan oedd yn wael iawn, heb lawn sylweddoli goblygiadau'r hyn a wnaeth. Er y gwyddom y gall afiechyd effeithio'n ddirfawr ar ddyn, mae'n anodd llyncu'r esboniad hwn yn ddihalen gan fod DJ yn ddyn a fyddai'n annhebygol o arwyddo dogfen heb fynd drwyddi â chrib fân. Problem arall a gododd yn yr wythnosau hyn oedd pwy fyddai'n gyfrifol am dalu'r tollau marwolaeth pe byddai DJ yn marw'n fuan ar ôl cyflwyno'r cyfranddaliadau. Dyma'n union a ddigwyddodd pan fu farw DJ ym mis Mawrth 1967. Pwy felly a fyddai'n gyfrifol – ai ystad DJ ynteu'r cyfarwyddwyr? Roedd DJ wedi gosod amod mai'r cyfarwyddwyr fyddai'n gyfrifol ond, yn y pen draw, ystad DJ a dalodd y tollau marwolaeth.

Cafodd DJ adferiad iechyd am ychydig fisoedd yn ystod y cyfnod hwn ac aeth ati gyda chymorth ei gyfreithiwr – Byron Jones – i geisio newid y sefyllfa anfoddhaol a oedd wedi codi wrth greu corff o ymddiriedolwyr ar wahân i gyfarwyddwyr y cwmni. Brodor o Lwyncelyn, ger Aberaeron, oedd Byron Jones. Sefydlodd gwmni o gyfreithwyr yn Llundain, a bu'n aelod blaenllaw o gymdeithas y Cymry yn Llundain am gyfnod maith. Bu'n ysgrifennydd Capel Annibynnol Cymraeg y Boro am yn agos i hanner can mlynedd, ac yn frwd dros uno eglwysi Cymraeg Llundain. Aflwyddiannus fu ei ymdrechion ond, fel y dywed Huw Edwards yn ei lyfr *City Mission* (2014), roedd Byron Jones wedi rhag-weld yn gywir beth fyddai'n digwydd, sef cau'r eglwysi Cymraeg fesul un gan adael dim ond dyrnaid ar ôl. Byron Jones a gafodd y dasg o adfer y sefyllfa anffodus oedd wedi codi rhwng DJ a'i gyd-gyfarwyddwyr. Nid oedd modd dileu'r ddogfen a arwyddwyd gan DJ, ond daethpwyd i gytundeb y gellid trosglwyddo'r cyfranddaliadau o ddwylo'r ymddiriedolwyr i ddwylo'r pedwar cyfarwyddwr dros gyfnod o flynyddoedd. Digwyddodd hyn yn 1976, 1977 a 1980, gyda'r trosglwyddiad olaf yn 1982. Roedd Charles Jenkins wedi marw yn 1969 a throsglwyddwyd ei gyfranddaliadau i'w ddisgynyddion. Bu Byron Jones wrthi am yn agos i chwe blynedd cyn cwblhau'r gwaith o wireddu dymuniadau DJ yn ei ewyllys. Diddorol nodi na chafwyd unrhyw dystiolaeth bod yr ymddiriedolwyr wedi ceisio ymyrryd yng ngweithgarwch y cwmni grawn yn y cyfnod hyd at 1982. Daeth grym yr ymddiriedolwyr i ben gyda throsglwyddo'r cyfranddaliadau olaf yn 1982. Dyna ddiwedd pennod braidd yn anffodus – ond nid cweit y diwedd chwaith! Wrth ailysgrifennu ei ewyllys ychydig wythnosau cyn iddo farw, rhannodd DJ ei gyfranddaliadau yng nghwmni Cope & Timmins – 18,000 ohonynt – yn gyfartal rhwng y pedwar cyd-gyfarwyddwr yn y cwmni grawn. Tybed a oedd yn teimlo'n euog am yr hyn a wnaeth gyda'r siariau eraill, a bod y rhoddion ychwanegol hyn yn ymgais i ddatrys yr anghydfod oedd wedi codi?

Cwmni D J James a'i Fab yn dilyn ymddeoliad DJ a'i farwolaeth

Nid yw cwmni D J James a'i Fab yn bod fel cwmni masnachu yn y Deyrnas Gyfunol bellach, ond mae'r cwmni'n gweithredu dramor fel cwmni masnachu mewn tair gwlad, sef Awstralia, Seland Newydd a'r Ariannin. Yn nhref Northampton y mae swyddfa gofrestredig y cwmni o hyd. Bu cryn newid yn sefyllfa'r cwmni yn yr hanner can mlynedd ers marw DJ; wynebodd heriau lawer, a bu cyfnodau anodd. Mae modd deall hynt a helynt y cwmni ar ôl 1966 trwy edrych ar dri math o newid: newidiadau corfforaethol a daearyddol a newid yng nghynnyrch y cwmni. Gallwn drafod y rhain gyda'i gilydd gan fod cysylltiadau digon amlwg rhwng y tri.

Daeth Charles Jenkins i gadair y cwmni ar ôl DJ, ond cyfnod byr a gafodd, ac yn dilyn ei farwolaeth yn 1969 fe'i dilynwyd ef gan Charles Selvage, y dirprwy gadeirydd. Bu cyfnod ar ddiwedd y 1970au pan wasanaethodd tri o'r cyfarwyddwyr – Charles Selvage, John Hall a Harry Smith – fel cadeiryddion am gyfnodau byrion. Yn 1978 cymerodd John Hall at y gwaith o arwain y cwmni (arhosodd Charles Selvage yn gyfarwyddwr hyd ei ymddeoliad yn 1982, flwyddyn cyn iddo farw). Bu John Hall yn gadeirydd tan ei ymddeoliad yn 1987. Penodwyd John Jenkins, un o feibion Charles Jenkins, yn gadeirydd ar ei ôl, a bu yntau yn y swydd tan ddiwedd 1992 pan olynwyd ef gan Bob, mab John Hall. Rhoddodd Bob ugain mlynedd o wasanaeth tan ei ymddeoliad yn gynnar yn 2019.

Pan sefydlodd DJ ei ymddiriedolaeth gyntaf, eiddo oedd rhan sylweddol o'r asedau a drosglwyddwyd iddi, gan gynnwys rhydd-ddaliad Olmar Wharf, pencadlys y cwmni grawn yn Llundain. Roedd gan y cwmni brydles ac o 1957 ymlaen yr ymddiriedolaeth fyddai'n derbyn y rhent a delid gan y cwmni. Ar ddechrau'r 1970au dangosodd y cyfarwyddwyr ddiddordeb mewn prynu'r rhydd-ddaliad. Gwnaethant gynnig o £129,000 ym mis Medi 1971 ond gwrthodwyd hwn gan yr ymddiriedolwyr a phenderfynwyd cael prisiad annibynnol. Daeth hwn i law ym mis Mehefin 1972 gan awgrymu pris o oddeutu £140,000. Cytunodd yr ymddiriedolwyr i werthu, mewn egwyddor, ond am bris heb fod yn llai na £150,000. Ar ddiwedd 1974 cytunodd cyfarwyddwyr y cwmni i godi benthyciad o £130,000 gan fanc Williams & Glyn i brynu'r rhydd-ddaliad, ac yn gynnar yn 1975 cytunodd yr ymddiriedolwyr i werthu am £185,000. Ond nid dyna ddiwedd hanes Olmar Wharf. Yn 1991 derbyniodd y cyfarwyddwyr gynnig o £400,000 am y safle. Roedd hyn mewn cyfnod pan nad oedd y cwmni'n gwneud defnydd llawn o'r safle; er bod tenantiaid yn rhentu rhai o'r adeiladau roedd nifer hefyd yn wag. Roedd y cwmni wrthi ar y pryd yn sefydlu nifer o swyddfeydd rhanbarthol – yn Northampton, Peterborough, Scarborough a Chaeredin – gan ymestyn ei diriogaeth yn ddaearyddol wrth i'r pwyslais traddodiadol ar Lundain a'i fragdai barhau i wanhau. Yn 1996 cafwyd trafodaeth am y posibilrwydd o ddymchwel rhan helaeth o'r adeiladau yn Olmar Wharf ac ailddatblygu'r safle cyfan. O wybod bod hyn ym meddyliau'r cyfarwyddwyr, daeth cynnig o £1.66 miliwn am y safle cyfan yn 1998. Heddiw mae archfarchnad ASDA yn llenwi'r safle, ynghyd â nifer o siopau a lleoedd bwyta bach. Defnyddiwyd peth o arian y gwerthiant i ddatblygu safle newydd i'r cwmni yn Wellingborough, ger Northampton.

Heb os nac oni bai, tyfodd Wellingborough ger Northampton i fod yn brif ganolfan y cwmni ar ôl 1998, er bod gan y cwmni ganolfannau rhanbarthol eraill hefyd. Daeth Wellingborough yn ganolfan weinyddol y cwmni, er bod sylfaen gweithgarwch y cwmni wedi'i sefydlu yno ymhell cyn 1998, pan sicrhawyd perthynas masnachu gyda bragdy Carlsberg yn Northampton. Mae Ifan Jones (Bethania) yn cofio gyrru yn reit aml yn ystod y 1990au i gasglu gweddillion y grawn o'r bragdy, ei drosglwyddo i stordy'r cwmni yn Wellingborough, ac yna ei gario 'nôl adre i'w ddosbarthu i ffermwyr Ceredigion ar gyfer bwydo eu hanifeiliaid.

Adlewyrchiad o'r newidiadau yng nghynnyrch y cwmni ac mewn marchnadoedd oedd yn bennaf cyfrifol am geisio safleoedd newydd. Yn 2007 roedd 54% o incwm y cwmni'n parhau i ddeillio o weddillion grawn trwy'r bragdai. Dyma'r prif rai:

- Southwold (Adnams)
- Mortlake (Anheuser Busch)
- Northampton (Carlsberg)
- Bedford (Charles Wells)
- Bury St Edmunds (Greene King)
- Stowmarket (Muntons)
- Reading (Scottish Courage)
- Faversham (Shepherd Neame).

Roedd 46% o'r incwm yn dod o gynnyrch gwahanol, gan gynnwys y canlynol:

- gweddillion y diwydiant prosesu tatws, yn gymysg â gweddillion grawn o'r bragdai. Roedd perthynas gref rhwng y cwmni a chwmni McCain (enwog am sglodion rhewedig) yn Scarborough, Peterborough a Wombourne. Does dim syndod felly fod y berthynas wedi ymestyn i Awstralia yn 1990;
- gweddillion y diwydiant wisgi gan gynnwys 'distiller's draught' (sgilgynnyrch wisgi brag) a 'Loch Lomond supers' (sgilgynnyrch wisgi grawn);

- 'grainbeet' a 'supergrainbeet', sef cymysgedd o stwnsh betys siwgr a gweddillion grawn.

Wrth i'r cwmni ddatblygu ac ehangu ei gynnyrch roedd mwy o bwyslais ar waith ymchwil i ddangos gwerth y gwahanol fwydydd o safbwynt maeth. Bu'r cwmni'n gweithio gyda Choleg Amaethyddol yr Alban i ddatblygu'r gyfundrefn 'grainbeet'. Trwy noddi gwaith ym Mhrifysgol Reading datblygwyd y cynnyrch mwyaf effeithiol i fwydo gwartheg godro, gan nodi bod lefel maeth gweddillion grawn yn uwch na'r rhan fwyaf o fwydydd eraill.

Bu'r cwmni hefyd ar y blaen o ran datblygu ffyrdd o storio ac o gludo bwydydd anifeiliaid. Datblygwyd y syniad o greu lloriau yn y cerbydau cludo a fyddai'n hwyluso rhyddhau'r elfennau gwlyb o'r gweddillion. Câi'r gwlybion eu storio mewn blychau a osodid o dan y lorïau, i'w cymysgu'n nes ymlaen â bwydydd eraill. Yr enw a roddwyd ar y system hon oedd 'Jamesep'.

Yn 1983 derbyniwyd cynnig ariannol am y cwmni gan un o'i gystadleuwyr, cwmni Kenneth Wilson. Gwrthodwyd y cynnig. Roedd dechrau'r 1980au yn gyfnod heriol i'r diwydiant wrth i bris grawn ostwng yn sylweddol. Yn 1990 symudodd y cwmni i gyfeiriad newydd mewn mwy nag un ystyr. Daethpwyd i gytundeb gyda chwmni McCain Foods (Awstralia) i lansio cwmni newydd – Cwmni James a'i Fab (Awstralia) – a fyddai'n gyfrifol am gasglu gweddillion y diwydiant prosesu tatws yn Ballarat, Victoria, a'u gwerthu ymlaen i ffermwyr yn bennaf. Fe gofiwch fod y cwmni eisoes wedi datblygu perthynas gyda chwmni McCain yn y Deyrnas Gyfunol. Rhoddodd McCain $A100,000 (oddeutu £60,000) yn y fenter gan ddisgwyl y byddai cwmni James a'i Fab wedi sefydlu marchnad am weddillion y diwydiant prosesu tatws yng nghyffiniau Ballarat o fewn tair blynedd. Llwyddwyd i wneud hyn, ac erbyn heddiw mae diddordeb y cwmni wedi ehangu i gynnwys pob math o weddillion cynhyrchu bwyd a gyflenwir i'r diwydiant amaethyddol, yn cynnwys gweddillion grawn a ffrwythau. Mae'r cwmni bellach yn gwerthu'r cynnyrch i ffermydd ym mhedwar o ranbarthau Awstralia. Menter ar y cyd yw hon gan ddau gwmni, sef cwmni Castlegate (cwmni bwydydd anifeiliaid) a chwmni James, a'r ddau gwmni'n dal 50% yr un o werth y fenter. Newidiwyd enw'r cwmni hefyd i Castlegate James (Awstralia) i adlewyrchu'r strwythur perchnogaeth. Gyda'r un pwyslais ar amrywio cynnyrch a mentro ymhellach yn ddaearyddol, sefydlwyd menter ar y cyd yn Seland Newydd yn 2004 ac is-gwmni yn yr Ariannin yn 2007.

Erbyn 2012 roedd yn amlwg bod y cwmni'n gweld ei ddyfodol dramor yn Awstralia, Seland Newydd a'r Ariannin, gan fod y tri busnes tramor yn ymddangos yn llawer iachach o ran trosiant a chynhyrchu elw na'r cwmni yn y DG. Yn 2012 derbyniwyd cynnig am y busnes Prydeinig gan gwmni Agrifirm Co-products BV yn yr Iseldiroedd. Cafwyd £1.65 miliwn am y busnes. Nid oedd y cynnig yn cynnwys yr unedau tramor ac felly roedd angen strwythur corfforaethol i ofalu am yr asedau hyn. Ffurfiwyd cwmni 'newydd' gyda'r enw Olmar Investments Limited, sef adlais o enw hen bencadlys cwmni James a'i Fab yn Llundain. Felly, er bod y cwmni wedi'i gofrestru yn Northampton, mae ei ddiddordebau masnachu i gyd dramor bellach. Mae strwythur cyfranddaliadau Olmar Investments Limited yn union fel yr oedd yn nyddiau DJ, mwy neu lai, gyda'r mwyafrif llethol o'r cyfranddaliadau yn nwylo'r teuluoedd hynny a fu mor bwysig i'r cwmni yn ei ddyddiau cynnar.

Y cwmni heddiw

Mae rhan olaf y bennod hon yn seiliedig, i raddau helaeth, ar ddadansoddiad o gyfrifon diweddaraf Olmar Investments Limited, sef y rhai am y flwyddyn yn diweddu 30 Mehefin 2018. Prif waith y cwmni yn Awstralia, Seland Newydd a'r Ariannin yw cyrchu, marchnata, prosesu a dosbarthu bwydydd anifeiliaid i ffermwyr a chyfanwerthwyr. Dyma grynodeb o'r sefyllfa bresennol o ran perchnogaeth:[5]

Enw'r is-gwmni/ menter ar y cyd	Gwlad gorfforedig	Math o gyfranddaliadau	Daliadau ecwiti %
James a'i Fab Ariannin	Ariannin	Cyffredin	100
Castlegate James Awstralasia Pty Cyf	Awstralia	Cyffredin	50
Mi-Feed Pty Cyf	Awstralia	Cyffredin	50
James a'i Fab Seland Newydd Pty Cyf	Awstralia	Cyffredin	50

Ar y cyfan bu'r flwyddyn 2017/18 yn un lewyrchus i'r cwmni, gan i'r canghennau yn yr Ariannin ac Awstralia brofi cynnydd mewn trosiant ac mewn elw net (cyn treth) am y flwyddyn. Fel cwmni, cafwyd elw gweithredol o £2,450k (o'i gymharu â £440k yn 2016/17). Roedd yr elw ar ôl treth yn £1,680k (2016/17 – £160k).

Bu'r cynnydd yn y trosiant a'r elw net yn yr Ariannin yn drawiadol – cynnydd o 27.6% yn y trosiant a chynnydd o 67.5% yn yr elw net (cyn treth). Yr elw am y flwyddyn oedd £940k. Bu cryn gynnydd yn y fasnach yn ymwneud â gweddillion ethanol. Mae'r cyfarwyddwyr yn datgan eu hyder yn llwyddiant yr is-gwmni yn yr Ariannin ac yn barnu mai un bygythiad sydd i werth yr enillion yn y Deyrnas Gyfunol, sef bod gwerth arian yr Ariannin, sef y peso, yn ansefydlog. Awgryma'r cyfarwyddwyr rai camau i oresgyn yr anhawster hwn.

Roedd llwyddiant y mentrau ar y cyd yn Awstralia a Seland Newydd yn llai trawiadol – cynnydd o 4% yn y trosiant, ond cynnydd sylweddol yn yr elw net (cyn treth) ar ôl profi colled sylweddol yn 2016/17. Y rheswm am golledion y flwyddyn flaenorol oedd costau ailstrwythuro ynghyd â chwymp ym mhris llaeth a grawn. Yr elw am 2017/18 oedd £1,917k.

Yn yr adroddiad rhagwelir y bydd heriau yn Awstralia a Seland Newydd o hyd, ond ceir datganiad o ffydd hefyd fod y mentrau ar y cyd bellach yn gryfach unedau i fedru ymateb i'r heriau, yn dilyn gwario sylweddol ar ailstrwythuro yn 2016/17.

Mae'r cwmni'n wynebu diffyg yn ei gronfa pensiwn. Ar ddiwedd 2016/17 roedd y diffyg yn £898k. Ar ddiwedd 2017/18 lleihawyd y ffigwr hwn i £724k gan i'r cwmni ddefnyddio rhan o'r cynnydd yn yr elw i gyfrannu mwy i'r cynllun pensiwn.

Yn 2017/18 142 o weithwyr oedd yn cael eu cyflogi gan y cwmni, rhywfaint yn llai na'r flwyddyn flaenorol.

Ar ddiwedd 2017/18 roedd gan Olmar Investments Limited £16,606k mewn asedau (£1,891k mewn arian a buddsoddiadau) ac roedd yn wynebu £8,622k mewn ymrwymiadau.

Wrth sgwrsio â Bob Hall cyn iddo ymddeol fel cadeirydd, gofynnais iddo tybed beth fyddai DJ yn ei feddwl o'r hyn sydd wedi digwydd i gwmni D J James a'i Fab. Cwestiwn amhosibl ei ateb, wrth gwrs! Er hynny, mae modd damcaniaethu a meddwl am atebion posib. Yn sicr, byddai DJ yn falch iawn bod yr enw 'James' wedi goroesi, a bod y cwmni a sefydlwyd gan ei dad, ac a ddatblygwyd gan DJ ei hun, i'w weld yn llewyrchus mewn tair gwlad ar draws y byd. Ac eithrio'r teuluoedd sy'n dal y cyfranddaliadau, nifer ohonynt yn Gymry neu â'u gwreiddiau yng Nghymru (a byddai DJ yn falch iawn o hyn), mae'r cyswllt â Chymru a'r Deyrnas Gyfunol hefyd wedi gwanhau. Roedd hyn yn anorfod wrth symud dramor. Wrth fuddsoddi ei arian ei hun byddai DJ yn barod iawn i fentro dramor – yn Ne Affrica, Awstralia a Gogledd America. Diau y byddai'n hapus i ddeall bod y buddsoddi mwy uniongyrchol hwn trwy James a'i Fab yn dwyn ffrwyth i'r cwmni. Am hanner canrif bron, bu'n arwain datblygiad y cwmni a gosod y seiliau ar gyfer yr hyn sy'n bodoli heddiw.

---

[5] Noder:

i) Mae'r enw 'proprietary' (Pty) yn ddisgrifiad o'r math o gwmni a welir yma, yn diffinio aelodaeth y cwmni'n bennaf ynghyd â rheolau ynglŷn â chodi arian.

ii) Yr hyn a geir yma yw un is-gwmni ('subsidiary') go iawn, sef cwmni'r Ariannin, lle mae Olmar Investments Ltd yn dal y cyfan o'r cyfranddaliadau, a thair menter ar y cyd lle mae Olmar Investments Limited yn dal 50% o'r cyfranddaliadau.

iii) O ran y cyfrifon blynyddol rhoddir ffigyrau ar wahân i'r is-gwmni yn yr Ariannin, ond i'r tair menter ar y cyd yn Awstralia a Seland Newydd ffigyrau cyfansawdd (i'r tri chwmni) a roddir.

Pennod 3

Sinemâu

PWY FYDDAI WEDI DYCHMYGU y byddai DJ yn mentro i fyd y sinema? Nid oedd unrhyw gefndir teuluol yn y maes hwn, ac roedd yn fyd mor gwbl wahanol i'r diwydiannau llaeth a grawn. Pam symud i'r cyfeiriad hwn felly? Yn ôl un stori, gwelodd DJ giw hir o bobl yn sefyll tu allan i adeilad pan oedd yn teithio adre mewn tacsi un noson. Gofynnodd i yrrwr y tacsi beth oedd yn mynd ymlaen, ac atebodd hwnnw mai aros i weld ffilm mewn sinema yr oedd y bobl. Awgrymodd rhywun arall fod DJ wedi digwydd clywed sgwrs rhwng cyfrifydd a chwsmer, a'r ddau'n cytuno y byddai buddsoddi mewn sinemâu yn sicr o dalu ar ei ganfed. Beth bynnag sy'n wir, gallwch fentro y byddai DJ wedi gwneud ei waith cartref cyn mentro fel y gwnaeth.

Cyn dechrau trafod ymwneud DJ â byd y sinemâu, mae'n werth gosod rhywfaint o gyd-destun, er mwyn deall y cefndir a'r cyfnod.

Sinemâu: cyd-destun

Yn ôl nifer o arbenigwyr yn y maes, y 1930au oedd oes aur datblygiad sinemâu yng ngwledydd Prydain.[6] Dyma'r cyfnod pan fu cryn adeiladu sinemâu newydd yn ogystal â moderneiddio hen sinemâu, fel rheol i allu dangos ffilmiau sain. Ond erbyn diwedd y 1930au roedd nifer o'r farn bod yna lawer gormod o sinemâu. Mewn sefyllfa felly mae'n debyg mai'r mawrion fyddai fwyaf tebygol o oroesi, yn arbennig y rhai oedd yn rhan o'r cylchoedd sinemâu cryfaf, ac yn medru dangos ffilmiau newydd ar ddechrau eu taith trwy wledydd Prydain.

Roedd tair prif gadwyn o sinemâu trwy Brydain ac yn Llundain a'i maestrefi'n arbennig, sef ABC (Associated British Cinemas Ltd – yn ddiweddarach, yn 1969, daeth cwmni EMI i reoli sinemâu ABC),

Gaumont-British ac Odeon. Erbyn 1941 cwmni J Arthur Rank oedd yn rheoli Gaumont-British. Sefydlwyd cadwyn sinemâu'r Odeon yn 1933 o dan arweiniad Oscar Deutsch, a datblygodd ar garlam gan ehangu'n sylweddol. Pwy oedd yr Oscar Deutsch hwn, tybed? Fe'i ganed yn Birmingham yn 1893, yn fab i werthwr metel sgrap o Hwngari. Dechreuodd ei yrfa yn y diwydiant sinemâu yn 1921 pan sefydlodd gwmni, a ddaeth yn ddiweddarach yn Gaumont-British. Roedd Deutsch yn ddyn crefyddol iawn; fel J Arthur Rank, credai mai prif amcanion dangos ffilmiau oedd difyrru ac addysgu plant. Bu farw Oscar Deutsch yn 1941 yn 48 mlwydd oed gan adael 258 o sinemâu Odeon ledled y wlad; roedd wedi arolygu agor 114 o sinemâu newydd. Ar ôl ei farw gwerthwyd cadwyn Odeon i gwmni J Arthur Rank. Erbyn 1946 felly roedd cwmni Rank yn berchennog ar ddwy o'r tair cadwyn sinema fwyaf – Gaumont-British ac Odeon, tua 600 o sinemâu ledled gwledydd Prydain. Yn yr un cyfnod roedd gan gadwyn ABC 474 o sinemâu.

Ond roedd cadwyni llai na'r tair mawr yn bodoli, yn arbennig felly yn Llundain a'r de-ddwyrain. Un o'r rheini oedd cadwyn DJ gydag 16 o sinemâu. Roedd cadwyn anffurfiol o 51 o sinemâu annibynnol yn bwysig yn ardaloedd maestrefi Llundain, tra oedd cadwyn Singleton (gydag 11 o sinemâu) yn bwysig yn yr Alban. Roedd cadwyn Eastern Cinemas yn rhan o'r General Cinema Finance Corporation, sef consortiwm o arianwyr gwladgarol. Dyma'r gadwyn a lyncodd y rhan fwyaf o sinemâu DJ yn 1937. Llyncwyd y gadwyn hon hefyd maes o law, yn 1942, gan gwmni J Arthur Rank. Yn sgil hyn daeth y rhan fwyaf o sinemâu DJ yn rhan o ymerodraeth yr Odeon; ac mae'n esbonio pam y newidiwyd enwau'r holl sinemâu unigol dros gyfnod o flynyddoedd fel bod pob un ohonynt yn dwyn yr enw hwnnw.

Ar ddechrau'r 1950au roedd oddeutu 4,800 o sinemâu yng ngwledydd Prydain, ond erbyn 1970 roedd y ffigwr wedi gostwng i 1,529. Rhwng 1956 a 1960 cwympodd nifer y mynychwyr o 1,101 miliwn i 501 miliwn. Y rheswm pennaf am hyn oedd y cynnydd mewn safon byw a theuluoedd yn prynu teledu i'w difyrru gartref; rhoddwyd hwb sylweddol i'r duedd adeg coroni'r frenhines yn 1953. Cynyddodd atyniad y teledu yn sgil dyfodiad y sianeli annibynnol, fesul rhanbarth. Yn raddol, trawsnewidiwyd nifer o sinemâu yn neuaddau bingo a chlybiau nos. Yn aml iawn, safleoedd sinemâu oedd yn cynnig y lleoliadau rhataf ar gyfer archfarchnadoedd, swyddfeydd, meysydd parcio a fflatiau.

Daliodd nifer y mynychwyr i leihau – o 501 miliwn yn 1960 i 193 miliwn yn 1970. Ateb y diwydiant i hyn oedd rhannu sinemâu'n unedau llai i greu canolfannau â thair sgrin neu fwy, a chynnig rhagor o amrywiaeth yn y dewis o ffilmiau. Erbyn 1984 roedd nifer y mynychwyr wedi cyrraedd isafbwynt o 54 miliwn (gan adlewyrchu i raddau helaeth ddyfodiad y fideo). Ond bu 1984 yn drobwynt, ac erbyn 1985 roedd nifer y mynychwyr wedi codi i 72 miliwn. Y 'multiplex' neu'r sinema aml-sgrin oedd y prif reswm am y cynnydd; apeliodd y datblygiad hwn at y to ieuanc. Erbyn 2001 roedd nifer y mynychwyr wedi codi i 156 miliwn ac yn 2018 roedd dros 177 miliwn – y cynnydd mwyaf ers 1970.

Fel buddsoddiad tymor byr y gwelai DJ ei ymwneud â'r diwydiant sinemâu ac roedd wedi hen gefnu arno cyn i'r atyniad ddechrau pylu mewn poblogrwydd yn y 1950au.

Sinemâu DJ

Mae'r tabl isod yn dangos i DJ fuddsoddi mewn cadwyn o un ar bymtheg o sinemâu, y mwyafrif llethol ohonynt yn ardaloedd dwyreiniol Llundain a'r maestrefi. Mewn rhai achosion byddai DJ yn prynu adeilad oedd ar ei draed yn barod; dro arall codai adeilad o'r newydd ac ambell dro byddai'n dal eiddo ar brydles. Y darlun sy'n dod yn glir wrth edrych ar y tabl yw mai am gyfnodau byrion, at ei gilydd, yr oedd y sinemâu hyn yn nwylo DJ. Y patrwm cyffredinol oedd prynu adeilad, ei wella a'i foderneiddio (yn arbennig gosod cyfarpar newydd ar gyfer ffilmiau sain), ehangu i greu mwy o seddau, a gwerthu ymlaen maes o law gan wneud elw. Wrth ddilyn y patrwm hwn, creodd DJ ddosbarth o sinemâu newydd. Rhoddwyd yr enw 'super cinemas' iddynt – yn rhannol oherwydd eu maint ond hefyd am eu bod yn cynnig ystod fwy eang o gyfleusterau, fel lleoedd bwyta, organ a gofod ar gyfer cerddorfa. Roedd y syniad o fwynhau ffilm, cwpaned o de a thamaid i'w fwyta yn gymharol newydd. Daeth DJ yn berchennog ar brydles Cinema House yn 1934, ac yn yr adeilad hwn yr oedd ei swyddfa fusnes ei hun. Cyn 1934 roedd ganddo swyddfa ar gyfer ei ddiddordebau sinema yn Malt Street, yn reit agos i Olmar Wharf, pencadlys ei gwmni grawn.

Prynodd DJ y rhan fwyaf o'r sinemâu ar ddechrau'r 1930au ond erbyn 1937 roedd wedi gollwng gafael yn y rhan fwyaf ohonynt. Yr eithriad oedd Cinema House yn 225 Oxford Street. Roedd dwy sinema yma – Stiwdios 1 a 2 – ond ceid yma lawer mwy na hynny hefyd. Ar y lloriau uchaf neilltuwyd lle i nifer o denantiaid, rhai ohonynt yn gysylltiedig â'r diwydiant ffilm. Yma hefyd roedd gan DJ ei swyddfa ei hun a fflat lle gallai aros dros nos. Dyma'r trysor pennaf, fel petai, a hynny'n bennaf oherwydd y lleoliad yng nghanol dinas Llundain. Nid DJ oedd perchennog yr adeilad (roedd y rhydd-ddaliad yn nwylo'r cwmni yswiriant Prudential) ond roedd ganddo brydles dymor hir yn enw'i gwmni Amalgamated Picture Theatres Ltd.

Yn ychwanegol at yr 16 sinema yn Llundain, roedd DJ yn gyfarwyddwr tair sinema arall (y Plaza yn Romford, yr Astoria ar yr Old Kent Road a'r Astoria yn Streatham). Bu hefyd yn berchen ar nifer o safleoedd datblygu sinemâu lle na chafodd y cynlluniau eu gwireddu.

Sinema	**Prynwyd (neu ar brydles)**	**Gwerthwyd**
Palmadium, Palmers Green	1920	1926
Capitol, St Albans	1931	1937
Grand Palace, St Albans	1931	1937
Trafalgar, Greenwich	1934	1937
Mayfair, Dagenham	1933	1937
Towers, Hornchurch	1935	1937
Super Cinema, Hornchurch	1932	1937
Capitol, Upminster	1931	1937
Museum, Bethnal Green	1929	1937
Mayfair, Brick Lane, Stepney	1934	1937
Regent, Hatfield	1935	1937
Havana, Romford	1936	1937
Park, Hither Green[7]	1930	1938
Majestic, Stoke Newington	1927	1937
Mayfair, Caledonian Road[8]	1935	1945
Cinema House, 225 Oxford Street[9]	1934	1981

Awn ar drywydd y sinemâu hyn yn awr gan ddilyn eu hynt a'u helynt yng nghyfnod DJ ac wedi i'w ddiddordeb ynddynt ddod i ben.

Palmadium, Palmers Green (Llundain N13): Yn 1920 yr agorwyd y sinema hon er bod y cynllun wedi cychwyn yn 1918. DJ oedd y cadeirydd a'r cyfarwyddwr rheoli. Y pensaer oedd J Stanley Beard. Dyma un o'r 'super cinemas' cyntaf yn Llundain – yn cynnwys 2,350 o seddau, caffi a cherddorfa o bedwar ar ddeg o offerynnau. Fe'i gwerthwyd i gadwyn Denman/Gaumont yn 1926, a rhoddwyd yr enw 'Gaumont' iddi yn 1951. Erbyn hyn roedd nifer y seddau wedi gostwng i 1,650. Caewyd y sinema yn 1961, a dymchwelwyd yr adeilad. Ar y safle heddiw gwelir nifer o siopau a swyddfeydd.

Y Palmadium oedd profiad cyntaf DJ o'r diwydiant sinemâu. Fel hyn y mae W Jones-Edwards (1963) yn adrodd yr hanes:

> ar ôl amryw o wrthwynebiadau gan yr awdurdodau lleol, cafodd ganiatâd i fynd ymlaen â'i gynllun. Cytunodd ag adeiladydd i wneud y gwaith am £60,000, ac yr oedd yr arian yn y banc. Aeth pethau ymlaen yn hwylus ac nid oedd ond y to a'r dodrefn heb eu gorffen pan basiwyd cyfraith yn gwahardd gwario arian ar chwaraedai a diddymodd yr adeiladwyr eu cytundeb. Pan gafwyd caniatâd drachefn yn 1920 i fynd ymlaen â'r gwaith methodd Syr David gael neb i ymgymryd â'r gwaith am bris arbennig, a bu'n rhaid iddo dalu crefftwyr wrth y dydd. Dylifai'r arian allan. Cafodd fenthyg £30,000 o'r banc a gorfu iddo fynd yn ôl i geisio £30,000 arall. Ac nid heb hir ddadlau cyndyn ar ei ran y cafodd yr ail fenthyciad hwn. Cyfaddefa ei fod wedi colli mwy o gysgu ac wedi cael mwy o ben tost ynglŷn â Palmers Green nag unrhyw gynllun arall o'i eiddo. Yn lle £60,000 costiodd yr adeilad hwn £130,000. Bu ei fam yn asgwrn cefn iddo yn yr argyfwng. 'Pa fam,' meddai, 'a fentrai ei holl gyfoeth at wasanaeth ei mab pan oedd bancwyr Llundain yn gwasgu am ad-daliad o'r arian a fenthyciais. Yr wyf yn sicr na fuaswn i ddim wedi gwneud i fab, yr hyn a wnaeth hi i mi.'

Â W Jones-Edwards ymlaen i ddweud:

> gellid meddwl na fyddai Syr David yn mynd ati drachefn i godi'r un sinema ar ôl y profiad a gafodd, ond nid felly y bu. 'Teimlwn,' meddai Syr David, 'fy mod erbyn hyn yn gwybod am yr holl anawsterau ac os mai profiad chwerw a gefais y dylwn fod wedi elwa arno. Felly mor fuan ag yr ad-delais ran helaeth o'r arian i'r banc, ac i mam, adeiladais un sinema ar ôl y llall.'

Capitol, St Albans: Bu sinema ar y safle ers 1908. Pan brynodd DJ y lle yn 1931 newidiwyd yr enw i 'Capitol' ac roedd yma 1,500 o seddau, organ a chaffi. Ehangwyd eto yn 1934 o dan arweiniad Leslie Kemp a Frederick Tasker (partneriaeth a fu'n flaenllaw iawn yn nifer o brosiectau sinema DJ). Gwerthwyd yn 1937 i gadwyn Eastern Cinemas (o dan adain y General Cinema Finance Corporation, a ffurfiwyd yn 1936). Daeth yn rhan o gyfundrefn Odeon yn 1943 a newidiwyd yr enw i'r 'Odeon' yn 1943. Caewyd yr adeilad yn 1995 a bu'n wag am gyfnod hir. Cytunwyd ar gynlluniau i ddymchwel yr adeilad yn 2008 ond, cyn i hynny ddigwydd, aeth y gymdeithas treftadaeth leol ati i adfer yr adeilad o dan arweiniad James Hannaway, perchennog y Sinema Rex yn Berkhamsted. Ailagorwyd y drysau fel sinema yn 2014 gan arddel yr enw 'Odyssey'. Dyma'r unig un o sinemâu DJ sy'n dal yn sinema heddiw.

Grand Palace, St Albans: Bu sinema ar y safle ers 1922. Prynodd DJ y lle yn 1931. Caewyd am gyfnod byr yn 1932 er mwyn gosod system sain newydd. Gwerthwyd yn 1937 i Eastern Cinemas. Rhoddwyd yr enw 'Gaumont' iddi yn 1950. Caewyd y drysau fel sinema yn 1973 a daeth yr adeilad yn neuadd bingo. Dymchwelwyd yr adeilad yn 1987, a fflatiau a welir ar y safle heddiw.

Trafalgar, Greenwich (SE10): Agorwyd sinema yma gyntaf yn 1912 gyda 917 o seddau. Newidiwyd dwylo yn 1914, a daeth DJ yn berchennog yn 1934. Kemp a Tasker a gafodd y gwaith o ailgynllunio'r lle ac agorwyd y sinema ar ei newydd wedd ym mis Medi 1935, gyda 1,400 o seddau. Gwerthwyd yn 1937 i Eastern Cinemas. Daeth yn rhan o gyfundrefn Odeon yn 1943 a rhoddwyd yr enw 'Odeon' i'r lle yn 1945. Caewyd y sinema yn 1960 a defnyddiwyd y safle ar gyfer siopau hyd at 1995 pan ailgynlluniwyd y safle ar gyfer swyddfeydd a fflatiau.

Mayfair, Chadwell Heath, Dagenham: Agorwyd gan DJ yn 1933 gyda 1,764 o seddau, organ a chaffi. Yma eto, Kemp a Tasker fu'n gyfrifol am gynllunio'r sinema newydd. Gwerthwyd i Eastern Cinemas yn 1937. Daeth yn rhan o gyfundrefn Odeon yn 1943, a rhoddwyd yr enw Odeon arni yn 1945. Daeth y sinema i ben yn 1972 a defnyddiwyd y lle fel neuadd bingo am gyfnod. Yn ddiweddarach dymchwelwyd yr adeilad, a chodwyd archfarchnad ar y safle.

Towers, Hornchurch: Prynodd DJ y safle yn 1931 ond bu peth oedi cyn adeiladu'r sinema gan i'r awdurdod lleol wrthod y cais cynllunio cyntaf. Agorwyd y sinema yn 1935 gan ddefnyddio cynllun Kemp a Tasker unwaith yn rhagor. Roedd yma 1,799 o seddau, organ a chaffi. Fel llawer o'r lleill, gwerthwyd i Eastern Cinemas yn 1937. Daeth yn rhan o gyfundrefn Odeon yn 1943, a rhoddwyd yr enw 'Odeon' arni yn 1945. Caewyd y sinema yn 1973, a defnyddiwyd y lle wedyn fel neuadd bingo.

Super Cinema, Hornchurch: Agorwyd y sinema gyntaf ar y safle hwn yn 1913 (cwmni Hornchurch Cinema Ltd) gyda 400 o seddau. Ychwanegwyd sain yn 1930. Daeth i feddiant DJ yn 1932 a chytunwyd i ailwampio'r lle i greu sinema a fyddai'n eistedd 1,000 o bobl, ond ni lwyddwyd i wireddu'r cynllun. Rhoddwyd defnydd o'r lle i Gymdeithas Gwasanaethau Cymdeithasol Hornchurch, a hynny'n ddi-rent. Gwerthwyd i Eastern Cinemas yn 1937, ond ailfeddiannwyd gan y Cyngor trwy bryniant gorfodol yn 1950. Ailagorwyd y lle fel y Queen's Theatre yn 1953, a bu'n gartref i'r cwmni theatr lleol tan 1975 pan symudodd y cwmni theatr i gartref newydd. Dymchwelwyd yr hen adeilad, ac mae'r safle nawr yn cynnwys siopau, swyddfeydd a fflatiau.

Capitol, Upminster: Sefydlwyd sinema yma yn 1929 gan gwmni Capitol (Upminster) Ltd, gyda 1,158 o seddau, organ a chaffi. Gwerthwyd y cwmni i DJ yn 1931. Gwerthwyd wedyn yn 1937 i Eastern Cinemas. Daeth yn rhan o gyfundrefn Odeon yn 1943, a rhoddwyd yr enw Odeon i'r adeilad yn 1945. Yn 1949 newidiwyd yr enw i 'Gaumont'. Caewyd y sinema yn 1961 a defnyddiwyd yr adeilad fel neuadd bingo tan 1973 pan ddymchwelwyd yr adeilad, a chodi archfarchnad ar y safle.

Museum, Bethnal Green (E2): Agorwyd y sinema gyntaf ar y safle hwn yn 1913 gan gwmni Bethnal Green Cinema Ltd. Prynodd DJ y cwmni yn 1929, a chaewyd yr adeilad am rai misoedd yn ystod 1931 er mwyn ehangu'r lle a'i foderneiddio. Leslie Kemp oedd yn gyfrifol am baratoi'r cynlluniau ac am lywio'r newidiadau. Dyma oedd ei brosiect cyntaf i DJ (cyn iddo ffurfio partneriaeth gyda Frederick Tasker). Yn y cynllun newydd roedd maint y lle'n cael ei ddyblu gyda 1,000 o seddau. Gwerthwyd i Eastern Cinemas yn 1937. Daeth yn rhan o gyfundrefn Odeon yn 1943, a newidiwyd enw'r sinema i'r 'Odeon' yn 1950. Pan gaewyd y lle yn 1956 roedd yno 801 o seddau. Dymchwelwyd yr adeilad a chodwyd fflatiau ar y safle.

Mayfair, Brick Lane, Stepney (E1): Bu sinema ar y safle ers 1913 gyda 729 o seddau. Daeth i feddiant DJ yn 1934. Dymchwelwyd yr adeilad yn 1935 a chodwyd sinema newydd gyda 1,519 o seddau o dan arweiniad Kemp a Tasker. Ailagorwyd y sinema ym mis Ionawr 1936. Gwerthwyd yn 1937 i gwmni Eastern Cinemas. Daeth yn rhan o gyfundrefn Odeon yn 1943, a mabwysiadwyd yr enw 'Odeon' yn 1950. Caewyd y sinema yn 1967 ond ailagorwyd y lle ar ddiwedd 1967 o dan adain NAZ, sef cwmni annibynnol yn hybu sinema Asiaidd. Bellach nid oes sinema yno; ceir lle bwyta ym mlaen yr adeilad, a fflatiau tu cefn.

Regent, Hatfield: Agorwyd gan DJ yn 1935 pan oedd yn agos at ei gwblhau gan gwmni arall oedd yn wynebu trafferthion ariannol. Roedd yma 800 o seddau. Gwerthwyd yn 1937 i Eastern Cinemas. Daeth yn rhan o gyfundrefn Odeon yn 1943, a rhoddwyd yr enw 'Odeon' iddi yn 1946. Aeth yn sinema annibynnol yn 1967 gyda'r enw Classic ac wedyn yn 1969, gyda'r enw Curzon. Caewyd y lle yn 1973 a daeth neuadd bingo i gymryd lle'r sinema.

Havana, Romford: Bu DJ yn rhan o gyfuniad o gwmnïau yn y fenter hon, oedd hefyd yn cynnwys sinema'r Plaza yn Romford. Agorwyd ym mis Ionawr 1936 ond yn 1937 daeth cwmni Eastern Cinemas yn berchennog ar yr Havana a'r Plaza. Roedd lle i 2,350 eistedd yn yr Havana, ynghyd ag organ a chaffi. Y penseiri oedd Kemp a Tasker, gyda chymorth W Evans. Daeth y sinema hon, ynghyd â'r Plaza, yn rhan o gyfundrefn Odeon yn

1943, a rhoddwyd yr enw 'Odeon' i'r sinema yn 1949. Caewyd y lle fel sinema yn 1990 a defnyddiwyd yr adeilad fel clwb nos o 1991 ymlaen.

Park, Hither Green (SE 13): Agorwyd fel sinema yn 1913, a daeth i ddwylo DJ yn 1930. Bu ar gau am gyfnod byr yn ystod 1930 er mwyn gosod system sain a gwneud peth gwaith moderneiddio pellach yn dilyn cyfarwyddyd Leslie Kemp. Bu Cwmni DJ yn gyfrifol am redeg y lle am rai blynyddoedd; wedyn gosodwyd y lle ar brydles, ac yn 1938 gwerthwyd y sinema. Bu sinema ar y safle tan 1957 pan ddaeth siopau yn ei lle.

Majestic, Stoke Newington (N16): Y sinema gyntaf ar y safle oedd yr Electric gyda 700 o seddau yn 1911. Daeth i feddiant DJ yn 1927 ond trosglwyddwyd y lle i gwmni Cinevision Cinemas Ltd yn 1937, ac wedi hynny i Capitol and Provincial News Theatres yn 1938. Newidiwyd yr enw i 'Vogue', a bu cyfuniad o sinema a theatr ar y safle hyd at 1958, pan gaewyd y lle. Bu'n wag am rai blynyddoedd ond bellach y mae yno le bwyta a fflatiau.

Mayfair, Caledonian Road (N1): Prynodd DJ y safle yn 1935 ac agorwyd sinema ar gyfer 1,842 ym mis Rhagfyr 1937. Yma eto Kemp a Tasker oedd yn gweithredu fel cynllunwyr a phenseiri. Yn 1942 rhoddwyd prydles i gadwyn Mayfair Cinemas ond, yn 1945, gwerthwyd y sinema i gwmni Essoldo am £100,000. Yn 1950 newidiwyd enw'r sinema i'r Essoldo. Caewyd y drysau yn 1965 a daeth neuadd bingo yn lle'r sinema. Ond ar ôl deng mlynedd penderfynwyd dymchwel y lle a chodi fflatiau ar y safle.

Cinema House, 225 Oxford Street (Stiwdios 1 a 2) (W1): Agorwyd sinema gyda 500 o seddau yn 1910 o dan arweiniad cwmni London Cinematograph. Daeth yr enw Cinema House i fod yn 1919. Cymerodd DJ brydles ar yr adeilad yn 1934. Caewyd y lle am ran helaeth o 1935 ar gyfer diweddaru, ehangu a moderneiddio o dan arweiniad Kemp a Tasker. Ailagorwyd ym mis Mawrth 1936 fel dwy sinema, sef Stiwdios 1 a 2. Dangosid ffilmiau o dramor yn Stiwdio 1; roedd Stiwdio 2 yn canolbwyntio ar raglenni newyddion a ffilmiau teuluol, yn arbennig ffilmiau Walt Disney.

Uwchben y sinemâu ar y lloriau uwch roedd swyddfeydd a gofod at lu o bwrpasau, gan gynnwys man cyfarfod Clwb y Cymry o 1953 i 1963. Ar y trydydd llawr roedd gan DJ ei swyddfa a'i fflat. Cyflwynodd DJ ei fudd ariannol yn yr adeilad i'r ymddiriedolaeth a grëwyd ganddo, ac yn 1981 gwerthodd yr ymddiriedolwyr eu budd yn y brydles am y swm o £72,500 (roedd y brydles yn rhedeg tan 1988 gyda blwyddyn o adnewyddiad yn dilyn 1988). Gwerthwyd yr hyn oedd yn weddill i Grŵp Star Cyf, oedd eisoes yn denantiaid i'r rhydd-ddeiliaid, cwmni Yswiriant Prudential. Yn 1977 gweddnewidiwyd y gofod sinema gan Star trwy greu pedair sinema ar wahân. Daeth y trefniant hwn i ben yn 1984; dymchwelwyd yr adeilad i greu gofod ar gyfer siopau ar y llawr gwaelod a'r llawr cyntaf, a swyddfeydd uwchben. Ar hyn o bryd siop ddillad Mango sydd ar y lefel isaf. Pan oedd DJ yn fyw ac yn rhedeg Cinema House roedd y brydles yn eiddo iddo'n gyfan gwbl er iddo rannu nifer o isbrydlesau i wahanol denantiaid.[10]

Mae'n bosibl dod i sawl casgliad o'r disgrifiadau a'r darluniau o'r sinemâu y bu DJ yn ymwneud â hwy. Mae'n werth sylwi'n gyntaf ei fod wedi dibynnu'n drwm ar waith cynllunio a phensaernïaeth Leslie Kemp a Frederick Tasker, p'un ai Leslie Kemp ar ei ben ei hun (cyn iddo ffurfio partneriaeth gyda Frederick Tasker) neu'r ddau mewn partneriaeth wrth ddatblygu hen adeiladau a chodi rhai newydd. Bu'r arbenigwyr hyn yn gyfrifol am ddeg o'r un prosiect ar bymtheg. Rhaid bod ganddo gryn ffydd ynddynt.

Diddorol yw sylwi, yn eilbeth, fod DJ wedi gwerthu'r cyfan ac eithrio tair o'i sinemâu erbyn 1937. Gwerthwyd y Park Cinema, Hither Green, yn 1938 a'r Mayfair, yn Caledonian Road, yn 1945. Golyga hyn mai dim ond Cinema House yn Oxford Street oedd ganddo ar ôl, ac roedd gydag e lu o resymau dros ddal gafael yn hon, fel y nodwyd eisoes. Ond, ar y cyfan, am gyfnodau byr y daliodd DJ ei afael yn ei sinemâu. Ac eithrio Cinema House, ychydig dros bum mlynedd oedd y cyfnod perchnogi neu ddal prydles ar gyfartaledd.

Yn olaf, fe welwch fod DJ wedi gwerthu un ar ddeg o'i sinemâu i gwmni Eastern Cinemas o dan adain y General Cinema Finance Corporation, a ffurfiwyd yn 1936. Mewn ychydig flynyddoedd wedyn prynodd cwmni Rank y brif siâr yn y Gorfforaeth, a thrwy hynny llyncwyd sinemâu'r

Gorfforaeth gan deyrnas sinemâu Rank. Dyma'r cwmni oedd yn arddel yr enw 'Odeon', a dyma'r enw a roddwyd wedyn ar hen sinemâu DJ. Derbyniodd DJ gyfanswm o £960,000 gan gwmni Rank am yr un sinema ar ddeg a werthodd, ynghyd â phedwar safle gwag.

Sylwadau Leslie Kemp

Cafodd Leslie Kemp (1899–1997) yrfa lewyrchus fel pensaer a chynllunydd sinemâu. Treuliodd ddeng mlynedd olaf ei waith proffesiynol yng Nghanada gan ddychwelyd adre yn 1960. Bu farw yn 1997 yn 98 mlwydd oed. Ar ddechrau ei yrfa gweithiai ar ei liwt ei hun ond yn nes ymlaen ffurfiodd bartneriaeth gyda Frederick Tasker (1906–92), tirfesurydd o ran ei addysg a'i brofiad. Datblygodd y bartneriaeth yn un effeithiol tu hwnt – partneriaeth uchel ei pharch yn y gwaith o gynllunio sinemâu newydd a moderneiddio rhai hŷn.

Fel arwydd o werthfawrogiad y diwydiant o'r gwaith a gyflawnodd Leslie Kemp cyhoeddwyd teyrnged iddo yn 2011 gan *Picture House*, cylchgrawn y Gymdeithas Theatr Sinema, sy'n cynnwys cyfweliad a wnaeth Leslie Kemp gyda Ron Knee. Yn y cyfweliad mae Leslie Kemp yn gwneud nifer o sylwadau diddorol am DJ, a'r berthynas rhyngddynt, ond cofier mai un ochr i'r darlun a gawn ganddo. Mae'n amlwg bod y berthynas rhwng Kemp a DJ yn un ffafriol a chadarn, ond ni wyddom beth oedd barn DJ am Kemp, mewn gwirionedd. Wedi dweud hyn, mae'n weddol amlwg na fyddai DJ wedi cyflogi Kemp (a Tasker) ar gynifer o'i brosiectau oni bai fod y berthynas rhyngddynt yn iach, a DJ yn fodlon ar y gwaith a gyflawnwyd.

Prosiect cyntaf Leslie Kemp i DJ oedd sinema'r Museum yn Bethnal Green. Yng ngeiriau Kemp:

> it was a fleapit … proper dump … an ordinary silent cinema … just a concrete floor, a bit of old carpet covered with orange peel and peanut shells, and rows of wooden benches … The builders were Fairweathers, father and son, who did a lot of James's work … I told Fairweather, 'If you are the lowest [tender], I'm warning you, my client will complain, and say that it's more than he expected.' And his was the lowest tender – I think, just under £10,000 – but he was so keen on getting the contract … that he immediately knocked £250 off his price.

Yn dilyn hyn cafodd Leslie Kemp gytundeb mawr, 'the big one', am sinema'r Mayfair yn Chadwell Heath:

> There were 2,000 seats. I think we did it in 26 weeks. James was a great man for publicity. He put up a big board 'Only six more weeks', followed by 'Only five more weeks'. He said to me one day over a drink … 'I suppose you wonder why I gave you another job [ar ôl sinema'r Museum yn Bethnal Green].' He said, 'I got an estimate whilst the Museum Cinema work was going on. I only did it for my own information because on the bottom of that estimate, it said 2½% included for your architect.' And James asked the supplier who had submitted the estimate 'What if the architect doesn't ask for it?' 'Well,' the supplier said, 'you'll have it for yourself.' Then James said, 'You didn't ask me for 2½% so I knew you were honest.'
>
> One day I sent one of my lads down to meet James at the Greenwich job and James found fault with something. 'Oh,' the lad said, 'Mr Kemp always does it that way.' James told him, 'I'm not interested in what Mr Kemp always does. I'm paying for this building and I want it done my way.' The only time I had a heated discussion with James was on that particular problem. He eventually said, 'This is the last job you'll ever do for me.' We weren't talking to each other for a week or two. As a matter of fact I stayed away for ten weeks.
>
> David James was really a man-and-wife team. When we opened Chadwell Heath I went to see James … I said, 'How's Grace?', and he said, 'She's very busy. She's making all the sandwiches and cakes for tomorrow night' [yr agoriad swyddogol]. He had about a hundred guests. After the film show there was the usual reception in the cafe, and she'd done all that work.
>
> I was responsible for designing the first twin cinema in the world – Studios 1 & 2 [yn Oxford Street] … The basement of the building was empty. There had been a Chinese restaurant in the basement but the London County Council closed it down because they didn't have a liquor licence – they were using boys to run to the pub next door, called The Feathers, to get drinks. Not only that, there was a scandal about an actress called Billie Carleton (or something like that) who was doped, drugged and sold for the white slave market. So the LCC closed it down. One day James said to me, 'I'd like to have a swimming pool down there.' I said, 'A swimmimg pool? You can't have a swimming pool – there's not sufficient room for all the dressing rooms and what have you. How would you like a cinema down there?' He said (*chuckling*),

'We'd keep that. I was responsible for getting that through. [Daeth yr is-lawr yn Stiwdio 2.]

I went to see James one night in 1936 [1937?]. He threw the *Evening Standard* over to me and on the big headline it said, 'James sells to Rank for a million'. Apparently his mother had told him to: 'Jimmy, sell all your theatres, sell all your shares, but don't sell Studios One and Two.' Anyway, I turned to James and I said, 'Yes, Jimmy, I helped you to make the million.' He said, 'That's right, my boy. You did –' and he didn't even offer me a drink.

Another time I went in … he was sitting at his desk and the phone rang. He was on the phone for (without a word of a lie) about 20 to 25 minutes. At the beginning I signalled to him that I would go out and he signalled back, No, no stop there. When the call was over, he said, 'You heard all that lot?' I said, 'I couldn't help it.' He said, 'I've been arguing about five pounds. It's not the five pounds, it's the principle. If I let them get away with it this time, next time it'll be ten pounds.'

'Do you know,' he said to me one day, 'you're a wealthy man?' I said, 'Compared to you? What do you mean?' He replied, 'You've got a son.' He was a Welshman and his mother never liked it because he'd married a girl from Faversham … His biggest disappoinments in life were twofold – his mother didn't approve of his wife, and he had no son.

J Arthur Rank a DJ

Mae'n ddiddorol sylwi bod llawer yn gyffredin yng ngyrfaoedd busnes J Arthur Rank, a brynodd y rhan fwyaf o sinemâu DJ, a DJ ei hunan, er bod busnesau a chyfoeth y teulu Rank ar raddfa fwy o lawer. Gan ddechrau ym maes grawn a bara (Rank, Hovis, McDougall) tyfodd cwmni Rank i fod yn werth £1.8 biliwn ar y farchnad stoc yn 1992, gan gyflogi 45,000 o weithwyr. Wrth i amser fynd heibio deuai rhan helaeth o elw'r cwmni o'r busnesau gamblo – casinos Top Rank a neuaddau bingo Mecca yn bennaf. Yn nes ymlaen eto, y diwydiant llungopïo oedd yr elfen bwysicaf yn y portffolio o gwmnïau, trwy Rank Xerox. Yn ei gofiant i J Arthur Rank, noda'r awdur Geoffrey Macnab (1993) eironi'r ffaith bod casinos a neuaddau bingo mor allweddol mewn cwmni â'i wreiddiau yn y neuaddau Methodistaidd (Wesleaidd) a'r ysgolion Sul.

Beth felly oedd yn gyffredin rhwng J Arthur Rank a DJ? Yn y lle cyntaf deuai'r ddau o gefndir crefyddol. A heb os nac oni bai, roedd gan y ddau ffydd ddiysgog. Daeth Rank i'r diwydiant ffilm a sinema yn 1933 pan aeth ati i geisio gosod taflunyddion ffilm mewn neuaddau Methodistaidd ac ysgolion Sul. Ffurfiwyd y Religious Film Society yn 1933, a Rank oedd ei thrysorydd cyntaf. Roedd Rank yn argyhoeddedig y byddai lluniau byw'n torri trwodd lle'r oedd gwasanaethau traddodiadol eglwysi 'a'r math yna o beth' yn methu. Ni ellir osgoi'r eironi yma eto gan fod y gymdeithas hon yn feirniadol tu hwnt o ddylanwad sinema a ffilm ar gymdeithas yn gyffredinol. Ymhen rhai blynyddoedd daeth Rank yn bennaeth ar y cwmni ffilm a sinema mwyaf yng ngwledydd Prydain!

Mewn cyfweliadau yn ystod ei yrfa mynnodd Rank ei fod yn cael ei arwain gan Dduw, a bod pob penderfyniad o'i eiddo'n ganlyniad gweddi ac ymgynghori â'r Hollalluog. Dyma a ddywedodd y cynhyrchydd ffilmiau Sidney Cole amdano: 'he [Rank] assumed that he was more acquainted with God than other people were, which is always a doubtful proposition.' Mewn sgwrs gyda W Jones-Edwards ym mis Mawrth 1962, dywedodd DJ ei fod erbyn hynny'n argyhoeddedig i'r Hollalluog ei arwain i Lundain [pan oedd yn un ar bymtheg oed] i'w wneud yn gyfrwng i ddwyn i ben ei gynllun i uno'r enwadau a rhoi cyflog byw i weinidogion.

Yn ail, mae'n rhyfedd o beth ond doedd gan J Arthur Rank na DJ fawr o ddiddordeb mewn ffilm a sinema. Yn wir, roedd y ddau fel ei gilydd yn casáu agweddau o'r diwydiant ac roedd rhai o ffilmiau'r cyfnod yn anathema pur iddynt. Ond am gyfnod penodol – byr iawn yn achos DJ a hirach yn achos Rank – gwelodd y ddau'r cyfle i wneud arian yn y diwydiant. Er bod mentro i'r maes hwn yn ymddangos yn anghyson â'u daliadau crefyddol, bu'r ddau'n ddigon haelfrydig yn eu hymwneud â'r diwydiant, ac yn arbennig gweithwyr o fewn y diwydiant. Yn achos Rank, cyfeiriodd Macnab (1993) at y peth fel hyn: 'Methodism in his madness'.

Yn drydydd, roedd y ddau'n awyddus i ryddhau'r diwydiant ffilm Prydeinig o grafangau Hollywood, er bod gan Rank fwy o lawer o rym i weithredu yn y maes hwn na DJ. Ar ôl sefydlu Pinewood Studios dechreuodd Rank gynhyrchu ffilmiau gan sicrhau bod y cylchrediad ffilmiau bellach yn annibynnol, i raddau, ar gynnyrch Americanaidd.

Yn olaf, bu Arthur J Rank a DJ yn eithriadol o hael yn eu cynlluniau i rannu eu cyfoeth. Fel ei dad, Joseph Rank, o'i flaen, sefydlodd J Arthur

Rank nifer o ymddiriedolaethau, yn bennaf ar gyfer yr eglwys Fethodistaidd (Wesleaidd) ond hefyd ar gyfer amrywiaeth eang o elusennau. Dosbarthwyd miliynau o bunnoedd ers ei farw yn 1972. Yr un oedd hanes DJ yn ystod ei fywyd ac ar ôl iddo farw, er mai ar raddfa dipyn llai.

Marw Catherine James

Roedd y flwyddyn 1939 yn un arwyddocaol i DJ am nifer o resymau. Dyma flwyddyn dechrau'r Ail Ryfel Byd, wrth gwrs. Dyma'r flwyddyn hefyd pan symudodd Grace ac yntau o Lundain i fyw yn Brighton. Erbyn 1939 roedd wedi gwerthu'r rhan fwyaf o'i sinemâu, ac ychydig o ddiddordeb oedd ganddo ar ôl yn y diwydiant hwn; roedd wedi rhannol ymddeol a chyfnod bywyd newydd o'i flaen. Ond bu un digwyddiad arall o bwys mawr i DJ yn 1939, sef marw ei fam ar noswyl Nadolig yn wyth deg a thair blwydd oed.

Bu'r berthynas rhwng DJ a'i fam yn un agos iawn. Diau fod hyn yn gwreiddio o'r ffaith iddo golli ei dad yn 1917 a'i unig frawd yn 1912, gan adael dim ond ei fam ac yntau. Dyma ran o'r deyrnged a osododd DJ ar garreg fedd ei fam: 'gwraig, a mam dda a sanctaidd, caredig iawn ei hysbryd, a hael ei chymwynasau. Yr oedd o allu tu hwnt i'r cyffredin. Bu yn gefn i'w mab annwyl … ac y mae ei delw ar lu o'i chymwynasau. Gwraig gywir a mam dirion'. Ysgrifennodd DJ deyrnged i'w fam, a chyhoeddwyd hon yng nghylchgrawn y *Cinematograph Weekly*. Mae'n eitha eironig iddo ddewis cylchgrawn o'r fath o gofio bod ei fam wedi gwrthwynebu iddo fentro i fyd y sinemâu.

Awgrymodd nifer fod Catherine James yn gryn ddylanwad ar benderfyniadau busnes ei mab a cheir cadarnhad o hynny yn sylwadau Leslie Kemp yn y bennod hon. Yng ngeiriau DJ ei hun, 'ni chredaf y byddwn wedi eu gwerthu [y sinemâu] oni bai am mam. Gwasgai arnaf i'w gwerthu pan oedd y pris yn uchel ac yr oedd hi'n iawn. Credaf fod mam wedi ei bendithio â rhyw reddf i ragweld pethau.' Mae angen bod yn ofalus yma achos gwyddom fod DJ wedi mentro i faes sinemâu gan feddwl gwneud arian mewn byr amser. Nid oedd yn gweld y buddsoddiad hwn fel rhywbeth tymor hir. Wedi dweud hyn, rhaid cydnabod o'r cychwyn cyntaf y bu Catherine James yn anhapus gyda phenderfyniad DJ i fuddsoddi mewn sinemâu. Ar un olwg roedd hyn yn od gan iddi estyn benthyciad sylweddol iddo adeg adeiladu'r Palmadium yn Palmers Green, ei sinema gyntaf. Mae'n werth gofyn beth tybed oedd sail gwrthwynebiad y fam i'r sinemâu. Rhaid deall bod Catherine James yn perthyn i oes wahanol, ac i'r to Presbyteraidd a gredai fod rhai mathau o adloniant, gan gynnwys ffilm a sinema, yn anfoesol. Roedd DJ wedyn yn ddyn modern, ac yn ddyn busnes.

Mae un hanesyn sy'n darlunio'r gwrthdaro rhwng y ddau i'r dim! Nododd W Jones-Edwards fod y ddau'n siarad yn gyson dros y ffôn; yn wir nid esgeulusai DJ gael sgwrs â'i fam ar aelwyd Pantyfedwen yr un noswaith, bron. Un tro, pan ffoniodd ei fam DJ, dywedodd wrtho bod ganddi £100 i'w fuddsoddi – arian a gafwyd o werthu buwch. Ei chais oedd iddo fuddsoddi'r swm hwn drosti. Gwnaeth hynny, ond am wythnosau wedyn wrth i'w fam ei holi ble buddsoddwyd yr arian, byddai DJ yn troi'r sgwrs er mwyn osgoi rhoi ateb. Ond yn y diwedd rhaid oedd ildio, a chyffesu ei fod wedi gosod yr arian mewn cwmni o'r enw GRA Holdings. Prif ddiddordeb y cwmni hwn oedd cynnal rasys milgwn ac roedd DJ ei hun yn dal cyfranddaliadau yn Romford Stadium, un o'r prif leoliadau ar gyfer rasys milgwn. Diau nad oedd ei fam yn gwybod hyn neu fe fyddai wedi pwyso arno i'w gwerthu! Cododd ffrae rhwng y ddau a gorfu i DJ ad-dalu'r swm o £100 i'w fam, ynghyd â llog am y cyfnod y bu hi heb yr arian.

O 1897 ymlaen Pantyfedwen yn Ystrad-fflur oedd cartref Catherine James. Byddai'n ymweld â DJ yn Llundain yn achlysurol, ac roedd yn ei briodas yn 1924. Ar ddechrau'r bennod hon awgrymwyd nad oedd ei fam yn gwbl hapus gyda dewis DJ o gymar bywyd, a chefnogir y sylw hwn gan sylwadau Leslie Kemp. Er hynny, bu'r cyswllt rhwng y fam a'r mab yn un cryf gydol yr amser, ac roedd DJ yn agos iawn at ei fam. Hi oedd y ddolen gyswllt rhwng DJ a Phontrhydfendigaid. Ychydig o flynyddoedd a dreuliodd DJ yn y cyffiniau, ond bu ei fam yn byw yno am dros ddeugain mlynedd. Diau fod y ddolen gyswllt hon wedi cryfhau'r awydd yn DJ i gyfrannu mewn amryw o wahanol ffyrdd at wella'r ddarpariaeth gymdeithasol yn yr ardal trwy sefydlu'r eisteddfod, adeiladu'r neuadd a'r pafiliwn, estyn rhoddion i'r capel Presbyteraidd lleol, gosod ffenestri lliw yn Eglwys y Santes Fair a sefydlu Cronfa Mynwent Ystrad-fflur.

Er bod Catherine James yn byw yn lleol, mae'n amheus faint gymysgai hi gyda thrigolion eraill yr ardal. Roedd hi'n gapelwraig selog, a gosodwyd plac yn y capel er cof amdani ac i gofio am ei haelioni i'r achos. Mae Charles Arch yn cofio bod ei fam-gu'n ffrindiau mawr gyda Catherine James. Roeddynt yn gymdogion gan y bu Charles a'i deulu'n byw yn fferm y Fynachlog Fawr – y nesaf at Bantyfedwen. Dywed Charles fod ei fam-gu a Catherine James yn treulio gwyliau yng nghwmni ei gilydd, yn Bournemouth gan amlaf. 'Does gen i ond cof plentyn,' meddai ei lyfr *Byw Dan y Bwa* (2005), 'o'r hen Mrs Catherine James, y fam, wrth iddi ddod allan o'r car un tro a dod i'r tŷ i weld mam. Byddai bob amser, mae'n debyg, yn gwisgo het fawr â rhyw rwyd yn hongian lawr dros ei hwyneb. Yn ôl Ned Olifyr, a fyddai'n ei gyrru yn rheolaidd i bob man, doedd yntau ddim wedi gweld ei hwyneb ond unwaith, a hynny pan orfu iddo frecio'n sydyn ar ben Rhiw Dywyll i osgoi taro yn erbyn cart a chaseg Wil Blaenglasffrwd.'

Flynyddoedd cyn i Catherine James farw, gwerthwyd y rhan helaethaf o dir Pantyfedwen i'r Comisiwn Coedwigaeth, gan adael y tŷ ac ychydig o dir o'i amgylch. O 1939 ymlaen bu'r tŷ ym meddiant DJ tan 1955 pan werthwyd e, eto i'r Comisiwn Coedwigaeth. Yn y cyfnod rhwng 1939 a 1955 bu nifer o denantiaid yn byw yno, ac ar ôl 1955 gosodid y tŷ yn bennaf ar gyfer gweithwyr gyda'r Comisiwn gan gynnwys John Jones, tad Caradog Jones, y Cymro cyntaf i ddringo mynydd Everest. Bu consýrn am bobl yn camddefnyddio'r ffermdy – traean yr adeilad – a phenderfynwyd ei ddymchwel a gosod y gweddill ar werth. Gwerthwyd y lle yn 1976 ac eto yn 1983, y tro hwn i Roger a'r ddiweddar Irene Earis a'u mab a'u merch. Ar y dechrau defnyddid y lle fel ail gartref ond yn 1999 symudodd y teulu yno i fyw. Cyn ymddeol roedd Roger Earis yn Athro yn y Gyfraith yn Llundain.[11] Cyfrannodd Roger ac Irene yn helaeth i'r diwylliant y daethant yn rhan ohono, ac mae lle i ddiolch iddynt am eu hymrwymiad.[12] Bu Roger, yn arbennig, yn flaenllaw iawn, gydag eraill, yn sefydlu Canolfan Ystrad Fflur gyda'r bwriad o greu canolfan dreftadaeth a lle i ymwelwyr ble saif tŷ fferm y Fynachlog Fawr – prosiect sydd bellach yn cael ei wireddu.

---

[6] Gweler Eyles a Skone 2002, 2014 yn fwyaf arbennig.
[7] Cytunwyd ar brydles i ddechrau, a gwerthiant yn dilyn yn 1938.
[8] Cytunwyd ar brydles yn 1942, a gwerthwyd i gwmni Essoldo yn 1945 am £100,000.
[9] Gwerthwyd y brydles i gwmni Star yn 1981 am £72,500.

[10] Fel hyn y rhed llinyn y brydles yn Cinema House:

i) Cwmni Yswiriant Prudential – y rhydd-ddaliad.
ii) Grŵp Star – yn dal prydles a roddwyd gan Prudential.
iii) Ymddiriedolaeth Catherine a'r Fonesig Grace James – yn dal is-brydles a roddwyd gan Grŵp Star.
iv) Cwmni Twentieth Century Fox (cyn hyn Amalgamated Picture Theatres Ltd) yn dal is-brydles a roddwyd gan yr ymddiriedolaeth.
v) Grŵp Star – yn dal is-brydles a roddwyd gan gwmni Twentieth Century Fox.

[11] Cafodd yr awdur y fraint o ddod i'w adnabod pan oedd y ddau'n aelodau o Gyngor Prifysgol Aberystwyth, ef yn Gadeirydd y Pwyllgor Archwilio Mewnol a'r awdur yn Drysorydd y Brifysgol.

[12] Bellach mae Roger wedi symud i fyw yn ardal Southampton, a gwerthwyd Pantyfedwen; erbyn hyn, mae teulu newydd yn byw yn hen gartref y teulu James.

Pennod 4

Lled Ymddeol

Erbyn dechrau'r 1940au, ac yntau yng nghanol ei bumdegau a heb fod yn brin o geiniog neu ddwy, roedd DJ wedi penderfynu lled ymddeol. Dyma symud i fyw felly o'r cartref yn Upminster, yn ninas Llundain, i Brighton. O 1939 tan 1940 bu Grace ac yntau'n byw yn 1 Clarendon Road, Hove, gan symud wedyn i 11 Arundel Terrace, Brighton, tan 1943. Diddorol nodi mai'r pensaer oedd yn gyfrifol am y tai yma oedd Leslie Kemp, y dyn a wnaeth gymaint o waith yn paratoi cynlluniau i DJ ar gyfer nifer o'i sinemâu. Prynodd DJ blasty wedyn – Sutton Hall – gerllaw pentref Barcombe; Lewes oedd y dref agosaf. Roedd yr ystad oddeutu 750 o erwau gyda thair fferm a nifer o dyddynnod.[13] Ddechrau'r ugeinfed ganrif, cyn ei werthu i DJ, teulu o'r enw Shenstone oedd yn byw yn Sutton Hall. Bu DJ a Grace yn byw yn y plasty am nifer o flynyddoedd ond mewn gwirionedd roedd y lle'n rhy fawr iddynt, ac ar ddechrau'r 1960au dyma symud i dŷ llai wrth brif fynedfa'r ystad. Yn ystod y cyfnod hwn byddai DJ yn dal i ddefnyddio'i swyddfa yn Cinema House yn Oxford Street yn Llundain, ac roedd ganddo fflat yno hefyd.

Beth am ddiddordebau busnes DJ yn y cyfnod hwn? Erbyn 1939 roedd wedi gwerthu ei holl sinemâu, ac eithrio'r Mayfair, Caledonian Road (a gwerthwyd honno yn 1945), a Stiwdios 1 a 2, ond yn dal yn gadeirydd ar gwmni James a'i Fab. Roedd hefyd yn un o gyfarwyddwyr cwmni bwydydd Crosse & Blackwell. Ar ôl ugain mlynedd o wasanaeth, cafodd ei godi'n ddirprwy gadeirydd flwyddyn cyn ei ymddeoliad, ac yntau wedi cyrraedd oed yr addewid. Yn ogystal â hyn, roedd yn gadeirydd ar Cope & Timmins, cwmni o Birmingham ond â'i brif leoliad yn Llundain erbyn hynny. Prif waith y cwmni oedd cynhyrchu nwyddau pres megis bwlynnau ar gyfer drysau a rheiliau i ddal llenni. Bu DJ hefyd yn warantwr yswiriant gyda chwmni Lloyd's yn y cyfnod hwn. Dros y blynyddoedd roedd DJ wedi prynu a gwerthu llawer o eiddo ac erbyn y 1940au roedd ganddo eiddo ar draws Llundain a thu hwnt. Defnyddiwyd peth ohono wrth iddo sefydlu ei ymddiriedolaeth gyntaf yn 1957.

Felly, er bod DJ ymhell o fod yn segur o 1940 ymlaen, roedd ganddo ddigon o amser ar gyfer ambell hoff brosiect, megis ceisio newid rhywfaint ar y gyfundrefn eglwysig yng Nghymru. Dyma pryd y sefydlwyd Eisteddfodau Pantyfedwen (Pontrhydfendigaid, Aberteifi a Llanbedr Pont Steffan) a nifer o ymddiriedolaethau amrywiol. Cawn gyfle yn y bennod hon i edrych ar nifer o'r prosiectau hyn – o Urdd Gobaith Cymru i Gronfa Mynwent Ystrad Fflur.

Urdd Gobaith Cymru

Rhoddodd DJ le canolog i'r Urdd ac eisteddfodau'r Urdd yn yr ymddiriedolaethau a sefydlwyd ganddo er bod y berthynas rhyngddo a'r mudiad yn dyddio'n ôl i'r cyfnod cyn eu sefydlu. Efallai mai'r ffaith nad oedd gan DJ a'i wraig blant oedd un o'r rhesymau pam yr oedd lles plant a phobl ifanc mor ganolog yn ei waith elusennol. Rhaid cofio hefyd fod sylfaenydd yr Urdd, Syr Ifan ab Owen Edwards, wedi gweithio'n galed dros nifer o flynyddoedd i geisio adeiladu perthynas agos â DJ yn y gobaith y byddai hyn yn arwain at gymorth ariannol i'r mudiad. Fel y gwelir isod, cafwyd cryn dipyn o gefnogaeth ariannol gan DJ, ond nid bob amser yn union fel y byddai Syr Ifan a swyddogion eraill yr Urdd wedi dymuno!

Derbyniwyd nifer o roddion dros y blynyddoedd ond mae dwy sy'n haeddu sylw unigol. Y gyntaf oedd prynu'r Grand Hotel yn y Borth, ger Aberystwyth, a'i drosglwyddo i berchnogaeth yr Urdd i greu canolfan breswyl newydd yng nghanolbarth Cymru. Rhodd o gwpan arian sylweddol oedd yr ail – 'y mwyaf yn y byd' yn ôl dymuniad DJ – i'w gyflwyno i'r sir fuddugol yn Eisteddfod Genedlaethol yr Urdd yn flynyddol.

Pantyfedwen, y Borth

Dechreuwn gyda hanes Pantyfedwen, y Borth, ger Aberystwyth. Yn ei ail gyfrol ar hanes yr Urdd mae R E Griffith yn adrodd yr hanes am Ifan ab Owen Edwards yn mynd i weld DJ, ac 'yn ei fag samplau o gyhoeddiadau'r

Urdd a detholiad o ddarluniau o weithgareddau'r mudiad, heb sôn am ddalennau o nodiadau a rhesi llawer o ffigyrau ariannol' a'r modd y 'profodd gyda'r ffigyrau sut y llyffetheirid y gwaith gan brinder arian a pha faint mwy y gellid ei gyflawni gydag adnoddau digonol'. Â R E Griffith rhagddo i ddweud y gwnaeth 'y traethiad hwn argraff ddofn ar D J James. Dywedodd wrthyf yn fuan wedyn iddo synnu at ddau beth yn ystod y sgwrs honno; yn gyntaf, bod gŵr o allu a safle Ifan ab Owen Edwards yn rhoi ei holl amser hamdden i weithio'n ymarferol dros blant a phobl ifanc Cymru. Ac yn ail bod gŵr a gyflawnodd gymaint yn gallu bod mor ostyngedig ynglŷn â'i orchestion. A dyma'r frawddeg glo –"I just couldn't resist the man!" '

Yn dilyn y cyfarfod hwn aeth DJ ati o ddifrif i chwilio am adeilad a fyddai'n addas i'w gyflwyno'n rhodd i'r Urdd – gan chwilio ran amlaf yng nghwmni Ifan ab Owen Edwards. Penderfynwyd ar westy'r Grand Hotel yn y Borth. Codwyd yr adeilad yn 1870 a rhoi'r enw Borth Hydropathic Establishment arno – gwesty arbennig ar gyfer mathau neilltuol o gleifion. Gallai ddarparu ar gyfer tua chant o ymwelwyr. Yn nes ymlaen newidiwyd yr enw i'r Cambrian Hotel, gan nodi pwysigrwydd cynyddol y rheilffordd wrth ddod ag ymwelwyr i'r cyffiniau. Ymhen rhai blynyddoedd wedyn rhoddwyd yr enw Grand Hotel ar yr adeilad. Ar ôl prynu'r lle a'i gyflwyno i'r Urdd penderfynwyd ar yr enw Pantyfedwen. Talodd DJ £16,000 am yr adeilad.

Cyflwynwyd yr adeilad i berchnogaeth yr Urdd mewn seremoni arbennig ar 19 Gorffennaf 1947 pan roddwyd gweithredoedd y gwesty yn nwylo Ifan ab Owen Edwards. Yn dilyn y seremoni agorwyd Ffair Fawr y Borth gyda'r bwriad o godi arian ar gyfer Cronfa Jiwbilî'r Urdd, a daeth oddeutu 6,000 o gefnogwyr ynghyd i'r ddau achlysur. Yn y seremoni i gyflwyno'r gweithredoedd llywyddwyd gan y Dr Gwenan Jones, cadeirydd Cyngor yr Urdd, a chafwyd anerchiadau gan y Parchedig Elfed Lewis, gweinidog capel King's Cross yn Llundain; Ben Bowen Thomas, ysgrifennydd sefydlog Adran Gymreig y Weinyddiaeth; James Griffiths, yr aelod seneddol dros etholaeth Llanelli oedd hefyd yn Weinidog Yswiriant y Llywodraeth, ynghyd â DJ ac Ifan ab Owen Edwards. Yno hefyd yr oedd Syr David Hughes Parry, a fyddai'n ddyn o bwys maes o law yng nghynlluniau DJ, pan gâi ei godi'n gadeirydd yr ymddiriedolaethau yn 1967.

Lleoliad Sinemâu DJ

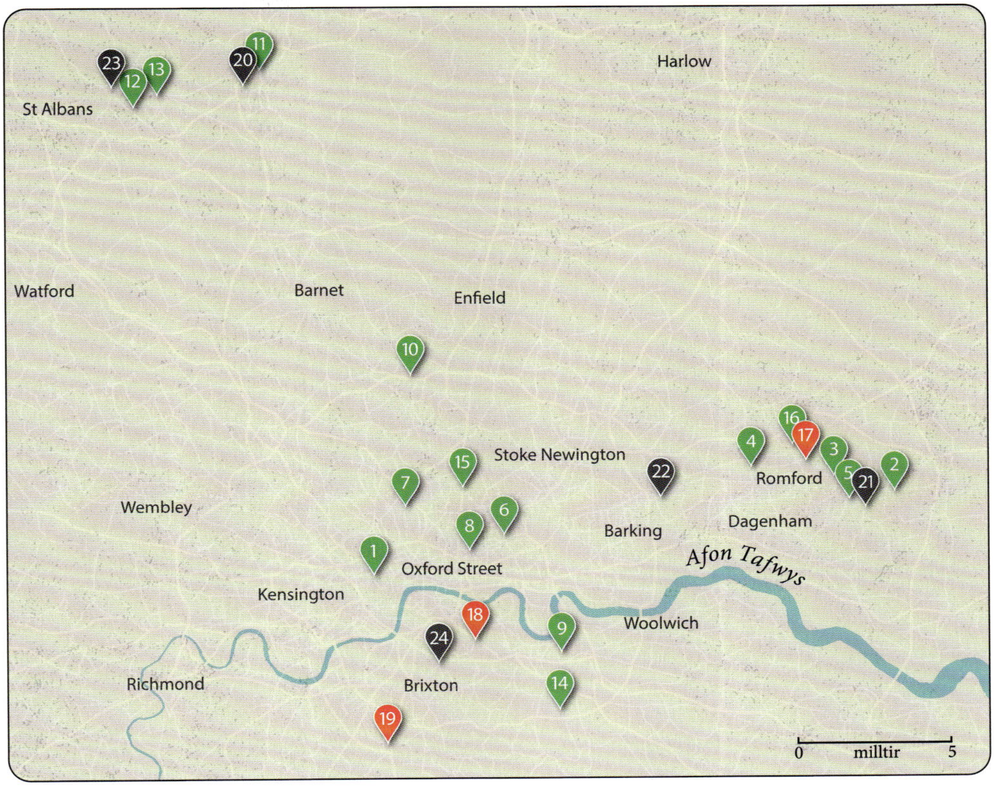

sinemâu lle roedd DJ yn berchennog, yn gyd-berchennog neu'n rhedeg y sinema ar brydles

sinemâu lle roedd DJ yn gyfarwyddwr

safleoedd sinemâu heb eu datblygu

1 Tŷ Sinema – Stryd Rhydychen – Stiwdios 1 a 2
2 Capitol, Upminster
3 Towers, Hornchurch
4 Mayfair, Chadwell Heath, Dagenham
5 Super Cinema, Hornchurch
6 Museum, Bethnal Green
7 Mayfair, Caledonian Road
8 Mayfair, Brick Lane, Stepney
9 Trafalgar, Greenwich
10 Palmadium, Palmers Green
11 Regent, Hatfield
12 Capitol, St Albans
13 Grand Palace, St Albans
14 Park, Hither Green, Lewisham
15 Majestic, Stoke Newington
16 Havana, Romford
17 Plaza, Romford
18 Astoria, Old Kent Road
19 Astoria, Streatham
20 Hatfield
21 Hornchurch
22 Ilford
23 St Albans
24 Camberwell

Y Palmadium, Palmers Green – ei sinema gyntaf – o'r tu allan a'r tu mewn

CRAVENS INSTANT RELIEF

Palmers Green & Southgate
Edition of the Middlesex
Gazette

A WEEKLY CONSTITUTIONAL JOURNAL CIRCULATING IN
PALMERS GREEN, BOWES PARK, SOUTHGATE AND WINCHMORE HILL, AND ALSO IN
EDMONTON, ENFIELD, NEW SOUTHGATE AND WOOD GREEN

BILLIARD TABLES

ALWAYS ASK FOR S·A·P THE BEST POLISHES

No. 17[illegible] SATURDAY, DECEMBER 11, 1920. ONE PENNY

Palmers Green **Palmadium** Super Cinema

THE FINEST CINEMA IN NORTH LONDON

Will be Opened Shortly

The Finest Pictures

THE BEST WEST END CONCERT ARTISTES and
SUPERB MUSIC by the SUPER ORCHESTRA
and GRAND ORGAN

Popular Prices of Admission: 5d. to 2/- Boxes to hold four, 9/6

Most Comfort. - - Perfect Ventilation

DAINTY TEAS served in Boxes and on Tea Terrace. See the Pictures and have Tea in comfort whilst listening to beautiful Music.

.. THE ..

Room for Everybody **PALMADIUM** Perfect View from Every Seat

Hysbysebu agor y Palmadium

Hysbysebu rhaglenni a ffilmiau yn y Palmadium

Cinema House – Stiwdios 1 a 2

Cinema House – Stiwdios 1 a 2

Cinema House – Stiwdio 1 – y tu mewn

Criw o bobl tu allan i Stiwdio 1 yn aros i weld ffilm Walt Disney, *In Search of the Castaways*. Dyma noson agoriadol dangos y ffilm yn Llundain; câi ei dangos yr un pryd yn y Plaza yn Piccadilly Circus. Noder yr arwydd 'Clwb y Cymry'

Lansio ffilm newydd yn Stiwdio 1 – yn y llun mae Grace a DJ ynghyd â Tom Jones (tu cefn i DJ) a Cledwyn Hughes (ar y chwith), yr aelod seneddol dros Sir Fôn

Eglwys 'Y Lighthouse' yn Camberwell, lle bu sinema â'r enw 'Florida' ar un adeg. DJ oedd perchennog y safle am gyfnod ond ni wireddwyd ei gynllun i adeiladu sinema yno. Gwerthwyd y safle, ac aeth eraill ati i adeiladu'r Florida

Safle Cinema House heddiw – siop ddillad Mango

Yr Astoria ar yr Old Kent Road – sinema lle'r oedd DJ yn un o'r cyfarwyddwyr

Y Mayfair, Chadwell Heath, Dagenham; cafodd yr enw 'Odeon' yn 1945, a daeth yn un o sinemâu cwmni Rank

DJ a'i fam ar wyliau yn Llanwrtyd (Medi 1939), ychydig fisoedd cyn i Catherine James farw

DJ yn cadeirio bwrdd cyfarwyddwyr cwmni Cope & Timmins

Cartref cyntaf DJ a Grace – 38 Reservoir Road yn ardal New Cross yn Llundain

Sutton Hall, Barcombe, ger Lewes yn Swydd Sussex

Croesawu rhai o aelodau Clwb y Cymry i Sutton Hall

Y tŷ wrth y brif fynedfa i Sutton Hall, lle bu DJ a Grace yn byw yn ystod eu blynyddoedd olaf

DJ a Grace ar eu hwythnos flynyddol o wyliau pysgota yn Loch Leven yn yr Alban. Yn y 1950au aethant ar nifer o fordeithiau – i Efrog Newydd, De Affrica a dinasoedd Môr y Canoldir

DJ yn cyflwyno gweithredoedd Pantyfedwen, y Borth, i Syr Ifan ab Owen Edwards, llywydd yr Urdd. Noder rhai wynebau reit adnabyddus ar y llwyfan, megis Jim Griffiths, Syr Ben Bowen Thomas, Syr David Hughes Parry a'r Parchedig Elfed Lewis

Gwesty'r Grand yn y Borth – a enwyd yn Pantyfedwen – cartref ychwanegol i'r Urdd

Cwpan arian yr Urdd a gyflwynwyd gan DJ. Y plant yw Pamela (10 mlwydd oed), Anthony (9 mlwydd oed) a Graham (7 mis oed)

Mor gynnar â 1947, roedd Pantyfedwen yn y Borth ar gyrion bywyd a gwaith yr Urdd i raddau. Yn sicr, doedd y lle ddim yn ganolfan i'r ifanc fel yr oedd Llangrannog a Glan-llyn. Defnyddid Pantyfedwen ar gyfer rhai o bwyllgorau'r Urdd a dyma lle cynhaliwyd Cyngor Preswyl cyntaf yr Urdd (2–4 Ionawr 1951). Ond roedd yn hynod am resymau eraill heb os. Bu'n gartref i'r Gwersyll Cydwladol am ddeuddeng mlynedd o 1949 i 1961, gan roi cyfle i ddod â phobl ifanc o wledydd tramor at ei gilydd. Bu hefyd yn gartref i'r Gwersyll Celtaidd am rai blynyddoedd. Câi hefyd ei ddefnyddio fel man cynnal aduniadau ar gyfer pobl oedd wedi derbyn manteision o berthyn i'r Urdd pan oeddynt yn ifanc. Yn ystod misoedd yr haf câi Pantyfedwen ei ddefnyddio fel gwesty hefyd. Er hyn i gyd, erbyn 1960 roedd y penderfyniad wedi'i wneud i gau am chwe mis y flwyddyn (misoedd y gaeaf) ond sylweddolwyd yn fuan ei bod yn anodd, os nad amhosibl, talu costau blwyddyn lawn ar dderbyniadau'r chwe mis arall.

Roedd Cyngor yr Urdd yn teimlo fwyfwy nad oedd Pantyfedwen bellach, os bu erioed, yn ffitio'n hwylus i batrwm gwaith y mudiad. At hyn, roedd teimlad bod yna dalp sylweddol o gyfalaf segur ym Mhantyfedwen y gellid ei ddefnyddio i well pwrpas yn y gwersyll newydd yn Llangrannog a fyddai'n hawlio adnoddau ariannol sylweddol i'w ddatblygu yn y dyfodol. Fodd bynnag, cafwyd tro ar fyd yn 1964 pan gytunwyd i Bantyfedwen letya myfyrwyr o'r coleg newydd a sefydlwyd yn Aberystwyth – Coleg Llyfrgellwyr Cymru. Byddai'r ffynhonnell incwm gyson hon am wyth mis y flwyddyn yn gyfrwng i wella llawer ar gyflwr a golwg y gwesty. Mantais hyn hefyd oedd y byddai'r gwesty'n parhau at wasanaeth ymwelwyr yn ystod misoedd yr haf. Daeth y trefniant gyda'r Coleg Llyfrgellwyr i ben ym mis Mehefin 1971 gan fod llety ar gael ar gampws Llanbadarn erbyn hynny.

Mae'n werth oedi yma i gofnodi un digwyddiad o bwys a gynhaliwyd ym mis Medi 1959, sef dadorchuddio penddelw o DJ i'w osod ym Mhantyfedwen yn y Borth. Bu'r Urdd yn awyddus ers tro i sicrhau darlun neu gerflun o DJ i'w osod ym Mhantyfedwen. Cawsant ar ddeall bod Pwyliad o'r enw Kostek Wojnarowski wedi paratoi penddelw o DJ ac yn barod i'w werthu.[14] Cydsyniodd DJ i'r cyfan ar yr amod y câi ef ei hun, nid yr Urdd, dalu amdano. Cafwyd seremoni ddadorchuddio ar 25 Medi

1959 pan draddodwyd anerchiadau gan Roderic Bowen, yr aelod seneddol dros Geredigion, a'r Gwir Barchedig John Richards, esgob Tyddewi. Yn anffodus nid oedd DJ a'i wraig yn gallu bod yn bresennol ac anfonodd neges o ymddiheuriad gan gynnwys siec am £5,000 fel cyfraniad tuag at helaethu a gwella gwersylloedd Llangrannog a Glan-llyn. Teg nodi hefyd fod yr Urdd wedi penodi DJ fel un o is-lywyddion y mudiad mor gynnar â 1948.

Gydag ymadawiad y criw olaf o fyfyrwyr y Coleg Llyfrgellwyr yn 1971 penderfynodd Cyngor yr Urdd roi Pantyfedwen ar y farchnad. Gwnaethpwyd y penderfyniad hwn ar ôl ystyried cynllun gan Prys Edwards (trysorydd yr Urdd ar y pryd) i weddnewid yr adeilad trwy droi dau lawr yn ddwsin o fflatiau a rhoi lle amlwg i grefftau a bwydydd Cymreig, ynghyd â lle bwyta mewn rhan arall o'r adeilad. Ond wedi derbyn costau manwl am y gwaith, gwelwyd y byddai angen i'r Urdd ddod o hyd i dros £90,000. Daethpwyd i'r casgliad nad oedd hyn yn ymarferol yn wyneb sefyllfa ariannol fregus y mudiad. Bu'r adeilad ar y farchnad wedyn am oddeutu dwy flynedd. Cafwyd sawl cynnig i'w brynu a sicrhawyd caniatâd cynllunio i greu fflatiau – ond ni wireddwyd yr un o'r cynigion. Roedd hwn yn gyfnod o ddirwasgiad economaidd ac o wasgfa ariannol, ac roedd hynny'n effeithio ar y farchnad eiddo. Ar ddiwedd 1974 gwerthwyd yr adeilad a'r tir cyfagos am oddeutu £34,000. Y bwriad oedd dymchwel yr adeilad a chreu nifer o fflatiau a thai (roedd rhan o'r caniatâd cynllunio ar gael yn barod). Mynegwyd peth consýrn am y bwriad i ddymchwel yr adeilad, yn enwedig gan Douglas Hague, pennaeth Comisiwn Brenhinol Henebion Cymru, oedd â'i bencadlys yn Aberystwyth. Anfonodd lythyr i'r *Cambrian News* gan ddatgan: 'Without doubt this is the grandest, most distinguished and dignified building in a village singularly bereft of architectural charm ... I would beg the developers and the good folk of Borth to think again.'

Ond cafwyd y caniatâd cynllunio i ddymchwel yr adeilad er na ddigwyddodd hyn tan 1978, a bu'r safle'n wag am rai blynyddoedd wedyn ac yn cael ei ddefnyddio fel maes parcio dros dro. Bu peth prynu a gwerthu yn y blynyddoedd hyn a dim ond ar droad y ganrif y gwelwyd datblygu'r safle i gynnwys tai, fflatiau a chanolfan groeso i ymwelwyr o dan adain y Cyngor Sir (canolfan sydd bellach wedi cau). Yr unig arwydd o'r hyn a fu yw'r enw a roddwyd ar y stryd lle'r adeiladwyd rhai o'r tai sy'n arwain at yr orsaf rheilffordd – Clos Pantyfedwen.

Cwpan Arian yr Urdd

Yn 1950 cyflwynodd DJ gwpan arian ar gyfer cystadleuaeth bêl-droed yr Urdd. Roedd y cwpan yn drymach na Chwpan Cymdeithas Pêl-droed Prydain – ac yn werth £850. Os oedd y cwpan hwn yn cael ei gyfrif yn fawr – ac mi roedd yn fawr, yn mesur 35 wrth 26 modfedd – roedd un mwy eto i ddod, un llawer iawn mwy! Yn 1964 mynegodd DJ ei ddymuniad i gyflwyno cwpan arian sylweddol i Eisteddfod Genedlaethol yr Urdd. Rhannodd ei gynlluniau gyda Syr Ifan ab Owen Edwards ac R E Griffith, a ddywedodd, 'ni welais erioed gwpan gyffelyb'. Byddai'r gost oddeutu £2,000, a'r bwriad oedd cyflwyno'r cwpan i'r sir fuddugol yn yr Eisteddfod Genedlaethol yn flynyddol, gan gynnwys replica i'r sir fuddugol. Mesuriadau'r cwpan oedd pedair troedfedd a hanner o uchder, dros ddwy droedfedd o ddyfnder a bron dair troedfedd o led. Yng ngeiriau DJ ei hun, roedd am i hwn fod 'y cwpan arian mwyaf yn y byd'. Câi ei enwi'n 'Cwpan Teulu Pantyfedwen', a byddai'n gorwedd ar blinth a'r geiriau canlynol arno:

EISTEDDFOD GENEDLAETHOL
URDD GOBAITH CYMRU
TLWS Y SIROEDD
CWPAN TEULU PANTYFEDWEN
YNGHYD Â GWADDOLIAD O
UGAIN MIL O BUNNOEDD
RHODD SYR DAVID JAMES 1964

Nid oedd Syr Ifan ab Owen Edwards nac R E Griffith yn frwd dros y syniad o gwpan arian enfawr. Teimlent fod ganddynt ddigon o dlysau'n barod, yn arbennig y Wobr Frenhinol oedd yn brif dlws Eisteddfod Genedlaethol yr Urdd. Ond roedd DJ yn benderfynol o gael y maen i'r wal. Ildiodd swyddogion yr Urdd yn y diwedd ond roeddynt wedi llwyddo i sicrhau gwaddol o £20,000 gan DJ, gwaddol fyddai'n talu incwm o £1,000 y flwyddyn ac yn cynhyrchu incwm blynyddol o oddeutu £55 i'r sir fuddugol.

Cytunwyd i symud ymlaen. Rhoddwyd y gwaith i gwmni A Edward Jones o Birmingham ac ymddiriedwyd y gwaith manwl i ŵr o'r enw A K Crisp Jones. Roedd DJ wedi defnyddio'r cwmni hwn o'r blaen i gynhyrchu nifer o gwpanau at wahanol bwrpasau, ac wedi'i blesio gan y gwaith. Mae'n werth cadw hynny mewn cof, o wybod beth fyddai'n digwydd yn nes ymlaen. Wrth gyflwyno'r cwpan i'r Urdd at bwrpas penodol, byddai'n naturiol meddwl mai'r Urdd fyddai'n gyfrifol am benderfynu beth i'w wneud pe bai'r mudiad yn dewis peidio â chyflwyno'r cwpan ac am ei werthu o bosib, a beth i'w wneud ag arian y gwerthiant (fel yn achos Pantyfedwen yn y Borth). Ond nid felly yn achos y cwpan arian! Roedd DJ wedi cynnwys cyfarwyddiadau ynglŷn â beth i'w wneud ag arian y gwerthiant yn y ddogfen oedd yn rheoli gwaith Ymddiriedolaeth Catherine a'r Fonesig Grace James. Byddai'r gair terfynol gan ymddiriedolwyr y gronfa honno er ei bod yn berffaith glir mai'r Urdd oedd i elwa yn y pen draw. Wyddom ni ddim pam y gwnaeth DJ hyn ond tybed a oedd wedi synhwyro bod ymateb cychwynnol swyddogion yr Urdd braidd yn llugoer a bod hyn yn debygol o arwain at gael gwared â'r cwpan arian rywbryd yn y dyfodol?

Cyflwynwyd y cwpan am y tro cyntaf yn Eisteddfod Genedlaethol yr Urdd yng Nghaerdydd yn 1965. Dwyrain Morgannwg oedd y sir fuddugol. Fel hyn y disgrifia R E Griffith yr achlysur, 'bu [y cwpan] ar ddangos ym Mhabell yr Arddangosfa ar y maes dros y tridiau, ac fel y dywedodd un gohebydd papur-newydd a glywsai sôn am y tlws enfawr hwn – "seeing is believing!" A phan ddygwyd y cwpan i'r llwyfan ar derfyn yr ŵyl gellid clywed y gynulleidfa yn tynnu eu hanadl mewn syndod – neu efallai mewn braw.'

Yn 1970 cysylltodd R E Griffith, cyfarwyddwr yr Urdd, â Tom Jones, ysgrifennydd gweithredol Ymddiriedolaeth Catherine a'r Fonesig Grace James, i ddweud bod y cwpan arian yn achosi nifer o anawsterau i'r Urdd – yn naturiol oherwydd ei faint. Nododd R E Griffith yr anawsterau yn drefnus fesul un. Yn gyntaf, doedd hi ddim yn bosib storio cwpan mor fawr mewn lle cyfrinachol (nid oedd bancwyr yr Urdd yn barod i dderbyn y cwpan). Wedyn dyna'r gost o gludo'r cwpan i faes yr eisteddfod (ac yn ôl), a'r ffaith bod angen pedwar person i'w gludo i lwyfan yr eisteddfod. Nid oedd modd i'r sir fuddugol dderbyn y cwpan chwaith. Ac yn olaf, nid oedd y cyhoedd yn gyffredinol yn cael cyfle i weld y cwpan o un pen blwyddyn i'r llall. Awgrymodd R E Griffith y byddai'r Urdd yn hoffi i'r ymddiriedolwyr gytuno i werthu'r cwpan a defnyddio arian y gwerthiant i brynu cwpan tipyn llai ynghyd â nifer o replicas. Gellid buddsoddi unrhyw arian oedd yn weddill i greu Cronfa Cwpan Teulu Pantyfedwen.

Dyma ddechrau pennod anffodus ac anghyffyrddus yn hanes yr Urdd a'r ymddiriedolaeth. Er nad oedd pawb o blith yr ymddiriedolwyr yn fodlon ar awgrymiadau'r Urdd, roedd y mwyafrif o blaid. Yn ddigon naturiol wedyn cysylltodd yr ymddiriedolwyr â Crisp Jones o gwmni A Edward Jones (Birmingham), y cwmni oedd wedi cynllunio a gwneud y cwpan gwreiddiol, gan ofyn iddo gymryd camau i werthu'r cwpan enfawr a chyflwyno cynllun neu gynlluniau ar gyfer cwpan newydd, tipyn llai o faint. Cyflwynodd Crisp Jones dri chynllun posib, gan dybio y byddai hyd at £2,000 ar gael, sef pris prynu'r cwpan gwreiddiol. Nid oedd yr un o'r tri chynllun wrth fodd yr Urdd a dywedodd y swyddogion eu bod wedi gofyn i gerflunydd ifanc o Lanuwchllyn – John Meirion Morris – baratoi cynllun a bod yr un hwnnw'n plesio. Erbyn hyn roedd yr Urdd hefyd yn mynnu bod y cwpan newydd i gael ei gynhyrchu yng Nghymru. Ystyfnigo braidd a wnaeth yr ymddiriedolwyr gan eu bod yn teimlo ymrwymiad i Crisp Jones a'i gwmni. Dilynwyd hyn gan gyfnod o lythyru rhwng yr Urdd a'r ymddiriedolaeth. Fel cyfaddawd, mynegodd swyddogion yr Urdd eu bod yn barod i dderbyn un o gynlluniau Crisp Jones ond eu bod am lynu wrth yr amod o gynhyrchu'r cwpan yng Nghymru. Erbyn hyn roedd yr hen gwpan wedi'i werthu am £3,050 a rhoddwyd y swm hwn mewn cyfrif cadw o dan ofal yr ymddiriedolwyr. Er pob ymdrech i gyfaddawdu ymhellach ni lwyddwyd i oresgyn y gwahaniaethau rhwng y ddau sefydliad. Ar ôl nifer o flynyddoedd cafwyd caniatâd y Comisiwn Elusennau i gyflwyno'r llogau blynyddol i'r Urdd i'w defnyddio fel y mynnent. Pan sefydlwyd cynllun newydd ar gyfer Ymddiriedolaeth James Pantyfedwen yn 1998 llwyddwyd i ddileu'r cyfeiriad at Gwpan Teulu Pantyfedwen, ac felly roedd modd trosglwyddo swm y gwerthiant – £3,050 – i'r Urdd, a dyna a wnaethpwyd. Roedd swyddogion y ddau sefydliad yn hapus er eu bod yn sylweddoli na lwyddwyd i wireddu dymuniad calon DJ a bod ei ymdrech i sicrhau 'y cwpan arian mwyaf yn y byd' wedi methu.

Yn 1966 sefydlodd DJ Ymddiriedolaeth John a Rhys Thomas James. Ei phrif amcan newydd oedd estyn cymorth ariannol i gynorthwyo eisteddfodau ar lefel leol, rhanbarthol a chenedlaethol, a'r cymorth yn dibynnu ar faint y gwobrau ariannol yn yr eisteddfod flaenorol. Roedd hynny'n golygu na ellid estyn cymorth i eisteddfodau'r Urdd gan nad oes gwobrau ariannol yn yr eisteddfodau hyn. Cafwyd perswâd ar DJ i greu trefn fel y gallai'r Urdd elwa o'r ymddiriedolaeth newydd, trwy i'r ymddiriedolwyr gydnabod costau cynnal yr eisteddfodau hyn, boed ar lefel cylch, sir neu genedlaethol. Byddai'r gost yn cynnwys cydnabod treuliau cystadleuwyr. Dyma oedd cymwynas olaf DJ i'r Urdd. Fel y gwelir maes o law, sigledig braidd oedd dechreuad Ymddiriedolaeth John a Rhys Thomas James ac araf fu'r cynnydd yn yr incwm, a'r grantiau a delid yn sgil hynny. Dechreuwyd y gwaith o rannu'r incwm yn 1967 a'r grantiau cyntaf a dalwyd oedd £2,035 i eisteddfodau cylch a sirol yr Urdd, ynghyd â £1,000 i Eisteddfod Genedlaethol yr Urdd. Erbyn heddiw mae'r grantiau blynyddol hyn wedi codi i £10,200 (cylch a sirol) a £3,000 (cenedlaethol).

Clwb y Cymry yn Llundain

Yn 1930 agorwyd Canolfan Cymry Llundain yn 157–163 Grays Inn Road yn ardal Camden. Cwblhawyd gwaith pellach ar yr adeilad wedyn gan agor y ganolfan yn ei ffurf bresennol, fwy neu lai, yn 1937. Ers hynny bu'n ganolfan gymdeithasol o bwys i Gymry Llundain – yn fan cyfarfod, yn gartref i nifer o ddigwyddiadau a chymdeithasau, ac yn ganolfan i hybu popeth Cymraeg a Chymreig. Derbyniwyd safle'r ganolfan fel rhodd gan adeiladydd a chynghorydd o fri, Syr Howell J Williams, a threfnwyd bod asedau'r ganolfan yn gorwedd yn nwylo'r aelodau. Trosglwyddwyd yr eiddo i Ymddiriedolaeth Cymry Llundain yn y 1970au.

Ar ddechrau'r 1950au dechreuodd DJ sôn am y posibilrwydd o agor canolfan arall, fwy canolog, i Gymry Llundain. Pwysleisiwyd na ddylai unrhyw ganolfan newydd gystadlu â Chanolfan y Cymry yn Grays Inn Road a bu llawer o sôn ar y dechrau am bwysigrwydd cydweithio. Yn wir, trefnwyd gostyngiad yn y tâl aelodaeth i'r unigolion oedd wedi penderfynu ymaelodi yn y ddwy ganolfan. Wrth ystyried cyfansoddiad pwyllgor gweithredol a fyddai'n gyfrifol am redeg unrhyw ganolfan newydd, cytunwyd y dylai'r pwyllgor gynnwys nifer o swyddogion ynghyd â deuddeg aelod – chwech o blith aelodau'r ganolfan newydd a chwech o blith aelodau Canolfan Cymry Llundain, i'w henwebu gan Gyngor y Ganolfan. Ond o'r cychwyn cyntaf roedd un gwahaniaeth mawr rhwng y ddau sefydliad, a byddai'r gwahaniaeth hwn yn arwain at anawsterau wrth geisio cydweithio. Mae'r gwahaniaeth hefyd yn help i ddeall pam y bu'n rhaid i'r ganolfan newydd gau ei drysau yn 1963 tra mae Canolfan Cymry Llundain yn parhau hyd heddiw. Y gwahaniaeth sylfaenol oedd hyn. Yn achos y sefydliad newydd roedd yr eiddo (o ran man cyfarfod) ym mherchnogaeth DJ (er iddo gyflwyno'r dodrefn ac ati i'r ganolfan yn 1957), ac yn enghraifft o'r hyn sy'n cael ei alw'n ganolfan berchnogol. Golyga hyn y byddai angen caniatâd DJ i wneud unrhyw newidiadau o sylwedd. Fel y gwelir yn y man, cafwyd sawl achlysur lle gwrthodwyd awgrymiadau a ddaeth gan gorff yr aelodau. Arweiniodd hyn at gryn anniddigrwydd ar adegau am fod yr aelodau'n teimlo nad oedd ganddynt unrhyw ddylanwad ar sut roedd y ganolfan yn cael ei rhedeg. Yn achos Canolfan Cymry Llundain, roedd y rheolau yn nwylo'r aelodau trwy strwythur o bwyllgorau a chyfarfod blynyddol.

Neilltuodd DJ ail lawr Cinema House yn 225 Oxford Street ar gyfer y ganolfan newydd, gyda'r hawl i logi ystafelloedd ar y trydydd llawr os byddai angen. Rhoddwyd yr enw 'Clwb y Cymry' i'r ganolfan newydd, ac agorwyd y clwb yn swyddogol gan yr Arglwydd Kilmuir, oedd yn Ysgrifennydd Cartref ac yn Weinidog dros Faterion Cymreig, ar 13 Mai 1953. Ffurfiwyd pwyllgor rheoli gan gynnwys rhai o arweinwyr blaenllaw Cymry Llundain, megis Syr Ben Bowen Thomas, yr Arglwydd Ogwr, Syr Hugh P Lloyd a Syr Daniel Davies, gyda DJ yn gadeirydd. Diddorol nodi na chyfarfu'r pwyllgor hwn tan fis Tachwedd 1953, chwe mis ar ôl yr agoriad swyddogol. Gwelwyd ar unwaith y byddai angen pwyllgor gweithredol a fyddai'n cyfarfod yn weddol aml er mwyn hwyluso rhedeg y ganolfan o ddydd i ddydd. Penodwyd Tom Jones, cynorthwyydd amlwg i DJ mewn nifer o feysydd, yn gadeirydd. Maes o law, byddai Tom Jones yn ysgrifennydd yr ymddiriedolaethau a sefydlwyd gan DJ, a bu'n gwbl allweddol yn datblygu ei waith elusennol, fel y gwelir yn nes ymlaen. Daeth Peter Lloyd yn ysgrifennydd y pwyllgor, T Ivor Jones yn gyfreithiwr mygedol a T Ivor Williams yn gyfrifydd mygedol. Ymhen amser, byddai'r ddau olaf yma ymhlith yr ymddiriedolwyr pan sefydlodd DJ ei ymddiriedolaeth gyntaf.

Beth oedd y ganolfan newydd yn ei gynnig i'w haelodau? Ar ail lawr Cinema House roedd wyth ystafell at wahanol ddibenion – ystafell gyffredin lle byddai papurau dyddiol ar gael, llyfrgell, ystafell deledu, ystafell gardiau, nifer o ystafelloedd pwyllgor, ystafell filiards ynghyd ag ystafell fwyta lle byddai modd archebu prydau bwyd ganol dydd a gyda'r nos a byrbrydau hyd at 9.30 y nos. Os byddai angen lle ar gyfer cynulleidfa niferus byddai modd hurio Ystafell Dewi Sant ar y trydydd llawr. Cafwyd diffiniad aelodaeth eang o'r cychwyn cyntaf: pobl yn medru'r Gymraeg neu'n blant i rieni Cymraeg, unigolion oedd yn briod ag aelodau'r Clwb neu blant i gyn-aelodau neu aelodau presennol, unrhyw un â chyswllt amlwg â chymdeithasau a gweithgareddau Cymraeg, ac unrhyw un arall oedd yn awyddus i gyflwyno cais am aelodaeth i sylw'r pwyllgor gweithredol. Mewn geiriau eraill, roedd y clwb yn agored i bawb!

Ffurfiwyd set o reolau, yn bennaf gan DJ ei hun, ac roedd ambell un ohonyn nhw'n ddadleuol! Ni chaniateid cynnal cyfarfodydd gwleidyddol eu naws; ni fyddai modd gwneud cais am drwydded i werthu diodydd meddwol (er bod nifer wedi tystio bod diodydd meddwol ar gael yn swyddfa DJ yn yr un adeilad) ac ni fyddai'r ganolfan ar agor ar y Sul. Wrth i amser fynd heibio, derbyniodd DJ sawl cais i lacio'r ddwy reol olaf ond gwrthododd bob tro. Does dim amheuaeth na wnaeth y penderfyniad i wrthod ceisiadau nifer o aelodau ddrwg i'r clwb gan arwain at golli aelodau. Diddorol nodi hefyd fod DJ wedi cynnig i aelodau Capel Jewin ddefnyddio Ystafell Dewi Sant ar y trydydd llawr ar gyfer cynnal oedfaon bore Sul (bu Jewin heb adeilad o gyfnod yr Ail Ryfel Byd ymlaen, pan ddinistriwyd yr addoldy). Derbyniwyd y cynnig a bu'r oedfaon bore Sul yn Cinema House o 1956 hyd at ailagor Capel Jewin ar ei newydd wedd yn 1961.

Cyn cyfarfod cyntaf y pwyllgor rheoli ar 25 Tachwedd 1953, edrychwyd ar yr hyn oedd wedi digwydd ers yr agoriad swyddogol ar 13 Mai 1953, cyfnod o 27 wythnos. Roedd gan y clwb 1,131 o aelodau, 841 yn talu'r aelodaeth lawn, 275 yn talu aelodaeth is (gan eu bod yn byw ar gyrion y ddinas) a 15 oedd yn byw dramor ac yn talu llai wedyn. Roedd 55 o'r cyfanswm yn aelodau yn y ddwy ganolfan, er i'r nifer hwn gynyddu i dros 400 ymhen amser. Darparai'r clwb tua 30 o brydau bwyd ganol dydd a'r un nifer gyda'r nos, ond roedd mwy o alw am fyrbrydau hwyrol. Dywedodd y cyfrifydd mygedol fod angen o leiaf 2,000 o aelodau os oedd y clwb i gwrdd â'r gwariant wythnosol. Adroddwyd hefyd bod yr apêl am lyfrau wedi llwyddo a bod gan y llyfrgell bellach dros 600 o lyfrau safonol (bu'n rhaid gwaredu rhai!). Adroddwyd ymhellach fod yr aelodau'n gwneud defnydd helaeth o'r papurau dyddiol ac o gylchgronau wythnosol a misol a bod yr ystafell gyffredin yn reit lawn yn aml yn ystod y dydd. Hyd yma, ychydig o ddefnydd oedd o'r ystafell filiards, a phrin fod neb yn defnyddio'r ystafell gardiau.

Esgorodd y clwb ar nifer o gymdeithasau gan gynnwys grwpiau llyfrau, drama a cherddoriaeth. Cafwyd sawl ymdrech gan y merched yn arbennig i gynnal gweithgareddau codi arian i helpu'r clwb i ddal ei dir yn ariannol. Ond erbyn diwedd y 1950au roedd nifer aelodau rhai o'r cymdeithasau hyn wedi gostwng yn arw gan adlewyrchu'r cwymp yn nifer yr aelodau'n gyffredinol. Ni chyrhaeddwyd y nod cychwynnol, sef isafswm o 2,000 o aelodau. Y nifer mwyaf o aelodau a gofrestrwyd oedd 1,639 (25 Mehefin 1956). Erbyn penderfynu cau'r clwb yn 1963 roedd yr aelodaeth wedi disgyn i 680.

Pam ddaeth Clwb y Cymry i ben ar ôl deng mlynedd? Mae'r ateb yn gymhleth gan fod nifer o ffactorau ar waith. Yn gyntaf, doedd gan y clwb ddim seiliau ariannol cadarn am y rheswm syml nad oedd digon o aelodau. Wrth edrych ar gofnodion y pwyllgor gweithredol, y thema fwyaf cyson yw'r consýrn am y dirywiad yn y sefyllfa ariannol. Ar sawl achlysur gohiriwyd yr argyfwng drwy garedigrwydd DJ – rhodd ariannol ganddo, benthyciad dro arall (a drodd yn rhodd maes o law), dro arall cwrdd â'r costau o ailaddurno a chynnal a chadw mwy cyffredinol. Ond erbyn 1960 roedd yn amlwg i DJ fod dyfodol y clwb yn ansicr ac mae gennym dystiolaeth ei fod wedi dechrau meddwl bryd hynny beth ellid ei wneud ag ail lawr yr adeilad pe bai'r clwb yn dirwyn i ben.

Yn ail, bu trosiant staff yn uchel, yn arbennig ymhlith y rheolwyr. Cafwyd saith rheolwr dros gyfnod o ddeng mlynedd, gyda rhai ohonynt yn aros ychydig fisoedd yn unig. Y cwynion cyffredinol oedd yr oriau hir, anhyblyg, y ffaith nad oedd y gyflog yn cyfateb i'r oriau hir, a diffyg lle byw yn yr adeilad. Bu'r trosiant yn uchel ymhlith staff y gegin hefyd, a chafwyd llawer o gŵynion fod y gwasanaeth darparu bwyd yn araf a'r dewis yn gyfyngedig iawn ar adegau. Ffactor arall yw'r ffaith fod y Clwb wedi wynebu sawl newid ymhlith ei swyddogion – yn arbennig swydd yr ysgrifennydd. Peter Lloyd oedd yr ysgrifennydd cyntaf; dilynwyd ef yn 1955 gan D P Davies a wasanaethodd tan fis Ebrill 1957 pan benodwyd Ifan Moelwyn Hughes i'r swydd. Gwasanaethodd yntau tan i'r clwb gau yn 1963 er bu peth rhannu yng nghyfrifoldebau'r ysgrifennydd rhwng 1957 a 1963. Mae'n ddiddorol nodi i Ifan Moelwyn Hughes ddod yn un o ymddiriedolwyr cronfeydd Pantyfedwen yn 1993 wedi iddo symud i Aberystwyth gyda'i waith. Cafodd yr ymddiriedolaethau ugain mlynedd o'i wasanaeth gwerthfawr hyd at ei farw yn 2013.

Y pedwerydd rheswm am fethiant Clwb y Cymry oedd y dirywiad yn y berthynas â Chanolfan Cymry Llundain. Roedd pethau'n ymddangos yn reit iach ar y dechrau, ond erbyn 1956 doedd dim cynrychiolaeth o'r ganolfan ar bwyllgor gweithredol y clwb. Yn lle hynny sefydlwyd pwyllgor ymgynghorol – pwyllgor a fyddai'n cyfarfod unwaith y flwyddyn i 'drafod materion o gonsyrn cyffredinol'. Yn 1958 trafodwyd awgrym o uno'r ganolfan a'r clwb, a gwelwyd peth brwdfrydedd o'r ddwy ochr. Roedd Capel y Presbyteriaid yn George Street ar werth am £50,000 ac awgrymodd DJ yr adeilad hwn fel cartref ar gyfer y ganolfan a'r clwb. Addawodd DJ gyfrannu £10,000 tuag at y gost o'i brynu. Ond o ble deuai'r gweddill ynghyd â chost addasu'r adeilad? Nid oedd gan y clwb adnoddau ariannol. Yr unig ddewis fyddai gwerthu adeiladau'r ganolfan yn Grays Inn Road, ond nid oedd ei chynrychiolwyr yn barod i ystyried hyn, a chladdwyd y syniad. Yr unig ddewis ar ôl oedd uno'r ddau gorff o dan un weinyddiaeth yng Nghanolfan Cymry Llundain, ond roedd hyn yn annerbyniol i DJ. Yn 1962 cyhoeddodd swyddogion Canolfan Cymry Llundain eu bwriad i gofrestru'r ganolfan fel elusen;[15] golygai hyn na fyddai'n bosibl parhau â'r trefniant fod aelodau'n perthyn i'r ddau sefydliad am dâl gostyngol. Roedd hon yn ergyd ariannol lawer mwy i'r clwb (lle'r oedd nifer yr aelodau'n crebachu) nag i'r ganolfan (lle'r oedd yr aelodaeth ar gynnydd).

Mewn cyfarfod arbennig o bwyllgor gweithredol y clwb ar 13 Chwefror

1963 cytunwyd i geisio cynnal cyfarfod gyda DJ. Roedd hwn yn gyfnod anodd iddo oherwydd salwch difrifol ei wraig, a fu farw ymhen yr wythnos ar 20 Chwefror. Daeth yn hysbys rai wythnosau wedyn fod y Fonesig Grace James wedi gadael £5,000 yn ei hewyllys i'r clwb. Llwyddwyd i gynnal cyfarfod gyda DJ ar 10 Ebrill 1963 ond bu'n gyfarfod anodd. Roedd DJ druan yn ei hiraeth ac mae'n amlwg fod hyn wedi atal rhai aelodau rhag mynegi eu gwir deimladau ynglŷn â'r clwb a natur ei broblemau. Ond mynegodd un ei safbwynt yn gwbl glir – sef mai natur berchnogol y clwb oedd wrth wraidd y broblem a bod hyn wedi golygu nad oedd yr aelodau'n teimlo mai eu clwb nhw oedd e (sefyllfa gwbl wahanol i Ganolfan Cymry Llundain). Gwrthwynebai'r aelodau rai o reolau'r clwb a'r ffaith bod DJ wedi gwrthod 'clywed eu cri'. Yn ei dro, bu DJ yntau'n hallt ei feirniadaeth o weinyddiaeth y clwb, yn arbennig y colledion blynyddol yn y gwasanaeth darparu bwyd. Cytunwyd nad oedd y syniad o chwilio am gartref newydd yn ymarferol er bod cynnig DJ i ddarparu £10,000 yn dal ar y bwrdd, ac y byddai £5,000 pellach ar gael trwy ewyllys ei wraig. Gwaetha'r modd, doedd y symiau hyn ddim yn ddigonol yn wyneb y cwymp sylweddol yn nifer yr aelodau.

Mae'n deg awgrymu bod DJ wedi rhag-weld yr hyn oedd ar fin digwydd, sef cau'r clwb. Yn 1957 roedd wedi hawlio un o ystafelloedd y clwb yn ôl ar gyfer gosod swyddfa i'w ymddiriedolaeth gyntaf – Cronfa D J James Pantyfedwen. Yn y cyfarfod hwn yn Ebrill 1963 mynegodd ei fwriad i hawlio ail ystafell i'w gosod i gwmni oedd yn chwilio am ofod swyddfa yn y ddinas.

Nid oedd gan aelodau'r pwyllgor unrhyw ddewis. Mewn cyfarfod ar 26 Mehefin 1963 penderfynwyd yn unfrydol i gau'r clwb yn sgil anawsterau ariannol. Anfonwyd llythyron at yr holl aelodau yn ystod Gorffennaf 1963 i'w hysbysu y byddai drysau'r clwb yn cau ar 31 Awst 1963. Daeth aelodau'r pwyllgor ynghyd unwaith yn rhagor – ar 23 Mawrth 1964 – oherwydd bod y swm o £5,000 trwy ewyllys y Fonesig Grace James wedi cyrraedd. Cytunwyd i roi £2,500 i Neuadd Gymunedol Pontrhydfendigaid a £2,500 i gronfa Lloches i Ferched o dan adain Canolfan Cymry Llundain.

Bu cau'r clwb yn ergyd i'r cwmni o weithwyr gwirfoddol a fu wrthi am ddeng mlynedd yn ceisio cadw'r drysau'n agored mewn amgylchiadau ariannol anodd. Ond roedd hefyd yn rhyddhad iddynt. Bu'n siom i DJ er ei fod yntau wedi hen weld yr ysgrifen ar y mur. Wrth reswm, roedd yn siom i'r cannoedd o Gymry a fu'n defnyddio'r lle at amryw bwrpasau, gan gofio bod y clwb mewn lleoliad mwy cyfleus i lawer na'r ganolfan ar Grays Inn Road. Ond roedd y prinder aelodau'n profi nad oedd dewis ond cau. Er mor fawr oedd dinas Llundain ac er mor niferus y Cymry oedd yn byw yno, nid oedd digon ohonynt i gynnal y ddau sefydliad.

Trafodaethau gyda'r Enwadau yng Nghymru

Go brin y dyddiau hyn y byddai miliwnêr o Gymro sawl gwaith drosodd a wnaeth ei ffortiwn yn Llundain yn dangos diddordeb yn enwadau crefyddol Cymru, ac yn awyddus i roi arian yn eu coffrau. Ond roedd DJ yn perthyn i oes wahanol, wedi'i fagu'n aelod o'r Presbyteriaid a'i rieni, beth bynnag amdano fe, wedi gobeithio ar un adeg yr âi'n weinidog yr Efengyl. Wrth edrych tuag eglwysi anghydffurfiol Cymru, roedd gan DJ ddau brif gonsýrn – un cwbl ymarferol a'r llall yn ddyngarol. Y cyntaf oedd bod gan Gymru ormodedd o adeiladau eglwysig fyddai'n arwain at broblemau cynnal a chadw wrth i'r ugeinfed ganrif fynd rhagddi ac at gau llawer o'r adeiladau. Credai fod angen cynllun trefnus, cyd-eglwysig (yn ddelfrydol) i sicrhau presenoldeb daearyddol gweddol deg ar draws Cymru. Yn ei farn e, dim ond trwy uno'r enwadau y gellid gwneud hyn. Ei ail gonsýrn oedd cyflogau isel gweinidogion, a'r ddarpariaeth bensiynau gwbl annigonol i weinidogion a'u gweddwon. Gwnaeth ei gynnig cyntaf i Eglwys Bresbyteraidd Cymru mor gynnar â 1943 pan addawodd £50,000 dros bum mlynedd i wella cyflogau gweinidogion, ar sail punt am bunt. Yr amcan oedd sefydlu cronfa o dan yr enw 'Cronfa Catherine James'. Yn ychwanegol at hyn buddsoddwyd £40,000 i wella cyflogau gweinidogion oedd yn gwasanaethu mewn eglwysi Presbyteraidd yng Ngheredigion.

Dros gyfnod o ddeunaw mis o fis Mai 1962 ymlaen gwnaeth DJ dri chynnig i bedwar prif enwad anghydffurfiol Cymru eu trafod – Eglwys Bresbyteraidd Cymru, Undeb yr Annibynwyr Cymraeg, Undeb Bedyddwyr Cymru a'r Eglwys Fethodistaidd Wesleaidd. Cyn gwneud y cynnig cyntaf, roedd cynllun tebyg gan DJ â'r nod o godi cyflogau offeiriadon i £800 y flwyddyn wedi llwyddo gyda'r Eglwys yng Nghymru. Cyflwynwyd rhodd o

£200,000 i'r Eglwys yng Nghymru ar yr amod ei bod hi'n codi £400,000. Yn ystod ei drafodaethau gyda'r enwadau anghydffurfiol derbyniodd DJ lythyr gan y Bedyddwyr yn cwyno braidd iddo fod yn fwy hael gyda'r Eglwys yng Nghymru na'r enwadau anghydffurfiol. Mae ymateb DJ i'r llythyr hwn yn bwysig am nifer o resymau. Dyma a ddywedodd DJ:

> may I also inform you that I found the representatives of the Church in Wales first class business people with a tremendous amount of vision and ready to do everything within their power to give their clergy a better living. I also wish to add that it took them less than 12 weeks to complete the entire arrangement with me … I am a great believer that God is always ready to help those who help themselves, so why not have more faith in your Creator, and then get down to something really progressive.

Mae'r pwyslais yn y dyfyniad uchod ar 'first class business people' yn gwbl nodweddiadol o feddylfryd DJ ac yn thema sy'n codi'n gyson yn ei ymwneud â gwahanol sefydliadau. Mae'n bwysig cofio hefyd fod ei gynllun gyda'r Eglwys yng Nghymru wedi llwyddo, i raddau, oherwydd bod cyfran yr eglwys wedi cael ei thalu o gronfeydd canolog yr eglwys fel na fu angen i'r plwyfi unigol godi arian penodol. Ond roedd ei gynlluniau gyda'r enwadau anghydffurfiol yn ddibynnol ar i eglwysi lleol godi symiau sylweddol o arian. Efallai fod gan y Bedyddiwr a ysgrifennodd at DJ bwynt wedi'r cyfan!

Yn ei gynllun cyntaf ar gyfer y pedwar enwad, roedd DJ yn barod i gyfrannu £250,000 tuag at wella cyflogau gweinidogion. Gosododd her i'r eglwysi lleol trwy ofyn iddynt gyfrannu 9 swllt (neu 45 ceiniog yn ein harian heddiw) ym Mlwyddyn 1, a'r un swm yn union am y pum mlynedd dilynol. Dibynnai hyn ar barodrwydd aelodau mewn eglwysi lleol i fynd i'w pocedi, a hynny ar adeg pan oedd cyfraniadau i gronfeydd enwadol eisoes yn isel. Doedd yr Annibynwyr a'r Bedyddwyr ddim hyd yn oed yn arddel y syniad o gronfa ganolog ar gyfer cyflogau gweinidogion, yn wahanol i'r Presbyteriaid a'r Wesleaid. Ond aeth DJ un cam ymhellach wedyn a dyma a ddifethodd y cynllun. Ychwanegodd amod fod ei gyfraniad o chwarter miliwn yn ddibynnol ar i'r enwadau uno – o fewn blwyddyn!

Gwyddai DJ fod y Presbyteriaid, yr Annibynwyr a'r Wesleaid wedi bod yn trafod mater uno ers 1954. Sefydlwyd 'Pwyllgor y Pedwar Enwad' pan ymunodd y Bedyddwyr yn y trafodaethau. Wrth ffurfio'r pwyllgor hwn, teimlai'r Annibynwyr na allent wrthod [cynnig DJ] 'oherwydd yn atal nid oes nemor ddim, ond ein rhagfarnau a mynd i'n pocedi' (golygyddol *Y Tyst*, 29 Tachwedd 1962). Ar ddiwedd y golygyddol, meddai'r awdur, y Parchedig Ddr E Lewis Evans, gweinidog eglwys Annibynnol Gymraeg yr Hope, Pontarddulais, 'felly, na sonied neb yn awr am "fradychu ein hegwyddorion" oherwydd ni wnaeth Pwyllgor y Pedwar Enwad fwy na dechrau ei waith eto'. Un rheswm dros osod yr amod uno yn y cynllun oedd bod DJ yn awyddus i roi hwb i waith y Pwyllgor. Ond roedd ei amserlen o gael cynllun uno o fewn blwyddyn yn gwbl afrealistig a naïf – adlais o'r dyn busnes oedd wedi arfer symud yn gyflym. Ymddangosodd ffrwyth gwaith y Pwyllgor ar ddiwedd 1963 pan gyhoeddwyd y llyfryn *Tuag at Uno*.[16] Ond uno o fewn blwyddyn, ni fu.

Gwelodd DJ ei fod wedi gwneud camgymeriad wrth roi amod i uno o fewn blwyddyn. Eto, glynodd wrth yr amod uno wrth lansio ail gynllun. Byddai ei gyfraniad yn parhau'n £250,000, ac ar yr un telerau cyfrannu ag o'r blaen, ond bod y cyfle i uno'n ymestyn dros ddeng mlynedd (a thair blynedd ar ddeg os byddai angen). Roedd yr ail gynllun yn fwy derbyniol i nifer, ac eithrio'r rheini oedd yn gwrthwynebu'r syniad o uno fel mater o egwyddor. Ond ychwanegodd DJ amod newydd, sef bod cyfraniadau'r eglwysi i'r cynllun yn gorfod bod yn arian 'newydd' gan aelodau unigol, nid arian oedd eisoes yng nghoffrau'r eglwysi. I'r perwyl hwn mynnodd DJ fod eglwysi unigol yn cyflwyno rhestri o gyfranwyr. Roedd hyn yn gam rhy bell i nifer ac yn awgrymu diffyg ymddiriedaeth gan DJ.

Yn y cyfnod hwn Syr David Hughes Parry, un o'r ymddiriedolwyr, oedd yn ceisio cyrraedd cytundeb rhwng DJ a'r enwadau. Rhaid edmygu amynedd a dyfalbarhad y brawd hwn, a'i ddoethineb mewn sefyllfa mor anodd. Derbyniodd gruglwyth o lythyron gan weinidogion, lleygwyr a swyddogion enwadol dros y blynyddoedd ynglŷn â chynlluniau DJ. Roedd Syr David wedi ennill ei le fel un o arweinwyr Eglwys Bresbyteraidd Cymru, ac yn fawr ei barch. Fel y dywed awdur un o'r llythyron, 'chi ydi lleygwr blaenaf y Cyfundeb ar hyn o bryd', ac roedd DJ hefyd yn ymddiried yn llwyr ynddo. Mewn llythyr a anfonwyd at Syr David ar ddiwedd 1963 dyma a ddywed DJ: 'I would have closed this [chapter] a long time ago were it not for you … you are a real Christian gentleman.'[17] Ond ni lwyddodd Syr David i ddarbwyllo DJ ynghylch nifer o'r amodau. Un o gyfeillion agosaf DJ oedd y Parchedig Eliseus Howells, a dywedodd yntau, 'yr wyf wedi ceisio egluro i DJ fod rhai o'r amodau [cyfeirio yn benodol y mae at yr amod o gadw rhestri o gyfranwyr i brofi mai arian "newydd" a gyfrannwyd] yn amhosibl i ni [y Presbyteriaid] ond nid oes dim a'i argyhoedda.'

Tynnodd enwad y Wesleaid allan o'r trafodaethau'n weddol gynnar, am fod ganddynt ymrwymiadau i'r Undeb Saesneg yr oeddent yn perthyn iddo. Dilynwyd hwy gan y Bedyddwyr ar y sail iddynt 'farnu bod y gwahaniaeth rhyngddynt hwy a'r enwadau eraill yn gyfryw fel na ellid trafod yr uno a awgrymwyd'. Roedd hyn yn gadael yr Annibynwyr a'r Presbyteriaid. Bu gwahaniaeth barn yn y naill enwad a'r llall. Ar y cyfan bu swyddogion yr enwadau'n gefnogol i'r cynllun cyntaf ac i'r ail gynllun, er bod yn llawer gwell ganddynt yr ail am reswm amlwg. O blith yr Annibynwyr bu'r Parchedig Curig Davies, ysgrifennydd cyffredinol Undeb yr Annibynwyr, yn gefnogol. (Bu hefyd yn un o ymddiriedolwyr Cronfa DJ rhwng 1962 a 1968.) Cefnogai'r Parchedig Trebor Lloyd Evans, olynydd Curig Davies fel ysgrifennydd yr enwad, y cynlluniau hefyd. Ac roedd Brinley Richards, trysorydd yr Undeb, ymhlith y cefnogwyr. Cafwyd cytundeb yng nghyfarfod Cyngor yr Undeb yng Nghastellnewydd Emlyn ar ddiwedd 1962 ac eto yng nghyfarfodydd blynyddol yr Undeb yng Nghaerdydd yn 1963. Yn yr un modd, bu nifer o gymedrolwyr a chyn-gymedrolwyr yr Eglwys Bresbyteraidd yn gefnogol, a lansiwyd cynllun codi arian o fewn yr enwad. Gwnaed yr un peth yn achos yr Annibynwyr. Rhoddwyd yr enw 'y casgliad mawr' i'r ddau achos. Ond roedd eraill blaenllaw o fewn rhengoedd yr Annibynwyr yn gwrthwynebu. Yn eu plith yr oedd y Parchedig Athro R Tudur Jones o Goleg Bala–Bangor a'r Parchedig Iorwerth Jones, a etholwyd yn ysgrifennydd cyffredinol yr Undeb yn 1975.

Bu cryn lythyru yn y papurau enwadol a thu hwnt. Mewn golygyddol yn *Y Tyst* (8 Chwefror 1962) dywedwyd,

> yn anffodus, bydd rhyw un neu ddau, bron ymhob eglwys, yn siwr o wrthwynebu undeb, ac yn sicrach na hynny o beidio â chefnogi gwneuthur "casgliad mawr". Gellid tybio i Ragluniaeth ofalu bod rhywun wedi ei blannu bron ymhob eglwys i greu rhwystrau … os

cedwir at yr amodau haearnaidd nid yr enwadau anhydrin a wesgir, ond trueiniaid a welodd waetha'r byd, sef y weddw ddiamddiffyn, a'r hen weinidog y dywedodd Williams Parry amdano:

> A gwyddost ti mor drist, mor drist
> Yw diwedd oes dan groes dy Grist.
>
> 'Gaeaf (Yr Hen Weinidog)'

Cyhoeddodd R Tudur Jones ddwy ysgrif yn y cylchgrawn *Barn*, y gyntaf o dan y teitl 'Iago a James' (Rhagfyr 1962), a'r ail yn dwyn y teitl 'Y Barwniaid Olaf' (Gorffennaf 1963). Sôn y mae yn y gyntaf am 'y trafod hanner-cudd, y cymrodeddu, yr ystumio, y gogor-droi, a fu hyd yn hyn ynglŷn â chynigion [DJ] … a fu'n ergyd go ddwys i urddas ein gweinidogion'. Cafwyd peth ymateb i'r sylwadau hyn, yn bennaf trwy dudalennau'r *Tyst*. Ysgrifennodd J Lloyd Thomas fel hyn ar 13 Rhagfyr 1962: 'awgrymaf yn garedig i Dr Tudur Jones fod rhai brawddegau yn ei lith y gallai yn briodol eu hail ystyried. Arf go beryglus yw gwawd.' Â J Lloyd Thomas ymlaen i ddatgan 'bod cyfoeth yn rhywbeth i'w iawn ddefnyddio er lles cymdeithas a hyrwyddo'r Deyrnas. Rhydd cyfoeth felly gyfle i'w berchennog. Tybiaf i [DJ] weld hynny. Tybiaf hefyd fod Cyngor yr Annibynwyr Cymraeg wedi gweld yr un peth.'

Ysgrifennodd R Tudur Jones ei ail erthygl yn *Barn* ar ôl dychwelyd o gyfarfodydd blynyddol yr Undeb yng Nghaerdydd yn 1963. Tôn goeglyd sydd iddi, gan sôn am 'benderfyniad yr Undeb i gefnogi'r cynllun codi arian sylweddol … i foddio Syr David James'. Â'r awdur ymlaen i ddweud y gallai gyflwyno dadansoddiad pur lawn o'r ffyrdd gorau o ddefnyddio sebon meddal – 'crefft brin bellach ond a gedwir yn fyw tra bod Undeb yr Annibynwyr i gael'. Cafwyd sawl ymateb yn *Y Tyst* i'r sylwadau hyn, y mwyaf deifiol ohonynt gan y Parchedig Herbert Hughes (1 Awst 1963) a ddywedodd, 'nid yw arian yn mynd i godi eglwys ar ei thraed, ond nid oes dim anysgrythurol mewn defnyddio arian i ddibenion grasol … dyw'r Undeb na'i swyddogion ddim yn berffaith ond y mae lle i siarad (mewn cariad ac nid mewn dychan) am wendidau'n gilydd … mae'r awgrym fod dynion sy'n cefnogi undeb ddim yn adnabod Iesu Grist yn ddirmygus i'r eithaf.' Ar ddiwedd yr ysgrif daw y geiriau 'mewn tristwch yr ysgrifennais y geiriau hyn'.

Bu Iorwerth Peate yn feirniadol iawn o swyddogion yr Undeb mewn erthygl a ymddangosodd yn *Y Tyst* (31 Ionawr 1963). 'Rhyfedd yn wir,' meddai, 'yw gweld rhai Annibynwyr blaenllaw yn crefu ar eu cyd-Annibynwyr i dderbyn gwaddoliad tra sylweddol a thrwy hynny ddinistrio sylfeini'r Eglwysi Annibynnol am byth … pan ddaeth sŵn yr aur i glustiau rhai, diflannodd yr egwyddorion.' Y Parchedig Iorwerth Jones piau'r geiriau olaf o feirniadaeth am yr hyn oedd yn digwydd ymhlith yr Annibynwyr, a hynny mewn ysgrif yn *Y Dysgedydd* (Tachwedd/Rhagfyr 1962). Rhyfeddu y mae bod yr Annibynwyr wedi symud mor gyflym i gytuno i gefnogi cynllun cyntaf DJ. Ei deimlad oedd bod aelodau Cyngor yr Undeb wedi bod yn rhy fyrbwyll yn cytuno i symud ymlaen. 'Gwell,' meddai, 'pe byddent wedi aros i fyfyrio a thrafod ymhellach.' A dyma Iorwerth Jones yn gosod yn glir ei safbwynt ei hun, sef 'y mae'n rhaid i mi gyfaddef yn y fan hon fod ymglywed ag un gŵr goludog, pa mor hael bynnag y bo, yn ceisio gosod y ddeddf i lawr fel hyn ac yn ceisio penderfynu polisïau pwysicaf Ymneilltuaeth Cymru am flynyddoedd i ddod trwy chwifio ei lyfr sieciau yn fy ngwneud i braidd yn sâl'. 'Gwir y gair,' medd Iorwerth Peate, 'y mae'n codi cyfog ar lawer ohonom.'

Cafwyd sawl ymdrech ar lafar ac ar bapur i amddiffyn penderfyniad Undeb yr Annibynwyr i gefnogi'r cynlluniau hyn. Ymhlith y rhain yr oedd ysgrif gan y Parchedig Trebor Lloyd Evans yn y *Y Tyst* (31 Ionawr 1963). Gan gyfaddef y byddai'n well ganddo pe byddai DJ wedi rhannu ei gyfoeth heb amodau, yn arbennig amodau i uno, amlinellodd nifer o resymau paham yr oedd yr Undeb yn iawn i gefnogi'r cynlluniau. Byddai gwrthod yn rhoi'r argraff nad yw uno'r enwadau yng Nghymru yn fater o bwys; bod cymaint yn gyffredin rhwng yr enwadau a chyn lleied yn eu gwahaniaethu; bod ail gynllun DJ yn cynnig o leiaf ddeng mlynedd i drafod; ac y byddai rhodd DJ yn rhyddhau pocedi eraill. Cafwyd ymateb hefyd gan Brinley Richards, trysorydd yr Undeb rhwng 1952 a 1964. Meddai mewn ysgrif a ymddangosodd yn *Y Tyst* (7 Chwefror 1963):

> yn anad dim mae fy nhymor fel Trysorydd yr Undeb wedi fy nysgu bod gap aruthrol rhwng y delfrydol a'r ymarferol – rhwng egwyddorion haniaethol a'r cymhwyster i'w rhoi mewn gweithrediad … awgrymir bod cyfundrefnu a siarad am arian yn rhwystr i ddylanwad yr Ysbryd

> Glân ... ond a yw siarad yn unig am yr Ysbryd Glân yn ddigon ... gellir dweud yn bendant nad yr arian yw'r symbyliad dros uno. Os yw'n foddion i brysuro'r undeb hwn, ni welaf dorri unrhyw egwyddor sylfaenol wrth dderbyn cynnig DJ.

Yr un oedd y dadleuon o fewn rhengoedd y Presbyteriaid. O'r cychwyn cyntaf gwrthwynebai'r rheini oedd yn perthyn i'r adain efengylaidd o fewn yr Hen Gorff (yr '*evangelistics*' fel y cyfeiriwyd atynt gan un oedd yn cefnogi'r cynlluniau). Bu tipyn o lythyru yn *Y Goleuad* ar hyd yr un llinellau â'r Annibynwyr. Dywedai rhai fod Sasiwn y De wedi gweithredu'n drahaus ac wedi anwybyddu'r henaduriaethau. Cyhuddai eraill DJ o wthio undeb eglwysig ar yr enwadau, a'r Eglwys Bresbyteraidd o gymryd ei gwthio, ac o werthu'r *pass* am arian. Cwyn y Parchedig R M Roberts, llywydd y Gymanfa Gyffredinol, oedd bod cryn annealltwriaeth o fewn yr eglwysi am gynnwys y cynlluniau. Meddai am un cyfarfod henaduriaethol: 'ceisiodd un blaenor gynnig esboniad ond yr oedd ei oleuni ef ar y mater yn fwy o dywyllwch nag o oleuni'.

Gan fod y trafodaethau ymhlith y Presbyteriaid a'r Annibynwyr yn weddol debyg i'w gilydd, gallwn droi yma at y llythyron a anfonwyd at Syr David Hughes Parry. Yn dilyn lansio'r ail gynllun gwelwyd cryn newid yn natur a chynnwys y llythyron a anfonwyd ato, yn bennaf gan weinidogion. Er bod nifer wedi cefnogi'r cynllun cyntaf, ac yn barod i gefnogi'r ail, roeddent yn anfodlon iawn ar agwedd DJ – ei ddatganiadau i'r wasg, y cyhuddiadau o amharodrwydd yr enwadau i uno ac i gydweithio a'r newidiadau parhaus yn amodau'r cynlluniau. Disgrifiwyd DJ gan un fel 'a man having the views of an ordinary, unimaginative, stereotyped businessman'. Mae un arall yn datgan fel hyn: 'nid oes lloches mwyach yn anwadalwch Syr D J James', ac un pellach yn ysgrifennu: 'mae'r holl newidiadau yn yr amodau yn drysu pobl – mae'r dyn yn annioddefol bron'.

Gydol y trafod roedd y casglu arian ymhlith y Presbyteriaid a'r Annibynwyr yn symud ymlaen. Ond roedd DJ hefyd am symud ymlaen ac ar fin cyhoeddi bod ganddo drydydd cynllun – hwn fyddai'r olaf a'r terfynol. Daeth yn hysbys i Syr David Hughes Parry mewn cyfarfod gyda DJ, y Parchedig Curig Davies a'r Parchedig W T Owen, gweinidog Eglwys King's Cross yn Llundain, ym mis Medi 1963 fod newid yn y gwynt.

Dywedodd DJ wrthynt ei fod yn bwriadu dileu'r amod dros uno'r enwadau. Mynegodd siom fod yr eglwysi anghydffurfiol wedi ymateb mewn dull mor llugoer i'w gynlluniau: 'it looks as if I will have to wait a long time yet for my dream of unity to come true. It is clearly not going to work at present and the whole business has been dragging on for far too long.' Hanfod y cynllun newydd oedd creu cronfa gydenwadol o £500,000 lle byddai DJ yn cyfrannu £125,000 a'r gweddill yn dod o gyfraniadau'r enwadau yn ôl £2/5/00 yr aelod dros gyfnod o saith mlynedd. Os cytunai'r Bedyddwyr i ymuno â'r trydydd cynllun hwn, gan ddilyn ffigyrau aelodaeth 1962, golygai hyn oddeutu £158,000 i'r Presbyteriaid, £137,000 i'r Annibynwyr a £81,000 i'r Bedyddwyr. Ond roedd yr hen amodau eraill yn parhau mewn grym: rhaid bod cyfraniadau'r eglwysi yn arian 'newydd' a rhaid oedd cyflwyno rhestr o gyfranwyr ym mhob un eglwys.

Pwrpas y gronfa gydenwadol oedd cynorthwyo gweinidogion, gweinidogion wedi ymddeol a gweddwon gweinidogion os codai argyfwng ariannol o unrhyw fath. Noder bod y pwyslais ar gyflogau gweinidogion wedi diflannu. Bwriadai DJ sefydlu'r gronfa newydd fel elusen gofrestredig, gyda chynllun swyddogol ar bapur wedi'i selio gan y Comisiwn Elusennau. Y tro hwn gosododd DJ ddyddiad penodol ar gyfer cyrraedd cytundeb. Oni cheid cytundeb erbyn diwedd Ionawr 1964 byddai DJ yn tynnu'r cynnig yn ôl ac, i bob golwg, byddai'r holl gynlluniau wedi dod i ben a dyna ddiwedd yr hanes fel petai. Ni chafwyd cytundeb erbyn diwedd Ionawr 1964. Bu hwn yn gyfnod o siom a thristwch i DJ a siom hefyd i Syr David Hughes Parry, a oedd wedi gweithio mor galed i gymodi DJ ac arweinwyr yr enwadau. Siom hefyd i'r rheini o fewn yr enwadau – Annibynwyr a Phresbyteriaid yn bennaf – oedd wedi cefnogi'r cynlluniau dros dair blynedd o amser. Ond rhyddhad i'r gweddill oedd wedi gwrthwynebu'r cynlluniau, p'un ai oherwydd eu bod yn anfodlon gweld dyn cyfoethog yn ceisio dylanwadu'n ormodol (yn eu tyb hwy) ar bolisïau'r enwadau neu oherwydd eu bod yn gwrthwynebu'r syniad o uno.

Ond nid dyna cweit ddiwedd yr hanes. Erbyn diwedd Ionawr 1964 roedd y Presbyteriaid wedi codi dros £70,000 a'r Annibynwyr wedi codi yn agos at £30,000. Meddalodd calon DJ at y ddau enwad yn wyneb y fath ymdrechion. Rhaid cofio hefyd fod modd gweld dylanwad Syr David Hughes

Parry yn yr hyn oedd i ddigwydd nesaf. Cytunodd DJ i rhoi £100,000 yr un i'r Presbyteriaid a'r Annibynwyr – arian i'w fuddsoddi fel y byddai'r incwm yn gyfrwng i wella cyflogau gweinidogion. Un amod yn unig a osodwyd, sef yr enw a roddid ar y naill gronfa a'r llall – Cronfa John James Pantyfedwen. Cyflwynwyd yr arian i'r ddau enwad o fewn rhai wythnosau. Ychwanegwyd yr arian a gasglwyd gan yr eglwysi at y ddwy rodd.

Yr Eisteddfod Genedlaethol

Soniwyd ar ddechrau'r bennod hon fod DJ yn awyddus iawn i gefnogi'r Eisteddfod Genedlaethol. Darparodd grantiau blynyddol iddi trwy'r ymddiriedolaethau a sefydlwyd ganddo; mae'r cyfrannu blynyddol yn parhau hyd heddiw. Yn 1960 ysgrifennodd at Gyngor yr Eisteddfod Genedlaethol i awgrymu rhoi ystyriaeth i gynnal diwrnod ychwanegol ym mhob Eisteddfod lle byddai'r cystadlu yn gyfan gwbl yn yr iaith Saesneg. Roedd yn pryderu, meddai, fod rhannau helaeth o Gymru yn fwyfwy di-Gymraeg, ac nad oedd gan drigolion yr ardaloedd hyn lawer o syniad beth oedd eisteddfod a'i phwysigrwydd o fewn y diwylliant Cymraeg. Awgrymodd hefyd y byddai'n ysgwyddo'r gost o gynnal y diwrnod ychwanegol hwn.

Ymateb Cyngor yr Eisteddfod oedd datgan nad oedd Rheol Gymraeg yr Eisteddfod yn caniatáu iddynt ymateb yn gadarnhaol i'w gynnig hael. Siomwyd ef gan yr ymateb, a dyma droi ei sylw tuag at sefydlu Eisteddfodau Pantyfedwen. Yn sicr, roedd maint y gwobrau fyddai ar gael yn ei gynllun ar gyfer Eisteddfodau Pantyfedwen yn dipyn uwch na'r hyn oedd ar gael yn y Genedlaethol, er na ddylid dehongli hyn fel ymgais i gystadlu â'r Brifwyl. Byddai meddwl fel hyn braidd yn naïf ac roedd gan DJ resymau mwy cadarn dros sefydlu Eisteddfodau Pantyfedwen, fel y gwelir yn y man.

Wrth edrych yn ôl, gellir gweld bod syniad DJ o ehangu natur y Genedlaethol yn gwreiddio o weledigaeth o weld y Cymry Cymraeg a'r di-Gymraeg yn closio'n agosach at ei gilydd. Diau mai dyma oedd gweledigaeth aelodau Cyngor y Genedlaethol hefyd yn nes ymlaen, a gwelwyd arwyddion positif o hyn tua diwedd yr ugeinfed ganrif, trwy roi mwy o le i ddysgwyr y Gymraeg yn ogystal â lleoli'r Eisteddfod mewn mannau na fyddai'r Cyngor wedi breuddwydio amdanynt yn 1960: Casnewydd yn 1988 ac eto yn 2004, Glyn Ebwy yn 2010 a'r Fenni yn 2016. Diddorol damcaniaethu beth fyddai wedi bod yn bosibl pe byddai DJ ac aelodau Cyngor y Brifwyl wedi cytuno ar gyfaddawd ar ddysgwyr yn hytrach na chystadlaethau Saesneg, gan barchu'r Rheol Gymraeg.

Eisteddfodau Pantyfedwen

Sefydlodd DJ dair eisteddfod yng Ngheredigion: Pontrhydfendigaid, lle cynhaliwyd yr eisteddfod gyntaf yn 1964; Aberteifi, gan ddechrau yn 1966; a Llanbedr Pont Steffan yn 1967. Fe gawn eu hanes yma, gan ddechrau â Phontrhydfendigaid. Ond cyn troedio'r llwybr hwn, mae'n deg nodi nad dyma'r fenter gyntaf gan DJ ar ran pentref Pontrhydfendigaid.

Yn ystod y 1940au cyflwynodd DJ sawl rhodd i gapel y Presbyteriaid ym Mhontrhydfendigaid, y mwyaf ohonynt yn 1942 er cof am ei fam, a fu farw yn 1939. Ar ôl iddo ymddeol fel prifathro ysgol gynradd y Bont bu J G Williams yn gweithio fel asiant i DJ – yn gyfrifol yn bennaf am gasglu rhenti tenantiaid y ffermydd oedd yn eiddo iddo a rhoi gwybod am unrhyw gŵynion gan y ffermwyr ac am hynt a helynt yr ardal.

Roedd gan J G Williams ddiddordeb mawr mewn criced, diddordeb a rannai gyda DJ. Pan fyddai'n ymweld â DJ yn ei gartref yn Sutton Hall, byddai'r ddau'n mynd i Hove i weld tîm criced Sussex yn chwarae. Arweiniodd hyn DJ i awgrymu sefydlu tîm criced ynghyd â'r holl gyfleusterau angenrheidiol yn y Bont. Nid oedd traddodiad criced yn y Bont ond yr oedd traddodiad pêl-droed yno, a dyna a gafwyd. Prynodd DJ gae yn y pentref ac adeiladwyd ystafelloedd newid, ynghyd ag ystafelloedd snwcer a phwyllgora, ac yn 1958 agorwyd Parc Pantyfedwen. Yn ddiweddarach ychwanegwyd gofod ar gyfer ail fwrdd snwcer, ac yn 1961 agorwyd estyniad mwy sylweddol, yn cynnwys neuadd â lle i 300 o bobl eistedd. Agorwyd y neuadd gan y Fonesig Grace James. Yn dilyn ei marwolaeth hi yn 1963 agorwyd llyfrgell yn y ganolfan er cof amdani, gyda nifer fawr o lyfrau a pheth dodrefn o Glwb y Cymry yn Llundain pan ddaeth hwnnw i ben yn 1963. Mae ystafell y llyfrgell yn cynnwys ffenestr liw gyda phortread o'r Fonesig Grace James ynghyd â darluniau o'i chartref yn Faversham (yn Swydd Caint) a chartref y teulu James ym Mhantyfedwen. Costiodd codi'r ganolfan oddeutu £25,000, a thalodd DJ am y cyfan. Wrth siarad â thrigolion blaenllaw Pontrhydfendigaid heddiw, hawdd deall paham y maent yn cyfrif y ganolfan a'r neuadd fel y pwysicaf o roddion DJ i'r pentref. Dyma ganolbwynt cymdeithasol y pentref a gwneir defnydd helaeth o'r cyfleusterau sydd ar gael.

Ond i droi yn ôl at sefydlu Eisteddfodau Pantyfedwen, dechreuwn gydag Eisteddfod Pontrhydfendigaid. Cyflwynodd DJ ei syniadau i'r arweinyddion lleol yn 1963. Roedd traddodiad cryf o eisteddfota yn yr ardal gyda'r ddau gapel anghydffurfiol (y Presbyteriaid a'r Bedyddwyr), ynghyd ag Eglwys Dewi Sant, yn cynnal eisteddfodau'n flynyddol. Wrth sefydlu Eisteddfod Pantyfedwen cyflwynwyd rhodd o £1,000 i ddigolledu Eisteddfod Capel Rhydfendigaid. Roedd ardal gyfagos Ffair-rhos hefyd yn enwog am ei thraddodiad barddol a'i heisteddfod flynyddol. Wrth gyfarfod â'r arweinyddion lleol amlinellodd DJ ei gynlluniau ar gyfer creu Eisteddfod Pantyfedwen a fyddai, yn ei farn ef, yn gyfrwng i bontio'r agendor rhwng y lleol a'r Genedlaethol ac i sicrhau safon uwch o gystadlu. Ei gred oedd fod angen talu gwobrau hael a dyma arweiniodd rhai i awgrymu ei fod yn ceisio cystadlu â'r Eisteddfod Genedlaethol wedi iddo gael ei siomi gan agwedd Cyngor y Genedlaethol tuag at ei awgrym o ychwanegu diwrnod Saesneg. Nid oes unrhyw dystiolaeth yn cadarnhau bod hyn yn wir. Er hynny, bu peth beirniadu yn lleol ac yn genedlaethol ar faint y gwobrau. Pan glywodd John Rowlands (1911–69), bardd o Eifionydd, fod Eisteddfod y Bont yn cynnig gwobr o £300 am gyfansoddi emyn, dyma'i ymateb mewn englyn o dan y teitl 'Yr Emyn Trichant':

> Hyd gyrion bro'r gogoniant – y mae sôn
> Am y siec a gawsant,
> Er hynny, bois, mae'r 'Hen Bant'[18]
> Yn trechu'r emyn trichant.

Aeth y trafodaethau cychwynnol yn ddigon hwylus. Cytunwyd i sefydlu'r eisteddfod fel elusen gofrestredig, a'i chynnal dros ddau ddiwrnod – y diwrnod cyntaf yn Eisteddfod Catherine James, a'r ail ddiwrnod yn Eisteddfod y Fonesig Grace James. Byddai DJ yn rhoi arian y gwobrau a swm ychwanegol o £13,000 i'w fuddsoddi, gyda'r llogau'n gyfrwng i dalu cost cynnal yr eisteddfod. Cytunwyd hefyd i brynu cae cyfagos ar gyfer gosod pabell a lle i barcio ceir, ac felly ymlaen. Popeth yn iawn, felly, hyd at y pwynt hwn.[19]

Ond cafwyd anghytuno mawr ar fater cynnwys rhaglen yr eisteddfod. Roedd DJ yn awyddus i gael eisteddfod rannol draddodiadol gyda sylw arbennig i gystadlaethau corau a chystadlaethau cyfansoddi emynau – geiriau a thonau. Cytunwyd yn ddigon rhwydd ar y cynnwys hwn ond roedd sioc yn aros yr arweinwyr lleol pan ddywedodd DJ ei fod yn awyddus i weld yr eisteddfod yn torri tir newydd hefyd. Ei awgrym oedd cynnal cystadleuaeth '*bathing beauties*' – rhywbeth tebyg i gystadleuaeth Miss Wales, chwedl Moc Morgan yn ei hunangofiant, gan ychwanegu 'yn y Bont!' Wel, os do fe! Gwrthododd yr arweinwyr lleol ildio ar y pwynt hwn; roeddynt o'r farn bod y fath gystadlu'n gwbl anaddas, a daeth y cyfarfod i ben heb gytundeb. Ddeufis yn ddiweddarach ysgrifennodd DJ at swyddogion y pwyllgor i ddweud ei fod yn tynnu'r awgrym o gystadleuaeth '*bathing beauties*' yn ôl. Felly roedd modd symud ymlaen. Bu prysurdeb mawr wedyn i gynnal yr eisteddfod gyntaf ym mis Mai 1964. Ond nid dyma'r diwedd ar y syniadau newydd. Awgrymodd DJ y dylid cynnal cystadlaethau newydd ar gyfer eisteddfod 1965, sef cystadleuaeth 'Cymro'r Flwyddyn' a 'Chymraes y Flwyddyn', ynghyd â rheolau braidd yn gymhleth i weithredu'r cystadlu. Ni chafwyd yr un gwrthwynebiad ag a gafwyd yn achos y '*bathing beauties*' ond llugoer braidd oedd ymateb aelodau'r pwyllgor lleol.

Ar ôl cynnal yr eisteddfod gyntaf, trefnwyd bod y pwyllgor lleol yn cyfarfod gyda DJ i adolygu'r sefyllfa. Roedd yr eisteddfod wedi'i blesio, yn arbennig y ffaith ei bod wedi gwneud elw – y derbyniadau £123/10/9 yn uwch na'r taliadau. Anodd osgoi diddordeb pennaf y dyn busnes! Un gŵyn oedd bod hurio pabell ar gyfer yr eisteddfod gyntaf wedi costio £800, ac mewn ymateb i hyn awgrymodd DJ ei fod yn barod i godi adeilad ychwanegol (a alwyd 'y pafiliwn' maes o law) yn gartref parhaol i'r eisteddfod. Roedd am neilltuo £40,000 at y pwrpas hwn – adeilad â lle i gynulleidfa o 2,500 eistedd (y gost gyfan, yn cynnwys prynu'r tir oedd £42,000). Derbyniwyd yr awgrym gyda 'brwdfrydedd mawr' gan sylweddoli y byddai angen prynu rhagor o dir, yn bennaf ar gyfer parcio ceir. Yn wyneb llwyddiant eisteddfod 1964 awgrymodd DJ hefyd y byddai'n hoffi gweld yr eisteddfod yn cael ei chynnal dros dridiau, yn hytrach na dau ddiwrnod, ac y byddai'n barod i roi ei law yn ei boced i dalu am hynny. Derbyniwyd yr awgrym hwn hefyd 'yn frwd' ond ni weithredwyd arno tan eisteddfod 1967. Rhoddwyd yr enw 'Eisteddfod Syr David J James' ar y diwrnod ychwanegol.

Yn y misoedd a ddilynodd y cyfarfod uchod cyflwynodd DJ gynigion pellach fyddai'n ymestyn cyfnod yr eisteddfod i bedwar diwrnod, wedyn i bump ac yna i chwe diwrnod. Yr hyn oedd ganddo mewn golwg oedd gŵyl a fyddai'n ymestyn dros wythnos o amser ac a fyddai hefyd yn gyfrwng i goffáu holl aelodau'r teulu – yn fwyaf arbennig ei dad a'i frawd nad oedd sôn amdanynt yn y tri diwrnod cyntaf oedd yn dwyn enwau ei fam, ei wraig ac ef ei hun. Nid oedd unrhyw frwdfrydedd ymhlith aelodau'r pwyllgor lleol tuag at yr awgrymiadau hyn. Dywedodd cadeirydd y pwyllgor, Jim Jones, wrtho ei fod yn amheus iawn a oedd gan y Bont yr adnoddau mewn pobl i gynnal y fath ŵyl. Cyfaddawdwyd ar bedwar diwrnod, ond ni weithredwyd ar y penderfyniad hwn. Ond wrth wrthod y cynnig am chwe diwrnod agorwyd y drws i sefydlu dwy eisteddfod arall, yn Aberteifi a Llanbedr Pont Steffan.

Yn y cyfamser, bu symud ymlaen gyda'r cynllun i godi'r pafiliwn. Rhoddwyd y gwaith o godi ffrâm yr adeilad i gwmni o Gaerdydd (cwmni No Loss), a gweddill y gwaith i gwmni lleol (cwmni Ronnie John). Cwblhawyd y rhan fwyaf o'r gwaith ar gyfer eisteddfod 1967 ond, yn anffodus, ni welodd DJ y prosiect wedi'i orffen gan iddo farw ym mis Mawrth 1967. Yn ystod yr eisteddfod honno, y gyntaf i'w chynnal yn y pafiliwn, talwyd teyrnged haeddiannol i DJ am ei garedigrwydd a'i weledigaeth.

Ond tybed ai doeth o beth fu adeiladu'r pafiliwn? Yn sicr, ym mlynyddoedd cynnar yr eisteddfod roedd cystadlaethau corau'n rhan bwysig o raglen yr eisteddfod, a nifer dda o gorau'n cystadlu, gyda rhai'n teithio o ddinasoedd Lloegr. Byddai aelodau'r corau'n ychwanegu at faint y gynulleidfa. Diau fod y gwobrau ariannol hael yn denu. Ond gyda threiglad amser bu cryn leihad yn y gefnogaeth i gystadlaethau'r corau, a gorfu i'r pwyllgor lleol addasu rhaglen yr eisteddfod yn wyneb hyn. Roedd y gost gynyddol o deithio i'r Bont yn rhywfaint o rwystr, a'r gwobrau erbyn hynny heb fod mor hael ag yn y blynyddoedd cynnar. Bu'r trefnwyr yn barod iawn i arbrofi trwy fentro ar gystadlaethau newydd gan gynnwys Gŵyl Ddrama. Ond, yn anffodus, lleihau'n gyson wnaeth y gynulleidfa, a'r pafiliwn wedi mynd yn rhy fawr ar gyfer mynychwyr yr eisteddfod. Câi ei ddefnyddio weithiau ar gyfer cyngherddau neu gan gwmnïau teledu annibynnol oedd yn ffynnu ar y pryd, ond anghyson oedd y defnydd. Roedd y gost o gynnal a chadw ac o wella'r cyfleusterau'n drwm ac yn faich ar ysgwyddau'r pwyllgor lleol.

Yn 1983 gyrrodd ymddiriedolwyr Cronfa Catherine a'r Fonesig Grace James gais at Prys Edwards (un o'r ymddiriedolwyr ar y pryd) yn gofyn iddo baratoi adroddiad ar gyflwr y pafiliwn ac i wyntyllu'r posibiliadau o wneud defnydd arall, o ran o'r adeilad o leiaf. Cyflwynodd Prys adroddiad cynhwysfawr a mentrus a fyddai wedi arwain at haneru maint y gofod ar gyfer yr eisteddfod, ac yn yr hanner hwn (ac eithrio pan ddefnyddid y gofod gan yr eisteddfod) gosod llinellau ar y llawr a fyddai'n creu cyfle i chwarae gemau gwahanol, megis pêl-droed pump bob ochr, pêl-rwyd, ac ati. Y bwriad ar gyfer hanner arall yr adeilad oedd creu nifer o unedau gwaith i grefftau lleol, y cyfan i ddigwydd gyda chymorth Bwrdd Datblygu Cymru Wledig. Derbyniwyd y cynllun gan ymddiriedolwyr Cronfa Catherine a'r Fonesig Grace James, ond gwahanol oedd ymateb aelodau'r pwyllgor lleol. Gwrthodwyd y cynllun ganddynt gan ddadlau y byddai modd i'r eisteddfod ddenu mwy o gynulleidfa yn y blynyddoedd i ddod. Amcangyfrifwyd y byddai cost y cyfan oddeutu £70,000 ac roedd yr ymddiriedolwyr wedi ymrwymo i dalu am y gwaith. Gellid dadlau bod cyfle da wedi ei golli yn y fan hon.

Yng nghanol y 1990au cwympodd rhan o do'r pafiliwn o dan bwysau eira trwm, ac am ddwy flynedd defnyddiwyd Capel Rhydfendigaid fel cartref i'r eisteddfod. Yn y flwyddyn 2001 cafwyd tân yn y pafiliwn a dinistriwyd rhan helaeth o'r adeilad. Bu'n segur am rai blynyddoedd a defnyddiwyd neuadd y pentref ar gyfer yr eisteddfod. Rai blynyddoedd yn ddiweddarach daeth nifer o entrepreneuriaid ynghyd i ffurfio Cwmni Cyf – cwmni a fyddai'n gyfrifol am ailgodi'r pafiliwn i greu canolfan ar gyfer y celfyddydau yn bennaf. Llwyddwyd i godi symiau sylweddol o arian i gyflawni'r gwaith, yn bennaf o'r Undeb Ewropeaidd, a chafwyd prydles i redeg y lle gan bwyllgor yr eisteddfod (oedd yn dal yn berchnogion yr adeilad). Cyflogwyd nifer o weithwyr i weinyddu'r ganolfan newydd. Ond yn 2010 cyhoeddwyd bod y busnes wedi methu, a dychwelwyd yr adeilad yn gyfan gwbl i ddwylo'r pwyllgor lleol. Gwirfoddolwyr sydd wrth y llyw bellach, ond mae'r adeilad newydd wedi creu cartref diddos a phwrpasol ar gyfer yr eisteddfod. O bryd i'w gilydd defnyddir yr adeilad ar gyfer gweithgareddau eraill, fel cyngherddau, y Ffermwyr Ifanc, digwyddiadau gan yr Urdd a phriodasau. Wrth sôn am wirfoddolwyr, rhaid cofnodi cyfraniad amhrisiadwy y rheini sydd wedi rhoi o'u hamser a'u hegni i gynnal ac i drefnu'r eisteddfod. Rhaid nodi'n arbennig gyfraniad Neli a Selwyn Jones yn y cyfnod mwyaf diweddar. Wrth siarad â'r ddau, maent yn teimlo'n gymharol hyderus am y dyfodol gan ddatgan bod safon y cystadlu'n parhau yn uchel, a bod to iau yn dechrau dangos diddordeb yn y gwaith o weinyddu'r eisteddfod. Eu pryder mwyaf yw gweld y lleihad ym maint y gynulleidfa.

Diddorol nodi bod Eisteddfod Pantyfedwen Pontrhydfendigaid wedi ei chynnal yn ddi-dor ers 1964 ac eithrio 2001, 2020 a 2021. Yn 2001 canslwyd yr eisteddfod yn wyneb clwy'r traed a'r genau, a chanslwyd eto yn 2020 a 2021 gyda dyfodiad pandemig Covid-19.

Yn wyneb y ffaith nad oedd y Bont yn teimlo y gallent ymestyn yr ŵyl i bum neu chwe diwrnod, penderfynodd DJ gynnig sefydlu eisteddfodau yn nhrefi Aberteifi a Llanbedr Pont Steffan. Roedd eisteddfod yn Aberteifi eisoes yn rhan o weithgarwch Gŵyl Fawr y dref. Ar wahoddiad DJ ychwanegwyd diwrnod at yr eisteddfod honno, a'i galw'n Eisteddfod Goffa John James Pantyfedwen. Cynhaliwyd y gyntaf yn 1966, a rhoddodd DJ £1,000 tuag at y costau. Ond roedd wedi addo mwy na hyn i gynnal yr eisteddfodau ar ôl 1966 – hyd at £2,800 y flwyddyn. Yn anffodus, bu farw cyn iddo lofnodi'r ddogfen i godi'r cymorth blynyddol, ac roedd angen gorchymyn llys i wneud hynny. Bu peth oedi yn dilyn y farwolaeth, a chreodd hyn dipyn o densiwn, gyda'r pwyllgor lleol yn bygwth peidio â chynnal eisteddfod yn 1968. Daeth y gorchymyn llys i rym ar ddechrau 1969 ac arweiniodd hyn at gyfnod tipyn mwy tawel a sefydlog.

Yr arweinydd yn Aberteifi yn y blynyddoedd cynnar oedd y Cynghorydd Owen M Owen, un a weithiodd yn galed dros eisteddfodau ledled Cymru, ac Eisteddfod Aberteifi'n arbennig. Yn wahanol i'r ddwy arall, mae Eisteddfod Aberteifi wedi llwyddo i ddal ei gafael ar gystadlaethau corawl, er bod yr ymgeiswyr yn fwy lleol nag ar y dechrau a bod llai ohonynt. Yma hefyd gwelwyd peth ymdrech i ddiwygio'r cynnwys gyda nifer o arbrofion. Pabell oedd cartref yr eisteddfod yn y blynyddoedd cynnar; yn dilyn hyn, symudwyd i'r Ganolfan Hamdden ac, yn fwy diweddar eto, i Theatr Mwldan. Fel yn achos y Bont, deirgwaith yn unig y penderfynwyd peidio â chynnal eisteddfod ers 1966, sef yn 1976 pan ddaeth yr Eisteddfod Genedlaethol i dref Aberteifi, ac yn 2020 a 2021 yn wyneb pandemig Covid-19.

Yn yr un modd, estynnodd DJ wahoddiad i Lanbedr Pont Steffan gynnal trydedd Eisteddfod Pantyfedwen, a'r enw a roddwyd iddi oedd 'Eisteddfod Rhys Thomas James Pantyfedwen'. Felly, rhwng y tair eisteddfod llwyddwyd i enwi holl aelodau'r teulu: mam a thad DJ, ei wraig, ei frawd ac ef ei hun. Ar y dechrau penodwyd tri ysgrifennydd yn Llanbed – y Parchedigion Hugh Matthews, John Roberts a Goronwy Evans – a bu un o'r tri, y Parchedig Goronwy Evans, wrth y llyw am 35 o flynyddoedd. Dilynwyd ef fel ysgrifennydd gan Dorian Jones, sy'n parhau yn y swydd.

Mae'n anodd gwneud cyfiawnder â chyfraniad aruthrol Goronwy Evans i lwyddiant Eisteddfod Rhys Thomas James. Cawn hanes yr eisteddfod o 1967 hyd 2003 yn ei lyfr, *Llais Llwyfan Llanbed: Hanes Eisteddfod Rhys Thomas James Pantyfedwen.* Dyma englyn o waith y Prifardd Idris Reynolds sy'n cydnabod cyfraniad allweddol Goronwy Evans:

Yn ein plith o fewn ein plwy' – o eiriau
Mae 'na air dyladwy
Am ŵr sy'n rhoi'r cwbl, a mwy:
Y gair hwn yw Goronwy.

Yn ei lyfr mae Goronwy'n amlinellu'r hyn ddigwyddodd yn y cyfarfod cyhoeddus a gynhaliwyd yn Llanbed ar 18 Gorffennaf 1966. Darllenwyd llythyr DJ yn estyn y gwahoddiad i gynnal eisteddfod flynyddol. Meddai Goronwy, 'bu'r cyfarfod ddilynodd yn un digon stormllyd gyda rhai yn anghytuno â'r rheolau oedd ynghlwm wrth y cynnig a'r arian. Eraill yn gweld sefydlu eisteddfod fel hon … "Eisteddfod yr Arian Mawr" fel y galwodd rhywun hi y noson honno … yn mynd i fogi a lladd yr Eisteddfod Genedlaethol.' Ond ychwanega Goronwy, 'ar ôl hir ddadlau penderfynwyd ein bod yn derbyn yr Eisteddfod yn enw Rhys Thomas James Pantyfedwen i Lanbed'.

Mae hanes yr eisteddfod hon yn wahanol i'r ddwy arall, i raddau. Sefydlwyd cystadlaethau ambiwlans a chystadlaethau celf a chrefft.

Rhoddwyd sylw arbennig i'r adran lenyddol, yn arbennig cystadlaethau ar gyfer yr ifanc. Yn 1993 sefydlwyd cystadleuaeth newydd – Llais Llwyfan Llanbed – sy'n cynnig gwobrau hael i fyfyrwyr cerdd yn bennaf i'w cynorthwyo gyda chostau sylweddol astudio mewn colegau cerdd. Mae'r gystadleuaeth hon wedi rhedeg yn ddi-dor ers 1993. Aled Hall Jones o Bencader oedd yr enillydd cyntaf – oes angen dweud mwy am werth a chyfraniad cystadleuaeth fel hon? Yn ddi-os, Eisteddfod Llanbed sydd wedi llwyddo orau i rwymo'r eisteddfod wrth y gymuned. Un arwydd amlwg o hyn yw nifer y cyfranwyr sy'n barod i noddi'r cystadlaethau. Byddai DJ wrth ei fodd!

Ar y dechrau cafwyd yr un anawsterau ariannol ag a gafwyd yn Aberteifi, ond unwaith y daeth y gorchymyn llys i rym yn 1969 gwellodd pethau. Cynhaliwyd yr eisteddfodau cynnar mewn pabell, ond symudwyd ymhen amser i neuadd yr ysgol leol. Cynhaliwyd yr eisteddfod yn Llanbed yn ddi-dor o 1967 hyd heddiw ac eithrio 1984 pan ymwelodd yr Eisteddfod Genedlaethol â'r dref. Canslwyd hefyd eisteddfodau 2020 a 2021 o ganlyniad i bandemig Covid-19.

Mae'n amhosibl cau'r adran hon heb sôn am yr hyn a gyflwynwyd i'n cenedl yn Eisteddfod Llanbed yn 1967 a 1968, sef geiriau'r emyn Pantyfedwen (1967) a'r emyn-dôn Pantyfedwen (1968). Mae'r geiriau yn eiddo i'r Parchedig Rhys Nicholas ac Eddie Evans, Eccles, piau'r gerddoriaeth. Roedd y ddau yma wedi ennill mewn cystadlaethau tebyg yn Eisteddfod Aberteifi ym mis Mai 1967 ac yna ym mis Mai 1968. Yn Aberteifi, rhannodd W Rhys Nicholas y wobr gyntaf am y geiriau gyda Gwilym R Jones. Ym mis Mai 1968 enillodd Eddie Evans y wobr gyntaf am emyn-dôn ar gyfer y geiriau a gafwyd yn 1967.[20]

Ym mis Medi 1967 yn Eisteddfod Llanbed cynigiwyd gwobr o £300 am emyn. Dyma ddywed y diweddar Barchedig W Rhys Nicholas am ei emyn a enillodd y wobr gyntaf:

> Nid oeddwn yn awyddus i gynnig, gan fy mod wedi ennill yn Aberteifi. Ac nid oedd emyn newydd gennyf beth bynnag. Ni allaf eistedd i lawr i gyfansoddi emyn yn arbennig ar gyfer cystadleuaeth. Rhaid i rywbeth fy nghynhyrfu yn gyntaf, a chanlyniad profiad arbennig yw pob gwir emyn. Roedd llawer yn fy annog i gynnig, ac un nos Sul daeth y profiad

> a newidiodd bopeth. Roeddwn yn pregethu ar y dyn dall o'i enedigaeth yn cael ei olwg – ac yn gweld y byd am y tro cyntaf, a gweld wynebau ei anwyliaid am y tro cyntaf. Dyna brofiad! Cofiais innau am y wyrth a fu yn fy hanes innau pan oeddwn tua'r deunaw oed. Roeddwn yn sâl iawn, a neb yn meddwl y byddwn yn gwella. Ond deuthum drwy'r cyfan, a'm mam yn dweud wrthyf dro ar ôl tro, 'Mae'n wyrth dy fod ti'n fyw'. Wedi mynd adref dechreuodd llinellau'r emyn ddod i mi, a rhaid oedd dechrau gyda 'Tydi a wnaeth y wyrth O! Grist, Fab Duw'. Roeddwn yn ei orffen am ddeuddeg o'r gloch, ac wrth fynd i'r gwely yn addo i mi fy hun y byddwn yn ei gaboli drannoeth. Ond methais newid unrhyw linell ynddo, ac anfonais ef i fewn fel yr oedd.

Pan oeddwn yn gwasanaethu fel trysorydd Undeb yr Annibynwyr deuthum i adnabod y Parchedig Rhys Nicholas yn reit dda. Wrth gyfarfod mewn amryw o bwyllgorau byddai bob amser yn tynnu fy nghoes dan chwerthin wrth ddweud y byddai wedi bod yn ddyn cyfoethog pe byddai ganddo'r hawlfraint i'w emyn Pantyfedwen. Yn y blynyddoedd hynny roedd yr hawlfraint yn eiddo i Eisteddfod Rhys Thomas James, Llanbed. Bellach mae'r trefniant hwn wedi dod i ben. Rhys Nicholas yn sicr oedd un o emynwyr mwyaf Cymru yn ail hanner yr ugeinfed ganrif, ac mae'r cyfuniad o eiriau a thôn wedi creu emyn sydd ymhlith y mwyaf poblogaidd ac sydd wedi'i gyfieithu i dros ugain o ieithoedd.[21]

Yn Eisteddfod Llanbed (1968) cynigiwyd gwobr o £300 am emyn-dôn i ganu geiriau Rhys Nicholas. Mewn gwirionedd, ar y dechrau, gosodwyd emyn-dôn Eddie Evans yn ail yn y gystadleuaeth, ond yng ngeiriau Goronwy Evans yn ei lyfr *Llais Llwyfan Llanbed* (2004), 'o'r pentwr daeth i law nid Pantyfedwen a ddewiswyd gan y beirniaid, ond tôn arall na fyddai'n bosibl i unrhyw gynulleidfa ei chanu heb ymarfer cyson. Felly gofynnwyd i'r beirniaid i ail ddewis ac i'r brig daeth Pantyfedwen'.

Bu cyswllt cryf rhwng yr ymddiriedolaethau a sefydlwyd gan DJ a'r tair eisteddfod – Pontrhydfendigaid, Aberteifi a Llanbedr Pont Steffan – a hwnnw'n gyswllt ariannol yn bennaf. Yn wir, mae'n debygol na fyddai'r un o'r eisteddfodau wedi goroesi heb gymorth ariannol yr ymddiriedolaethau.[22]

Prifysgol Dewi Sant, Llanbedr Pont Steffan

Oni bai fod busnes llaeth ei rieni mewn trafferthion a DJ a'i dad wedi gorfod symud yn ôl i Lundain i geisio'i adfer, mae'n debyg y byddai DJ wedi cwblhau ei astudiaethau yng Ngholeg Sant Ioan yn Ystradmeurig. Ar ôl gwneud hynny, y cynllun oedd symud ymlaen i ddilyn cwrs ar gyfer y weinidogaeth ym Mhrifysgol Dewi Sant, Llanbedr Pont Steffan. Roedd ganddo rywfaint o wybodaeth am y brifysgol yn Llanbed felly, a chydymdeimlad â'r hyn a gyflawnid yno.

Yn y 1950au a dechrau'r 1960au bu dirywiad yn sefyllfa ariannol y brifysgol yn Llanbed. Nid oedd y brifysgol yn derbyn arian gan y llywodraeth (yn wahanol i brifysgolion eraill) trwy Gomisiwn Grantiau'r Prifysgolion. Cyflwynwyd cais i'r Comisiwn mor bell yn ôl â 1943, a chais pellach yn 1953. Ond gwrthodwyd y naill gais a'r llall am sawl rheswm. Nifer y myfyrwyr oedd y rheswm cyntaf, a hynny'n codi cwestiynau am gynaladwyedd sefydliadau o'r maint yma. Yn ail, credai'r Comisiwn fod y sefydliad yn dysgu ystod gyfyng o bynciau, heb ddysgu dim gwyddorau. Cred nifer hyd heddiw mai coleg i hyfforddi unigolion ar gyfer yr offeiriadaeth yw Llanbed yn y bôn. Mae'n wir mai adran ddiwinyddiaeth y coleg yw'r gryfaf o fewn y sefydliad, ond o'r cychwyn cyntaf dysgid pynciau'n cynnwys hanes, athroniaeth, ieithoedd, clasuron a hyd yn oed fathemateg ar adegau. Wrth wrthod ceisiadau Llanbed am arian y llywodraeth, awgrymodd aelodau'r Comisiwn y gallai'r sefyllfa newid pe byddai'r sefydliad yn closio mwy tuag at Brifysgol Cymru. Cryfhau'r cyswllt rhwng Aberystwyth a Llanbed oedd y ffordd orau ymlaen yn nhyb aelodau'r Comisiwn. Ac yn wir, yn ystod cyfnod byr Goronwy Rees fel prifathro Aberystwyth, cafodd Llanbed le i obeithio y digwyddai hynny. Gydag ymadawiad Goronwy Rees penodwyd yr Athro V C Morton (Athro Mathemateg yn Aberystwyth) yn brifathro dros dro hyd nes y daeth Thomas Parry i lenwi'r swydd yn 1958. Fel Goronwy Rees, bu'r Athro Morton yn gefnogol i ymdrechion Llanbed i ennill cymorth ariannol trwy'r Comisiwn.

Yn ei gyfrol ar fywyd a gwaith Thomas Parry mae Derec Llwyd Morgan yn adrodd beth ddigwyddodd wedyn. Cyflwynodd Tom Parry gynnig ar ran Cyngor a Senedd Aberystwyth, sef troi campws Dewi Sant yn lle preswyl i fyfyrwyr y flwyddyn gyntaf yn Aberystwyth, ond y byddent yn derbyn eu haddysg yn gyfan gwbl yn Aberystwyth. Fel y dywed Derec Llwyd Morgan, 'cynnig [oedd hwn] na allai Prifathro Llanbed, y Parchedig J R Lloyd-Thomas, mo'i dderbyn o gwbl, wrth reswm'. Mewn gwirionedd, nid oedd gan Tom Parry ac arweinyddion y Brifysgol yn Aberystwyth lawer o ddiddordeb mewn ceisio adeiladu perthynas agosach gyda Llanbed, a dyna sy'n egluro paham y bu iddynt gyflwyno cynnig gwirion braidd.

Mewn cyfarfod o brifathrawon colegau Prifysgol Cymru yn Amwythig yn 1956 cytunwyd yn unfrydol i hybu mynediad Llanbed i'r brifysgol (yn bumed coleg gydag Aberystwyth, Bangor, Caerdydd ac Abertawe) ond nid oedd y prifathrawon yn cynrychioli'r farn gyffredinol o fewn Prifysgol Cymru, gan fod hollt enwadaeth yn peri problem i rai yn wyneb ymrwymiad Llanbed i'r eglwys Anglicanaidd. Ar ôl methu ffurfio perthynas agosach rhwng Aberystwyth a Llanbed, daeth yr Athro Anthony Steel, prifathro Coleg Caerdydd, i'r bwlch, a dyfynnu geiriau Derec Llwyd Morgan, 'a chynnig math ar nawdd neu warchodaeth i Lanbed dros gyfnod o ddeg mlynedd [a hynny er mwyn] cryfhau ei safonau academaidd ac i sicrhau cyllid oddi wrth y Comisiwn Grantiau'. Pan drafodwyd y cynnig hwn yn Llys Prifysgol Cymru bu Thomas Parry yn hael ei gefnogaeth gan ddisgrifio Llanbed yn nhermau '*a liberal arts college*'. Canlyniad hyn oll oedd i Lanbed dderbyn arian gan y Comisiwn Grantiau o 1960 ymlaen, ac yn 1967 daeth Coleg Llanbed yn bumed sefydliad o fewn Prifysgol Cymru.

Ond mae angen troi'n ôl i'r 1950au er mwyn gweld yr hyn a wnaeth DJ yn y cyfnod hwn i gynorthwyo'r coleg yn Llanbed. Fel y cyfeiriwyd uchod, roedd sefyllfa ariannol Llanbed yn fregus iawn ar y pryd – mor fregus fel y bu i un sylwebydd ysgrifennu ym mhapur dyddiol y *Guardian* (27 Mai 1960) fod Llanbed yn wynebu 'marwolaeth trwy newyn ariannol'. Ym mis Mai 1953 lansiodd Coleg Llanbed apêl ariannol i godi o leiaf £100,000 – yn rhannol i ad-dalu benthyciad o £15,000 a gafwyd gan yr Eglwys yng Nghymru. Apeliwyd yn bennaf at blwyfi'r Eglwys yng Nghymru, plwyfi yn Lloegr a chyn-fyfyrwyr. Erbyn mis Mehefin 1956 roedd yr apêl wedi codi ychydig dros £50,000. Ar ddiwedd 1956 cyflwynodd DJ rodd o £30,000 a hynny i waddoli cadair newydd mewn Diwinyddiaeth Fugeiliol. Yr enw a roddwyd ar y gadair oedd Cadair D J James mewn Diwinyddiaeth Fugeiliol. Dehonglwyd y math yma o gam fel pleidlais o hyder yn y brifysgol. Ym mis

Ionawr 1959 cyfrannodd DJ swm pellach o £25,000 – y tro hwn i waddoli cadair oedd yn bod yn barod, ond i'w henwi bellach yn Gadair John James mewn Diwinyddiaeth. Ym mis Gorffennaf 1959 cyfrannodd DJ swm pellach o £30,000 gyda'r amcan o wella rhywfaint ar gyflogau'r staff academaidd. Mewn cinio arbennig a gynhaliwyd ar 15 Rhagfyr 1961 cyflwynodd rodd arall eto fyth o £15,000 – yn gwneud cyfanswm o £100,000. Yn y cinio dadorchuddiwyd dau bortread o waith Margaret Ware: un portread o DJ a'r llall o'r Athro Anthony Steel, prifathro Coleg Caerdydd. Dyma'r ddau berson, yn nhyb prifathro Llanbed, oedd wedi sicrhau dyfodol i Goleg Llanbed. Cyn hyn, yn 1959, yr oedd Cyngor y Coleg wedi comisiynu Kostek Wojnarowski i baratoi penddelw o DJ.[23] Cedwir hwn ym Mhrifysgol Cymru Dewi Sant, Llanbedr Pont Steffan. Wedi sicrhau cyllid o Gomisiwn Grantiau'r Prifysgolion ar ddechrau'r 1960au, ffurfiwyd cronfa arbennig o fewn y coleg i ddarparu grantiau ar gyfer ymchwil ac i dalu treuliau staff wrth fynychu cynadleddau, a rhoddwyd yr enw Cronfa Pantyfedwen arni.

Cronfa Goffa y Fonesig Grace James

Ar ddechrau 1964 mynegodd DJ ei fwriad i gynorthwyo'n ariannol gyda'r gwaith o ddarparu canolfan ddydd i'r henoed yn Aberystwyth. Nid yw'n eglur sut y cododd ei ddiddordeb yn y prosiect; mae cyfeiriad mewn un llythyr ganddo ei fod 'wedi ei berswadio bod angen y fath ganolfan yn Aberystwyth'. Yn ystod y cyfnod hwn bu cryn drafodaeth ar hyn ymhlith trigolion yr ardal, a chynghorwyr lleol yn arbennig. Bu sawl cyfeiriad at y mater ar dudalennau'r *Cambrian News*.

I gychwyn y broses neilltuodd DJ £17,000 tuag at adeiladu'r ganolfan. Credai y byddai hyn tua hanner y gost (nid yw'n eglur ar ba sail y cafwyd y ffigyrau hyn). Ei ddealltwriaeth oedd y byddai Cyngor Bwrdeistref Aberystwyth yn gyfrifol am yr hanner arall ac am ddarparu safle ar gyfer y ganolfan newydd. Tybiai hefyd mai'r Cyngor fyddai'n gyfrifol am y gost o redeg y ganolfan o ddydd i ddydd. Un dymuniad arall oedd gan DJ, sef enwi'r ganolfan ar ôl ei wraig, a fu farw yn 1963. Yr enw a gytunwyd oedd 'Canolfan Goffa y Fonesig Grace James'. Cytunwyd ar y cyfan ac er mwyn hyrwyddo'r prosiect ffurfiwyd elusen gofrestredig gyda phedwar o ymddiriedolwyr lleol – tri ohonynt yn gynghorwyr lleol a'r llall yn berson lleol annibynnol.[24]

Ar 15 Gorffennaf 1964 cyflwynodd y Cyngor ddogfen drosglwyddo eiddo i'r elusen am ddarn o dir ar y gyffordd rhwng Stryd Thespis a Rhes y Poplys yn Aberystwyth. Dyma fyddai'r safle ar gyfer y ganolfan newydd. Ni fu unrhyw sôn am godi gweddill yr arian ac aeth y cyfan yn dawel. Erbyn dechrau 1967 roedd DJ yn teimlo cymaint o rwystredigaeth nes iddo ysgrifennu at y Cyngor i gwyno am yr oedi. Ysgrifennodd mewn cywair pur fygythiol gan ddweud: 'byddwch yn onest a dywedwch a yw'r Cyngor yn bwriadu cefnogi'r cynllun hwn yn ariannol ac, os yw, i ba raddau. Os nad ydych bydd rhaid i mi ystyried adeiladu canolfan tebyg yn y dref lle magwyd fy niweddar wraig, sef Faversham yn Swydd Caint.'

Ymatebodd Ysgrifennydd y Cyngor Sir trwy ddweud ei bod yn fwriad mynd ati i godi arian, gan bwysleisio eu bod eisoes wedi sicrhau darn o dir ar gyfer y ganolfan. Sut bynnag, ar 25 Ionawr 1967 cynhaliwyd cyfarfod yng nghartref DJ yn Barcombe gyda Tom Jones (ysgrifennydd yr ymddiriedolaeth) yn bresennol ynghyd ag E W Roberts (maer Aberystwyth), R K Clues ac R J Ellis (dau o'r ymddiriedolwyr lleol) ac Eric Carson (clerc Cyngor Sir Ceredigion).[25] Yn dilyn y cyfarfod hwn aeth DJ ati ar unwaith i gyflogi pensaer i baratoi cynlluniau ar gyfer y ganolfan. Ond bu farw ddechrau Mawrth 1967 a chododd cryn ansicrwydd wedyn ynglŷn â dyfodol y prosiect, a pharhad y cyfamod yn benodol. Cafwyd barn gyfreithiol ar y mater, a daethpwyd i'r casgliad bod y cyfamod yn dal mewn grym ac felly'n hawliad dilys ar ystad DJ. Ond bu cryn oedi a digwyddodd dau beth arall fyddai'n arwain at gryn oedi pellach.

Y digwyddiad cyntaf oedd penderfyniad Cyngor Sir Ceredigion ynghyd â'r Swyddfa Gymreig i ymchwilio i batrwm y strydoedd rhwng Heol Llanbadarn a'r mynediad i'r dref, o gwmpas lle saif Tafarn y Cŵps. Canlyniad hyn oedd peidio â chaniatáu unrhyw ddatblygiadau newydd yn yr ardal gyfagos, gan gynnwys y safle a ddarparwyd ar gyfer y ganolfan i'r henoed. Gosodwyd gwaharddiad o ddeng mlynedd ar unrhyw ddatblygiad. Yr ail ddigwyddiad oedd penderfyniad Cyngor Sir Dyfed i adeiladu canolfan ddyddiol i'r henoed yng Nghoedlan y Parc yn Aberystwyth. Gwnaethpwyd y penderfyniad yn 1979 a dechreuwyd ar y gwaith yn 1981. Costiodd y ganolfan £370,000, gyda'r Cyngor Sir yn gyfrifol am £269,000 o'r gost, a'r gweddill wedi'i rannu'n gyfartal rhwng Cyngor Dosbarth Ceredigion a Chyngor Tref Aberystwyth. Byddai'r tri phartner hefyd yn gyfrifol am rannu'r costau dyddiol. Soniwyd am y posibilrwydd o ddefnyddio'r arian oedd yn gorwedd yn enw'r ymddiriedolaeth a sefydlwyd gan DJ a phedwar o ymddiriedolwyr lleol – oedd erbyn hyn tua £37,000 – ond ni chafwyd caniatâd y Comisiwn Elusennau, gan na ellid defnyddio'r arian yn lle gwariant cyhoeddus awdurdodau lleol.

Unwaith y gwnaethpwyd y penderfyniad i adeiladu canolfan ddyddiol i'r henoed yng Nghoedlan y Parc, sylweddolwyd nad oedd angen ceisio gwireddu cynlluniau DJ ac adeiladu beth fyddai'n ail ganolfan. Roedd ymddiriedolwyr cynllun DJ yn wynebu her wedyn ynghylch beth i'w wneud â'r arian ynghyd â'r darn tir roeddynt yn ei ddal yn enw'r ymddiriedolaeth. Y peth cyntaf a wnaethpwyd oedd cyflwyno cais i Gyngor Sir Dyfed am ganiatâd i newid defnydd y tir i bwrpas preswyl. Cynhyrfwyd nifer o gynghorwyr lleol gan y cais hwn. Eu dadl oedd bod y darn tir wedi'i gyflwyno i'r ymddiriedolaeth at bwrpas gwahanol ac nid i ddarparu lleoedd byw. Gwell fyddai ganddynt gael maes parcio yno. Ond roedd y penderfyniad yn nwylo cynghorwyr Ceredigion, a rhoddwyd caniatâd cynllunio. Maes o law gwerthwyd y safle ac adeiladwyd nifer o unedau preswyl (Clos Penri) yno. Ychwanegwyd arian y gwerthiant at rodd ariannol DJ.

Yr her yn awr oedd sut i wneud y defnydd gorau o'r adnoddau ariannol hyn. Erbyn hyn roedd dau o'r ymddiriedolwyr gwreiddiol wedi marw ac aethpwyd ati i ychwanegu at y ddau oedd yn weddill. Mewn cydweithrediad â'r Comisiwn Elusennau sefydlwyd elusen newydd gan ddefnyddio'r enw 'Ymddiriedolaeth Goffa y Fonesig Grace James'. Pwrpas yr elusen bellach yw estyn cymorth ariannol er budd yr henoed yn ardaloedd tref Aberystwyth a'r ardal sy'n cyfateb yn fras i hen Ddosbarth Gwledig Aberystwyth. Sefydlwyd yr elusen newydd ar 31 Ionawr 1986 gyda saith o ymddiriedolwyr. Ar ddiwrnod y sefydlu roedd gan yr ymddiriedolaeth asedau gwerth £234,643. Yn Ebrill 1986 dosbarthwyd yr incwm am y tro cyntaf – cyfanswm o £6,000 i gymdeithasau cysylltiedig â'r henoed o fewn dalgylch tref ac ardal wledig Aberystwyth. Erbyn heddiw mae gwerth asedau'r ymddiriedolaeth wedi cynyddu i £495,948 a rhennir oddeutu £13,000 yn flynyddol mewn grantiau.[26]

Haelioni ac anrhydeddau

Bu DJ yn hynod o hael yn ystod ei fywyd, a derbyniodd sawl anrhydedd yn sgil yr haelioni hwnnw. Bu'n hael ei gyfraniadau tuag at rai o'r enwadau yng Nghymru, yr Urdd, Prifysgol Dewi Sant Llanbedr Pont Steffan, wrth sefydlu Eisteddfodau Pantyfedwen ac mewn llawer dull a modd i bentref Pontrhydfendigaid. Yn ystod ei fywyd ac yn arbennig ar ôl iddo led ymddeol, amcangyfrifir iddo gyfrannu dros filiwn o bunnoedd i wahanol gyrff, heb gynnwys y rhoddion y sonnir amdanynt yng ngweddill y bennod hon – y cyfan i sefydliadau yng Nghymru. Ond isod gwelir cyfraniadau eraill a wnaeth yn ystod ei fywyd, gan gofio iddo fyw rhan helaeth o'i fywyd yn Llundain ac mewn amryw o leoliadau yn Swydd Sussex. Yn ddigon naturiol roedd yn awyddus i ymateb i ofynion y cymunedau roedd yn aelod ohonynt. Un o Swydd Caint oedd Grace ei wraig, ac aelod o'r traddodiad Anglicanaidd, ac mae'n ddigon posib bod ganddi rywfaint o ddylanwad yn y cyd-destun hwn. Yma hefyd gwelir ambell sefydliad tramor sy'n adlewyrchiad o deithiau tramor o'i ganol oed ymlaen.

Sefydliadau a dderbyniodd gymorth ariannol gan DJ yn ystod ei fywyd:

Prifysgol Aberystwyth
Prifysgol Essex
Coleg Llanymddyfri
Coleg Crist, Aberhonddu
Coleg Wrekin, Swydd Amwythig
Ysbyty Brenhinol Sussex, Brighton (swm i greu Ward Plant Catherine James – er cof am ei fam)
Ysbyty Victoria, Romford (Annexe Catherine James – er cof am ei fam)
Ysbyty'r Brifysgol, Llundain
Ysbyty Sant Ioan a'r Santes Elisabeth, Llundain
Cymdeithas Genhadol y Bedyddwyr
Ymgyrch y Genhadaeth Gartref, yr Eglwys Fethodistaidd Wesleaidd
Eglwys Bresbyteraidd yr Alban
Eglwys Bresbyteraidd Lloegr
Ymddiriedolaeth Jiwbilî y Brenin Siôr V
Cartrefi Dr Barnardo
Ymddiriedolaeth Un Byd
Y sefydliad ar gyfer hybu cerddoriaeth o Gymru
Cartref yr Henoed (i weithwyr sinemâu), Weybridge, Swydd Surrey

Elusennau canser
Y Mudiad Byd-eang dros Ffoaduriaid
Neuadd bentref Barcombe (yn agos i gartref DJ yn Sutton Hall)
Neuadd y Santes Fair, Lewes (lle'r enwyd estyniad ar ôl y Fonesig Grace James)
Nifer helaeth o eglwysi – yn bennaf yn Lloegr ond mae'r rhestr yn cynnwys Eglwys Ebenezer yn Johannesburg yn Ne Affrica hefyd
Y Mudiad Cenedlaethol dros Feysydd Chwarae.

Mae'r ddau olaf ar y rhestr uchod yn haeddu sylw pellach. Nid yw'n syndod bod DJ wedi dewis cynorthwyo nifer o eglwysi yn Lloegr, yn arbennig yn yr ardaloedd agos at ei gartrefi. Sylwer nad oes llawer o sôn am eglwysi Cymraeg Llundain. Mae hyn braidd yn od o gofio mai Llundain oedd conglfaen ei fywyd busnes a bod ganddo ddiddordeb mewn cynorthwyo eglwysi. Gwyddom fod nifer o eglwysi Cymraeg Llundain wedi wynebu dyledion sylweddol wrth godi adeiladau o'r newydd neu drwsio hen rai. Dau gyfeiriad a geir at waith DJ gyda'r eglwysi Cymraeg yn Llundain yn llyfr Huw Edwards, *City Mission* – yn gyntaf, y defnydd a wnaeth cynulleidfa Eglwys Jewin o Cinema House rhwng 1956 a 1961 (pan agorwyd y Jewin 'newydd'). Yr ail gyfeiriad yw cyfraniad ariannol DJ at ailgychwyn eisteddfod flynyddol Eglwys Falmouth Road yn 1950, a hynny yn dilyn absenoldeb o un mlynedd ar ddeg yn cynnwys cyfnod yr Ail Ryfel Byd a'r pum mlynedd yn dilyn diwedd y rhyfel. Roedd DJ yn awyddus i weld yr eisteddfod yn cynnal cystadlaethau newydd. Cyflawnid hynny yn bennaf trwy sicrhau cystadlaethau i gorau am y tro cyntaf.

Mae'n bosibl bod DJ braidd yn llugoer yn ei ymwneud ag eglwysi Cymraeg Llundain, a gellir awgrymu nifer o resymau am hyn. Bu'n aelod yn eglwys Falmouth Road yn gyntaf ac wedyn yn aelod yn Jewin, ond ni fu erioed yn swyddog mewn eglwys yn Llundain nac ychwaith yn aelod blaenllaw fel rhai o'i gyfoedion ymhlith Cymry Llundain. Y mwyaf amlwg o blith y rhain o bosib oedd Evan Evans, brodor o Langeitho a adeiladodd fusnes gwestai a theithio (bysys yn bennaf), ac a fu'n ysgrifennydd Eglwys Jewin am gyfnod hir hyd ei farw yn 1965. Yn ail, er i DJ dreulio'i flynyddoedd cynnar fel gŵr priod yn byw yn Llundain, symudodd i gyffiniau Brighton ar ddechrau'r 1940au ac yno y bu wedyn tan ei farw. Felly, roedd ei gysylltiad â'r eglwysi Cymraeg yn ddaearyddol wan. Rhaid cofio hefyd mai perthyn i'r traddodiad Anglicanaidd yr oedd ei wraig, ac yn ddi-Gymraeg. Gallwn ddyfalu hefyd, yn wyneb ei safiadau ynglŷn â'r gormodedd o adeiladau eglwysig yng Nghymru, y byddai'n siŵr o fod wedi teimlo bod hyn yn wir am eglwysi Cymraeg Llundain yn ogystal. Byddai wedi bod yn dyst i'r ymdrech aflwyddiannus i uno eglwysi Jewin a Charing Cross, methiant y mae Huw Edwards yn cyfeirio ato fel 'a calamitous error'.[27] Ac i gloi, tybed a fyddai DJ wedi dod i'r casgliad, yn gam neu'n gymwys, fod nifer o bobl fusnes fel yntau ymhlith aelodau'r eglwysi Cymraeg oedd yn gefnog ac mewn sefyllfa i glirio dyledion yr eglwysi heb ei gymorth ef!

Wedi dweud hyn, mae'n deg nodi bod DJ wedi estyn cymorth ariannol i nifer o eglwysi Cymraeg Llundain. Mae gennym dystiolaeth gadarn iddo wneud hyn mewn sawl achos, yn arbennig ymhlith yr eglwysi Presbyteraidd. Yn ôl y ddiweddar Morfudd Jenkins, yr oedd cymorth DJ yn allweddol yn achos Eglwys Gymraeg yr Annibynwyr yn Harrow. Dyma a ddywed hi wrth adrodd hanes yr achos yn Harrow:

> Ym mis Gorffennaf 1954 gwahoddwyd y Gweinidog [y Parchedig Idris Jenkins – gŵr Morfudd] i fynd i weld Mr D J James … yr oedd aelod ifanc o'r eglwys, Gwilym Williams, yn gweithio iddo ar y pryd ac wedi sôn am weithgarwch ac ymdrechion yr eglwys hon. Dywedodd Mr James yr hoffai helpu, a rhoddodd her i'r eglwys i geisio clirio'r ddyled dros y gaeaf dilynol. Cynigiodd gyfrannu £1 am bob £1 a gyfrannwyd neu a gasglwyd gan yr aelodau erbyn diwedd Mawrth 1955, hyd at £1,500 o'i eiddo ef … gyda llawenydd mawr y derbyniodd yr eglwys y cynnig hael hwn, ac aed ati o ddifri i gyfrannu a chasglu arian. Er cymaint y swm yn y dyddiau hynny, llwyddwyd i gael y £1,500 angenrheidiol ynghyd erbyn y mis Ionawr. Derbyniwyd siec Mr James gyda diolch mawr, a pharhaodd cyfraniadau eraill at yr ymgyrch ddod i mewn. Erbyn diwedd Mawrth yr oedd y cyfanswm yn £4,000, sef mil o bunnoedd yn fwy nag a anelwyd ato! Yr oedd hyn yn naturiol yn hwb mawr i'r eglwys. Cyhoeddwyd llyfryn i gydnabod y cyfraniadau.

Mae rhodd DJ i'r Mudiad Cenedlaethol dros Feysydd Chwarae yn haeddu sylw hefyd – ac nid yn unig am fod y rhodd yn swm sylweddol o £100,000. Yn ôl yr hanes, cyfarfu DJ â Dug Caeredin mewn derbyniad swyddogol (seremoni cyflwyno graddau Prifysgol Cymru er anrhydedd yn 1957, mae'n debyg), a chyflwynwyd DJ i'r Dug fel 'dyngarwr o Gymru'. Mewn ymateb, dywedodd y Dug ei fod yntau'n noddi nifer o elusennau oedd yn chwilio am gymorth ariannol, a soniwyd yn arbennig am y Mudiad Cenedlaethol dros Feysydd Chwarae. Mewn byr amser ar ôl hyn penderfynodd DJ gyfrannu swm sylweddol o £100,000 i'r mudiad. Tua blwyddyn ar ôl hyn derbyniodd DJ lythyr o Rif 10 Stryd Downing yn gofyn am ei ganiatâd i gyflwyno'i enw i'r Frenhines gyda'r argymhelliad o'i urddo'n farchog, a dyna a ddigwyddodd yn 1959. Mae'n amhosibl profi'r cyswllt a awgrymir yma, a rhaid cydnabod bod y weithred o'i urddo'n farchog yn gam digon naturiol yn wyneb ei haelioni sylweddol i gynifer o wahanol sefydliadau. Derbyniodd anrhydeddau hefyd am ei waith dyngarol. Cyn iddo gael ei urddo'n farchog yn 1959, roedd Prifysgol Cymru wedi cyflwyno gradd Doethur yn y Cyfreithiau er anrhydedd iddo mewn seremoni yn 1957 (Dug Caeredin oedd Canghellor Prifysgol Cymru ar y pryd ac yn llywydd y seremoni anrhydeddu).

Yn 1963 derbyniwyd DJ fel aelod anrhydeddus o Orsedd y Beirdd. Cafodd ei urddo yn Eisteddfod Genedlaethol Llandudno gyda Cynan (yn ei ail gyfnod fel archdderwydd) yn ei groesawu. Dewisodd DJ yr enw Iago Pontrhydfendigaid fel ei enw yn yr Orsedd.

Daeth un anrhydedd bellach i'w ran, a hynny yn 1965, pan gyflwynwyd iddo Ryddfraint Anrhydeddus Bwrdeistref Aberystwyth. DJ oedd y trydydd ar ddeg i dderbyn yr anrhydedd hon, mewn defod sy'n dyddio'n ôl i 1912 pan gyflwynwyd yr anrhydedd i Syr John Williams, gŵr a gyfrannodd gymaint at lwyddiant y Llyfrgell Genedlaethol a'r Brifysgol yn Aberystwyth trwy weithredu fel llywydd y ddau sefydliad. Ymhlith y lleill a dderbyniodd ryddfraint y dref ers 1912 mae David Davies (Llandinam), Stuart Rendel, Lewis Pugh Evans a David Lloyd George.

Mae un achlysur nodedig arall i sôn amdano cyn terfynu. Ar 8 Hydref 1959 trefnwyd cinio arbennig yng ngwesty Claridge's yn Llundain i anrhydeddu Syr D J James a'r Fonesig Grace James. Cafwyd anerchiadau gan Syr Daniel Davies (un o ymddiriedolwyr gwreiddiol ymddiriedolaeth gyntaf DJ), Gwilym Lloyd George (cadeirydd yr ymddiriedolaeth gyntaf), y Parchedig Eliseus Howells (gweinidog gyda'r Presbyteriaid a chyfaill agos i DJ), Syr Ifor Evans (Profost Coleg Prifysgol Llundain) a'r Parchedicaf

Edwin Morris (Archesgob Cymru). Roedd dros 200 yn bresennol yn y cinio, a chyflwynwyd sgrôl i DJ i goffáu'r achlysur.

Eglwys y Santes Fair, Ystrad-fflur

Dros y blynyddoedd cyflwynodd DJ sawl rhodd ariannol i atgyweirio a gwella adeilad yr eglwys yn Ystrad-fflur. Cyflwynwyd y rhoddion hyn yn enw'r Fonesig Grace James, a digon naturiol hynny gan gofio mai eglwyswraig oedd hi. Roedd y ddau ohonynt yn awyddus i weld mynwent yr eglwys ar gael i'w defnyddio gan deuluoedd o bob traddodiad.

Yn 1961 cyflwynodd DJ ddwy ffenest liw i'r eglwys. Roedd y gyntaf, er cof am ei fam a'i dad, ar y mur dwyreiniol uwchben yr allor. Yr olygfa yw'r Swper Olaf. Mae'r ail ffenest ar y mur deheuol, ac yn rhodd er cof am ei frawd, Rhys Thomas James, a fu farw mor drasig. Yn y darlun hwn mae portreadau o Sant Francis o Assisi a Sant Bernard. Mae pawb yn gwybod am Francis oherwydd ei gariad at anifeiliaid yn bennaf ond mae Bernard yn llai adnabyddus. Abad ydoedd, ac yn y portread ohono cynhwysir darlun o gwch gwenyn – yn symbol o weithgarwch y mynachod o dan ei arweiniad. Cyflwynwyd bwrdd cymundeb ac allor ar gyfer addoliad yr eglwys gan Polly Arch a'i brawd, y Parchedig Richard Arch hefyd, er cof am eu rhieni. Arweiniwyd y gwasanaeth cyflwyno gan y ficer lleol, y Parchedig Geraint Evans, a chafwyd anerchiad gan y Gwir Barchedig John Richards, esgob Tyddewi. Daeth tyrfa ynghyd a gorfu i nifer aros tu allan i'r eglwys. Gosodwyd system sain ar eu cyfer fel eu bod yn medru clywed y cyfan o'r gwasanaeth.[28] Roedd hwn yn achlysur dymunol iawn – mor wahanol ei naws i'r tro nesaf y byddai DJ ac Esgob Tyddewi yng nghwmni ei gilydd, sef angladd y Fonesig Grace James.

Yn 1967 ac yn dilyn marwolaeth DJ cyflwynodd Charles Jenkins ddwy ffenest liw arall gyda chymorth ariannol y cwmni yr oedd bellach yn gadeirydd arno. Gosodwyd y ddwy ym mur gogleddol yr eglwys. Mae'r ffenest liw er cof am y Fonesig Grace James yn cynnwys dau bortread – un o'r Santes Agnes (sy'n cael ei chofio yng nghyd-destun gofal am ferched ifainc) a'r llall o Non, mam Dewi Sant. Mae'r ffenest er cof am DJ yn cynnwys portreadau o Dewi Sant ac o Sant Barnabas, cydymaith yr apostol Paul ar nifer o'i deithiau.

Dau angladd

Ym mis Mehefin 1962 roedd DJ a'r wraig yn hwylio i deithio i Loch Leven yn yr Alban ar gyfer eu gwyliau pysgota blynyddol. Ond wrth baratoi, syrthiodd y Fonesig Grace James yn eu cartref yn Sutton Hall a niweidio'i hasgwrn cefn. Bu'n gaeth i'r gwely ar ôl y ddamwain, a dirywiodd ei hiechyd. Bu farw yn ei chartref ar 20 Chwefror 1963 yn 73 mlwydd oed. Cytunwyd ar 26 Chwefror fel dyddiad yr angladd ond nid mater rhwydd fu ei drefnu. Yn wir, daeth yr angladd ei hun yn dipyn o *cause célèbre* yn anffodus, a bu'n destun siarad am fisoedd lawer.

Wrth drefnu'r angladd, y bwriad oedd claddu ym medd y teulu ym mynwent Ystrad-fflur gyda'r gwasanaeth yn Eglwys y Santes Fair. Gofynnodd DJ i'r offeiriad lleol, y Parchedig Ganon Geraint Evans, am ganiatâd i amrywio rhywfaint ar drefn y gwasanaeth. Dymunai DJ gynnwys Salm 23 – 'Yr Arglwydd yw fy Mugail' – yn y gwasanaeth gan ei bod yn ffefryn gan ei wraig. Gofynnodd am ganiatâd i ddau o weinidogion yr Eglwys Bresbyteraidd, oedd yn ffrindiau agos, gymryd rhan yn y gwasanaeth hefyd. Nid oedd Geraint Evans yn barod i gydsynio i'r ddau gais heb ymgynghori â'r Gwir Barchedig John Richards, esgob Tyddewi. Gwrthododd yr esgob, a'i amddiffyn ei hun trwy ddweud bod trefn gwasanaethau'r Eglwys yng Nghymru yn unffurf – yr un i bawb yn ddiwahân – ac nad oedd modd amrywio'r drefn honno. Siomwyd DJ yn fawr iawn a bu tipyn o lythyru rhyngddo a'r esgob ar ôl yr angladd. Anfonodd sylwadau ar y mater i'r wasg hefyd. Mewn ymateb, cafwyd llythyr yn y *Western Mail* gan offeiriad o blwyf arall yn cyfaddef y byddai'n aml yn defnyddio Salm 23 mewn gwasanaeth angladdol. A bod yn onest, nid yw cais DJ yn ymddangos yn afresymol o gwbl i ni heddiw. Ond rhaid cofio bod cefn gwlad Cymru'n hollol wahanol yn y 1960au a chydweithio rhwng yr enwadau'n fater llawer iawn mwy *risqué*.

Ysgrifennodd DJ at Geraint Evans ar 22 Chwefror i ddatgan ei siom, gan ychwanegu ei fod yn gresynu bod yr Eglwys yng Nghymru yn gorff mor awtocrataidd. Nododd ar ddiwedd y llythyr y byddai'r gwasanaeth cychwynnol yn digwydd yng nghapel y Presbyteriaid ym Mhontrhydfendigaid, ac y byddai modd cynnwys Salm 23 yn y gwasanaeth hwnnw! Mae'n bwysig nodi ei bod yn fwriad cynnal gwasanaeth yn y capel lleol o'r cychwyn cyntaf; gan mai gweddol fach yw Eglwys y Santes Fair, byddai mwyafrif llethol y gynulleidfa yn gorfod sefyll tu allan. Felly cafwyd dau wasanaeth, y cyntaf yng nghapel y Presbyteriaid lle traddodwyd y deyrnged gan y Parchedig Eliseus Howells, cyfaill agos i'r teulu, a'r ail wasanaeth yn Eglwys y Santes Fair, lle rhoddwyd teyrnged bellach gan Esgob Tyddewi. Yr esgob hefyd oedd yn arwain mewn gwasanaeth byr ar lan y bedd, gyda chymorth y Parchedig J R Lloyd Thomas, prifathro Coleg Llanbedr Pont Steffan. Daeth dros 600 ynghyd ar ddiwrnod yr angladd, yn cynnwys dros ddeugain o offeiriadon a gweinidogion. Trefnwyd i dderbyn rhoddion yn hytrach na blodau, a chyfrannwyd £2,096 tuag at ymchwil canser, drwy'r Imperial Cancer Research Fund.

Ar ddiwedd yr angladd aeth DJ at Esgob Tyddewi gan dynnu rhywbeth a edrychai fel darn o bapur o'i boced. Siec ydoedd, wedi'i phlygu yn ei hanner, siec am £200,000 yn daladwy i'r Eglwys yng Nghymru. Dywedodd wrth yr esgob mai dyna fyddai wedi'i roi i'r Eglwys yng Nghymru pe byddai wedi cydymffurfio â'i ddau gais ynglŷn â threfn yr angladd. Aeth ati wedyn i dorri'r siec yn ddarnau mân o flaen yr esgob. Ni chawn byth wybod a oedd yn fwriad ganddo gyflwyno'r fath rodd mewn gwirionedd pe bai wedi cael ei ffordd ei hun. Roedd DJ yn aml iawn yn arddel geiriau a gweithredoedd gor-ddramatig wrth ymateb. Yn y cyd-destun hwn mae Moc Morgan yn ei hunangofiant yn adrodd am DJ yn cyfaddef ei fod yn dipyn o 'showman'.

Mae'n amlwg bod yr esgob wedi ysgrifennu at DJ ar ôl diwrnod yr angladd. Yn anffodus, does gennym ni ddim copi o'r llythyr hwnnw, ond mae gennym gopi o'r ateb a gafodd yr esgob gan DJ, a dyma fe yn ei gyfanrwydd:

> My dear Lord Bishop
>
> I am in receipt of your letter of the 28th ultimo.
>
> Yes, Sutton Hall has become a very empty home without my darling Grace, and I am very broken hearted, and your un-Godly acts last Tuesday have added to my sorrow. I never thought that anyone who called themself a Christian could have been so cruel to me. All I asked of you was to include Psalm 23 in the Farewell Service at Strata Florida last Tuesday and to allow two Non-Conformist Ministers to take a small

> part in the service, and all I received from you was a definite refusal, although I pointed out Psalm 23 was my darling wife's favourite Psalm. As you are fully aware, my darling Grace was brought up in the Church of England, and I was brought up in the Non-Conformist way of life, but this did not prevent me from giving lavishly to the Church in Wales, and this is the kind of treatment that you have given me in return. All I can say is, may the Lord have mercy upon your soul.
>
> D J James

Bu colli'r Fonesig Grace James yn ergyd fawr i DJ. Bron na ellir dweud y bu'n ergyd farwol. Er iddo fyw am bedair blynedd arall bu dirywiad mawr yn ei iechyd dros y cyfnod hwn. Tristwch a hiraeth oedd yn llenwi ei fywyd bellach. Daethpwyd o hyd i rai llythyron lle mae'n datgan cymaint a gollodd gyda marw Grace. Dyma'r cyfnod hefyd pan wrthodwyd nifer o'i gynlluniau, yn arbennig ei freuddwyd o uno'r enwadau anghydffurfiol yng Nghymru. Byddai'n aml yn cyfeirio at 'greulondeb' y rhai yr oedd yn ceisio gweithio gyda hwy.

Bu farw DJ ar 7 Mawrth 1967 a chladdwyd ei gorff ym medd y teulu yn Ystrad-fflur ar 14 Mawrth. Roedd yn 79 mlwydd oed. Tom Jones, ei gyd-weithiwr am gyhyd, fu'n bennaf cyfrifol am drefnu'r angladd. Dilynwyd yr un patrwm yn union, bron, ag yn angladd y Fonesig Grace James. Cafwyd gwasanaeth i ddechrau yng Nghapel Rhydfendigaid yng ngofal y Parchedig Elfed G Williams, gweinidog Capel Jewin; roedd Salm 23 yn rhan o'r gwasanaeth. Cynhaliwyd ail wasanaeth wedyn yn Eglwys y Santes Fair dan arweiniad y Parchedig Ganon Geraint Evans, a gwasanaeth byr ar lan y bedd yng ngofal y Gwir Barchedig John Richards, esgob Tyddewi. Rai dyddiau'n ddiweddarach trefnwyd gwasanaeth coffa yng Ngholeg Dewi Sant yn Llanbedr Pont Steffan, o dan arweiniad Esgob Tyddewi a Phrifathro'r Coleg. Cafwyd cyfraniadau gan y Parchedig Athro Thomas Wood a'r Parchedig Athro E W Hunt – y ddau yn dal cadeiriau a noddwyd gan DJ.

Amcangyfrifwyd bod dros 500 yn bresennol yn yr angladd. Yn y *Cambrian News* (17 Mawrth 1967) dywedwyd, 'bod croestoriad teg o'r holl enwadau yn bresennol yn yr angladd, teyrnged gymwys i un a ymdrechodd i ddod â'r traddodiadau Cristnogol yn agos at ei gilydd'.

Cronfa Mynwent Ystrad-fflur

Saif Eglwys y Santes Fair y drws nesaf i'r hyn sy'n weddill o Abaty Ystrad-fflur. Yr ochr arall i adfeilion yr abaty saif adeiladau fferm y Fynachlog. Mae mynwent Eglwys y Santes Fair yn wahanol i'r rhan fwyaf o fynwentydd Cymru (er nid yn unigryw) gan fod y gwaith cynnal a chadw yn nwylo grŵp o ymddiriedolwyr sy'n gweithredu ar ran elusen a sefydlwyd gan DJ yn 1966. Mae'n anodd peidio â sylwi ar fedd Teulu James Pantyfedwen gan fod y garreg fedd enfawr yn arglwyddiaethu dros y fynwent. Cred rhai fod gweddillion Dafydd ap Gwilym yn gorwedd o dan yr ywen yn y fynwent, ac mae yno lechen syml yn nodi hyn. Mewn cerdd, mae'r bardd Harri Webb yn gwrthgyferbynnu symlrwydd y llechen â charreg fedd rodresgar Teulu James Pantyfedwen, a'r teitl 'Lines Written in a Country Churchyard' yn adlais o farwnad enwog Thomas Gray:

> Who says that our nation
> Does not honour its poets?
> Is not Dafydd ap Gwilym
> Buried in the same sacred spot
> As Sir David James?

Mae'n bosib nad yw eironi Harri Webb at ddant pawb, a bod yn well ganddynt y naws a gyflwynir yng ngeiriau anfarwol T Gwynn Jones:

> Ond er mai angof angau prudd
> Ar adfail ffydd a welaf,
> Pan rodiwyf ddaear Ystrad Fflur
> O'm dolur ymdawelaf.

Lai na mis cyn ei farw daethai DJ i gytundeb â saer maen o ardal Manor Park yn Llundain i gynllunio carreg fedd efo pum ochr – ochr yr un ar gyfer pum aelod y teulu. Mae pob ochr yn llawn dyfyniadau o'r Beibl ynghyd â barddoniaeth ac emynau perthnasol. Rhoddodd DJ sêl bendith i'r geiriad a ddewiswyd gan y Parchedig Eliseus Howells. Trosglwyddwyd y manylion llawn i ddwylo Cangen Islington o'r Banc Cenedlaethol i'w cadw nes ei bod yn bryd eu gosod ar y garreg. Bu carreg arall uwchben y bedd cyn dyfodiad y garreg newydd bum ochr, i goffáu ei fam, ei dad a'i frawd. Gyda dyfodiad y garreg newydd symudwyd honno i dir neuadd Pontrhydfendigaid.

Digon am y garreg fedd! Ond mae angen gwneud ambell sylw am gronfa mynwent Ystrad-fflur. Dechreuodd DJ drafod y mater gyda'r offeiriad lleol, y Parchedig Geraint Evans, ac Esgob Tyddewi yn 1960. Pryderai am y dyfodol – digon o dir ar gyfer y pymtheg mlynedd nesaf yn unig oedd yno ar y pryd. Roedd yn awyddus i sicrhau cynnal a chadw digonol ar gyfer y dyfodol, ac i weld y fynwent ar gael i holl drigolion yr ardal a thu hwnt, nid unigolion o fewn yr Eglwys yng Nghymru yn unig. Awgrymodd Esgob Tyddewi sefydlu elusen gofrestredig o dan oruchwyliaeth ymddiriedolwyr o bob enwad. Cytunwyd i wneud hyn, gyda DJ yn addo £20,000 i'w fuddsoddi, a'r incwm i'w ddefnyddio at gynnal a chadw. Mewn gwirionedd, yr hyn a gafwyd oedd £37,500 mewn Stoc Rhyfel 3.5% 1952 – gwerth oddeutu £20,000. Yn ychwanegol at hyn, rhoddodd y Fonesig Grace James swm o £7,000 i godi toiledau a chreu maes parcio. Gofynnwyd wedyn i ymddiriedolwyr Cronfa D J James Pantyfedwen (oedd yn berchen fferm y Fynachlog) werthu dau gyfer o dir i'r elusen newydd er mwyn ehangu tir y fynwent. Cytunwyd a chafwyd caniatâd tenant y fferm yn ogystal, gyda gostyngiad priodol yn y rhent blynyddol.

Bu peth anghytuno ynglŷn â phwy fyddai'n gyfrifol am gofrestru'r marwolaethau. Roedd DJ yn awyddus i gael cofrestrydd annibynnol (a fyddai hefyd yn ysgrifennydd ymddiriedolaeth y fynwent), ac mewn un cyfarfod aeth mor bell ag awgrymu y byddai'n barod i brynu tŷ ym Mhontrhydfendigaid ar gyfer cofrestrydd annibynnol. Ond nid oedd angen mynd mor bell â hyn! Ildiwyd i'w ddymuniadau a chytunwyd i symud ymlaen i baratoi'r ddogfen briodol. Daeth hon i rym ym mis Mawrth 1966 a rhoddwyd yr enw canlynol iddi: 'Ymddiriedolaeth Mynwent Ystrad Fflur'. Penodwyd 14 o ymddiriedolwyr yn cynrychioli'r enwadau eglwysig yn yr ardal ynghyd â bywyd cymdeithasol y fro. Yn 1982 cafwyd cynllun elusennol newydd sy'n debyg iawn i'r cynllun gwreiddiol yn 1966. Bellach mae i'r ymddiriedolaeth 11 o ymddiriedolwyr ac y mae ganddi seiliau ariannol cadarn. Am y flwyddyn yn diweddu 5 Ebrill 2017 roedd ganddi fuddsoddiadau gwerth £102,762 ac asedau cyfredol net o £25,749.[29] Wrth ymweld â'r fynwent a'r eglwys, hawdd gweld dylanwad ymdrechion DJ ac eraill i sicrhau bod y fynwent yn cael ei chadw'n drefnus ac yn daclus – gan dystio i waith cydwybodol yr ymddiriedolwyr – ac yn gyfraniad o bwys i'r naws a'r awyrgylch y mae T Gwynn Jones yn sôn amdanynt yn ei gerdd.

Ni fu'r daith i greu ymddiriedolaeth y fynwent yn un rwydd, yn bennaf oherwydd y dirywiad yn y berthynas rhwng DJ ac Esgob Tyddewi ar ôl y ffrwgwd ynghylch angladd y Fonesig Grace James. Bu cofrestru'r marwolaethau'n fater anodd, ond bu'r berthynas yn well cyn hyn yn 1961 pan gyflwynodd DJ rodd o ffenestri lliw i Eglwys y Santes Fair er cof am ei rieni a'i frawd. Yn y gwasanaeth cyflwyno yn 1962, yr offeiriad lleol, Geraint Evans, oedd â gofal y gwasanaeth ac roedd Esgob Tyddewi hefyd yn bresennol. Ar ôl marwolaeth DJ cyflwynwyd ffenestr er cof am ei wraig ac yntau gan ei gyfaill Charles Jenkins. Ar ddiwedd 1966 ysgrifennodd DJ at offeiriad y plwyf, Geraint Evans, gan gynnwys tocynnau rhodd i'w blant gyda'r llythyr, a dyma'i eiriau: 'rhaid i mi ddweud eich bod yn berson lwcus iawn gyda'ch teulu o'ch amgylch. Dyma fi heb neb, ac eithrio ambell gyfaill sy'n galw heibio'. Datganiad trist yn wir gan ddyn oedd yn dal i hiraethu am ei briod ac oedd o fewn tri mis i'w farwolaeth ei hun.

---

[13] Ganol y bedwaredd ganrif ar bymtheg enw'r ystad oedd Sutton Hurst; fe'i gwerthwyd yn 1869 am £76,100 i Frederick Smith, gŵr fu'n gweithio i'r Arglwydd Dudley, yn gyfrifol am yr hawliau mwyngloddio ar ei ystadau.

[14] Mae mwy o'i waith i'w weld yn Amgueddfa Genedlaethol Cymru.

[15] Digwyddodd hyn rai blynyddoedd wedyn.

[16] Cafodd y ddogfen derfynol ei chyhoeddi ym mis Mehefin 1965 gan fabwysiadu cyfnod o drafodaeth hyd at ddiwedd 1967. Bu cryn drafod ar y ddogfen yn ystod 1966 a 1967 ond daeth y bennod hon i'w diwedd pan gyhoeddodd Undeb Bedyddwyr Cymru ar ddiwedd 1966 fod y cynllun ar y pryd yn annerbyniol iddynt.

[17] Pan fu farw Iarll Dinbych-y-pysgod yn 1967, hawdd deall dewis DJ o berson i'w ddilyn fel cadeirydd ei ymddiriedolaeth, sef Syr David Hughes Parry.

[18] Hen Bant, William Williams, Pantycelyn.

[19] Dyma'r hyn a gytunwyd:

- yr angen i sefydlu'r eisteddfod fel elusen gofrestredig ac iddi ddogfen gyfreithiol yn gosod allan reolau perthnasol, gan gynnwys penodi nifer o ymddiriedolwyr;
- byddai'r eisteddfod yn cael ei chynnal dros ddau ddiwrnod gyda'r teitlau canlynol: y diwrnod cyntaf yn Eisteddfod Catherine James, a'r ail ddiwrnod yn Eisteddfod y Fonesig Grace James;
- byddai DJ yn cynnig arian ar gyfer y gwobrau, a hefyd yn cynnig swm o £13,000 i'w fuddsoddi, gyda'r llogau yn gyfrwng i dalu costau cynnal yr eisteddfod;
- bod angen prynu cae cyfagos ar gyfer gosod pabell a lle i barcio ceir;

- mai DJ fyddai'r llywydd yn yr eisteddfod gyntaf yn 1964;
- o hyn allan byddai DJ yn cael ei gynrychioli ar y pwyllgor trefnu gan Tom Jones, ysgrifennydd yr ymddiriedolaeth, a Charles Jenkins, cyd-gyfarwyddwr yng nghwmni James a'i Fab a fyddai'n dilyn DJ fel cadeirydd.

[20] Enwyd y dôn yn 'Maes-glas', sef enw cartref Owen M Owen, Ysgrifennydd Eisteddfod Aberteifi ar y pryd.

[21] Dyma'r emyn fel y gosodwyd ef yn *Caneuon Ffydd* (rhif 791)

> Tydi a wnaeth y wyrth, O Grist, Fab Duw,
> tydi a roddaist imi flas ar fyw:
> fe gydiaist ynof trwy dy Ysbryd Glân,
> ni allaf tra bwyf byw ond canu'r gân;
> 'rwyf heddiw'n gweld yr harddwch sy'n parhau,
> 'rwy'n teimlo'r ddwyfol ias sy'n bywiocáu;
> mae'r Halelwia yn fy enaid i,
> a rhoddaf, Iesu, fy mawrhad i ti.
>
> Tydi yw haul fy nydd, O Grist y groes,
> yr wyt yn harddu holl orwelion f'oes;
> lle'r oedd cysgodion nos mae llif y wawr,
> lle'r oeddwn gynt yn ddall, 'rwy'n gweld yn awr;
> mae golau imi yn dy Berson hael,
> penllanw fy ngorfoledd yw dy gael;
> mae'r Halelwia yn fy enaid i
> a rhoddaf, Iesu, fy mawrhad i ti.
>
> Tydi sy'n haeddu'r clod, ddihalog Un,
> mae ystyr bywyd ynot ti dy hun;
> yr wyt yn llanw'r gwacter drwy dy air,
> daw'r pell yn agos ynot, O Fab Mair;
> mae melodïau'r cread er dy fwyn,
> mi welaf dy ogoniant ar bob twyn;
> mae'r Halelwia yn fy enaid i,
> a rhoddaf, Iesu, fy mawrhad i ti.

[22] Gweler Atodiad Ff. Y cyfansymiau yw £243,000 o Ymddiriedolaeth Catherine a'r Fonesig Grace James hyd at 1997–98, £227,554 o Ymddiriedolaeth John a Rhys Thomas James hyd at 1997–98, a £506,900 o Ymddiriedolaeth James Pantyfedwen o 1998–99 hyd at 2018–19. Cyfanswm o £977,454. Erbyn heddiw mae modd i Eisteddfodau Aberteifi a Llanbed hawlio hyd at £10,000 y flwyddyn; yn achos Eisteddfod y Bont mae modd hawlio hyd at £9,700 y flwyddyn – rhywfaint yn llai gan fod DJ wedi cyflwyno rhodd gychwynnol o £13,000 i Eisteddfod y Bont, rhodd na chyflwynwyd i'r ddwy arall.

[23] Gweler yr adran am yr Urdd yn y bennod hon.

[24] Rhif yr elusen: 237241.

[25] Dyma grynodeb o'r hyn a gytunwyd:
- byddai DJ yn cwrdd â'r gost lawn o adeiladu'r ganolfan hyd at uchafswm o £45,000, yn ogystal â darparu dodrefn ar gyfer y ganolfan hyd at £2,000;
- byddai Ymddiriedolaeth Catherine a'r Fonesig Grace James (oedd ar fin symud o Lundain i Aberystwyth) yn cyfrannu £1,000 y flwyddyn tuag at y gost o ddarparu prydau bwyd yn y ganolfan;

- byddai cyfraniadau DJ tu hwnt i'r £17,000 a neilltuwyd ar y dechrau yn daladwy trwy ddogfen gyfamod dros gyfnod o saith mlynedd i'w diogelu rhag treth pe byddai DJ yn marw cyn diwedd y cyfnod cyfamodi;
- cadarnhawyd y trefniant oedd yn bod eisoes, sef bod yr asedau (£17,000 + y tir) i'w cyfeirio dros dro i'r Ymddiriedolwr Gwarchodol Swyddogol.

[26] Ar 5 Hydref 2017.

[27] Mae hanes y methiant i'w weld yn llawn yn llyfr y diweddar Gomer M Roberts, *Y Ddinas Gadarn: Hanes Eglwys Jewin* (1974).

[28] Mae'r llun yn cynnwys DJ, y Fonesig Grace James, Esgob Tyddewi, y Parchedig Geraint Evans (ar y chwith), yr Hybarch Richard Ward, archddiacon Aberteifi (ar y dde), Tom Jones, Charles Jenkins a Roderic Bowen, yr aelod seneddol.

[29] Y prif reswm am y cryfder hwn yw i'r gronfa dderbyn rhodd o £120,000 yn 2010 trwy ewyllys y diweddar Hugh Oliver Jones, Pantycraf, Tregaron (gynt o Dol-goch), at gynnal a chadw'r fynwent:

A roes yn ei oes yn wir
Ato eilwaith y telir.

Pennod 5

Ei Fywyd a'i Waith: rhai sylwadau

WRTH FEDDWL AM GOFGOLOFN i fywyd a gwaith DJ, digon naturiol fyddai troi at garreg fedd y teulu ym mynwent Ystrad-fflur. Bu peth traul arni dros y degawdau a thalodd yr Ymddiriedolaeth am waith atgyweirio arni'n lled ddiweddar. DJ ei hun a gynlluniodd y garreg sydd â phum ochr iddi – un i bob aelod o'r teulu; mae'n drwm o ddyfyniadau ac ansoddeiriau o'r Beibl. Yn sicr, mae'r chwaeth gyhoeddus wedi newid a bydd llawer heddiw yn teimlo bod y garreg braidd yn ormodol. Ond roedd yn gyson â meddylfryd DJ, oedd yn gweld rhinwedd yn y 'mwyaf' (cofiwch am gwpan arian yr Urdd – cael y cwpan arian mwyaf yn y byd oedd ei ddymuniad) ac yn gosod pwyslais ar y syniad o deulu. Beth bynnag am hynny, mae'r diweddar Moc Morgan yn ei hunangofiant (2012) yn defnyddio'r syniad o gofgolofn mewn ystyr arall, sef i ddisgrifio'r hyn a wnaeth DJ dros Bontrhydfendigaid a'r cyffiniau. Meddai Moc, 'mae'r neuadd a'r ganolfan, y cae chwarae a'r pafiliwn mawr a saif yn y Bont heddiw, a'r eisteddfodau sy'n dal i fynd yn gofgolofn i ddycnwch a gweledigaeth Syr David'.

Gan barhau â'r syniad hwn o gofgolofnau, hoffwn awgrymu bod o leiaf bedair ohonynt i'w gweld wrth edrych ar waith DJ a'i ymdrechion dyngarol. Y gyntaf, fel y mae Moc Morgan yn nodi, yw caredigrwydd DJ tuag at yr ardal lle treuliodd rai blynyddoedd pan oedd yn llanc. I raddau helaeth, dyma oedd Cymru DJ. Fel arfer, byddai'n gosod nifer o amodau wrth gyflwyno rhoddion, a rhoddai bwyslais mawr ar yr egwyddor o gynorthwyo'r rheini oedd yn barod i'w helpu eu hunain, er enghraifft, trwy godi arian at brosiect; dyma amod o bwys ym mholisïau dosbarthu grantiau Ymddiriedolaeth James Pantyfedwen hyd heddiw. Ond yn achos Pontrhydfendigaid a'r cyffiniau roedd ei roddion, bron heb eithriad, yn ddiamod. Wrth gwrs, gellid dadlau bod ei gynlluniau ar gyfer y pafiliwn gwreiddiol braidd yn ormodol yn wyneb y gofynion, ond dyma enghraifft arall o anelu at y 'mwyaf'. Gorau po fwyaf oedd arwyddair DJ, yn sicr. Wedi dweud hyn, rhaid cofio bod ei haelioni wedi bod yn gyfrwng i drigolion lleol elwa ar gyfleoedd i gymdeithasu a chymryd rhan mewn amrywiol weithgareddau a chwaraeon, yn arbennig plant a phobl ifanc.

Mae'r ail gofgolofn yn ymwneud ag un agwedd ar yrfa fusnes DJ, sef y diwydiant grawn. Bu'r diwydiant hwn yn haen gyson gydol ei fywyd ar ôl iddo ddychwelyd i Lundain. Dechreuwyd y fenter gan ei dad, ond bu DJ yn gadeirydd ar y cwmni am yn agos i hanner can mlynedd. Mae'n wir nad yw'r cwmni'n bod heddiw yn y Deyrnas Gyfunol ond y mae'n llwyddiannus yn Awstralia, Seland Newydd ac yn yr Ariannin, gan dystio i'r seiliau a osodwyd gan DJ a'i gyfoedion. Mor falch fyddai o wybod bod yr enw 'James' i'w weld o hyd, ledled y byd. Fel mae'r gyfrol yn adrodd, bu'n weithgar mewn meysydd busnes eraill – llaeth a sinemâu yn benodol – ond roedd y diwydiant llaeth yn dirwyn i ben pan ddychwelodd DJ i Lundain yn ŵr ifanc, a byr dymor fu ei ymrwymiad i'r diwydiant sinemâu, ac yn fwriadol felly. Y diwydiant grawn oedd yr elfen barhaol drwy gydol ei fywyd busnes, a gwych gweld y cwmni a sefydlodd ei dad ac yntau'n dal i ffynnu heddiw ar ddau gyfandir.

Yr ymddiriedolaethau cenedlaethol a grëwyd gan DJ yw'r drydedd gofgolofn. Bellach, un ymddiriedolaeth sydd, sef Ymddiriedolaeth James Pantyfedwen, a dyma binacl ei waith dyngarol. O'r rhodd gychwynnol a gafwyd – gwerth miliwn o bunnoedd mewn eiddo, cyfranddaliadau ac arian parod – mae'r gronfa wedi cynyddu erbyn heddiw i dros £16 miliwn. Nid yw'r ymddiriedolwyr yn gwario'r cyfalaf sy'n eiddo i'r ymddiriedolaeth; y bwriad felly yw y bydd y gronfa'n barhaol. Y nod yw sicrhau y bydd yn parhau i dyfu fel y gwnaeth yn y blynyddoedd ers ei dechreuad yn 1957 ac y bydd y grantiau i sefydliadau ac unigolion yng Nghymru hefyd yn cynyddu.

Yn bedwerydd ac yn olaf, roedd DJ yn llawn syniadau am sut i newid a gwella pethau. Roedd rhai o'i syniadau dros ben llestri, ac yn adlewyrchu bywyd a dreuliwyd tu allan i'r brif ffrwd Gymreig a Chymraeg. Adeg trafod sefydlu a chynnal eisteddfod flynyddol ym Mhontrhydfendigaid, er enghraifft, roedd ambell syniad ganddo'n wrthun hollol i'r trigolion lleol.

Meddai Moc Morgan amdano, 'roedd e'n fwrlwm o syniadau, ac roedd gofyn rhoi'r brêc arno ar adegau'. Roedd ei gynlluniau i wella cyflogau a phensiynau gweinidogion yn agos at eu lle ac yn haeddu eu canmol, ond roedd clymu'r bwriad hwn ag ymdrech i uno'r enwadau gam yn rhy bell i nifer o'r arweinwyr crefyddol yng Nghymru. Gwrthodwyd ei gynlluniau, ond o leiaf roedd wedi mentro agor y drafodaeth. Oedd, roedd DJ yn barod iawn i herio sefydliadau, ac er na lwyddai ei ymdrechion i ddiwygio a newid cyfundrefnau ar y pryd roedd yn sicr yn lefain yn y blawd – flynyddoedd yn ddiweddarach y gwelid ffrwyth ei lafur. Ei bedwaredd gofgolofn, felly, oedd ei barodrwydd i ofyn cwestiynau yr oedd gwir angen eu codi a'u gwyntyllu.

Wrth sôn am y cofgolofnau hyn mae darlun yn ymffurfio o'r gŵr sy'n ganolbwynt y gyfrol hon. Mae'n amlwg bod DJ yn ddyn busnes llwyddiannus. Tystia llawer fod ganddo feddwl clir a miniog, a'r gallu i ddarllen, deall a chanolbwyntio ar gryfderau a gwendidau mantolenni ariannol. Cadwai ei olwg ar y geiniog, fel y cyfeiriodd Leslie Kemp, a wnaeth gymaint o waith iddo yn ei sinemâu. Mae hanes iddo wrthod teithio o un orsaf i'r nesaf ar y trên tanddaearol yn Llundain unwaith; gwell ganddo gerdded ac arbed talu ceiniog am y daith trên. Dywed Moc Morgan (2012) mai'r unig arwydd ei fod yn ddyn cyfoethog oedd bod ganddo set deledu yn ei ystafell wely! Roedd yn byw bywyd digon syml – yn mynd yn gynnar i'w wely ac yn codi'n fore iawn. Yr unig drafferth oedd y byddai'n codi'r ffôn at bobl tua chwech o'r gloch y bore gan dybio bod pawb yn cadw'r un oriau cysgu ag ef!

Gwnaeth DJ nifer o gamdybiaethau a chamsyniadau yn ei ymwneud â sefydliadau diwylliannol a chrefyddol. Yn y lle cyntaf, ceisiodd gymhwyso rheolau a chonfensiynau busnes tuag at fater ad-drefnu sefydliadau diwylliannol a chrefyddol yng Nghymru. Yn ei farn ef, roedd y problemau a wynebai'r eglwysi anghydffurfiol yn codi yn y bôn o'r ffaith bod yr eglwysi hyn gymaint ar wahân. 'Ni allwn,' meddai, 'gyfiawnhau y rhaniadau hyn yn wyneb yr her ysbrydol sydd yn ein gwynebu.' Roedd yn llygad ei le fod angen mabwysiadu mwy o gonfensiynau busnes, a fe oedd un o'r rhai cyntaf i sylweddoli hynny, ond ni allai weld bod elfennau eraill yn bwysig hefyd.

Yn ail, credai y byddai cynnig symiau hael o arian yn ddigon, ynddo'i hun, i agor y drws ar gyfer newid ac ad-drefnu. Roedd braidd yn naïf yn hyn o beth. Yn drydydd, wrth gynnig cymorth ariannol, bron yn ddieithriad byddai'n gosod cyfres o amodau wrth y rhoddion; nid oedd y rheini bob amser yn ymddangos yn gwbl berthnasol nac yn ymarferol i'r sawl oedd yn derbyn y cynnig. Yr enghraifft fwyaf amlwg o hyn oedd clymu amod i uno'r enwadau anghydffurfiol – a hynny o fewn blwyddyn! – wrth welliannau i gyflogau a phensiynau gweinidogion. Dengys hyn gryn anwybodaeth a naïfrwydd. Mewn gwirionedd, dyma ddyn oedd wedi treulio'r rhan helaethaf o'i fywyd yn y ddinas yn Llundain ac wedi colli cyswllt â Chymru i raddau. Roedd hyn yn arbennig o wir am sefydliadau Cymreig a'u ffyrdd arferol o weithredu. Ar y cyfan, roedd y syniad o bwyllgor yn wrthun i DJ, a hynny oherwydd ei arfer o wneud penderfyniadau ei hun, a'u gwneud mewn byr amser. Roedd ganddo brofiad o weithio fel un o fwrdd o gyfarwyddwyr yn y busnes grawn, ond yma roedd yn gadeirydd y Bwrdd a dylanwad mawr ganddo o ran ffurfio ac arwain y drafodaeth. Yn achos y sinemâu, o leiaf yn ei gadwyn o un sinema ar bymtheg, nid oedd yn atebol i neb ond ef ei hun. Yn ei ymwneud â Chymru, nid yw'n wir awgrymu chwaith bod DJ yn unben llwyr yn ei benderfyniadau. Gallai fod yn benderfynol iawn a hawdd ei siomi os na châi ei syniadau eu derbyn; byddai'n diflannu o'r trafodaethau am ychydig, ond dôi'n ôl wedyn wedi ailfeddwl. Dyma ddigwyddodd ym Mhontrhydfendigaid yn y trafodaethau i sefydlu a chynnal eisteddfod yno. Gwrthodwyd syniadau eithafol DJ, yntau'n pwdu am gyfnod, ond yn dychwelyd wedyn i ailagor y drafodaeth, gyda'r syniadau mwyaf eithafol wedi diflannu, neu o leiaf wedi'u haddasu i'w gwneud yn fwy derbyniol. Er bod Eglwys Bresbyteraidd Cymru ac Undeb yr Annibynwyr Cymraeg wedi methu cwrdd â'r amodau a osodwyd gan DJ, mae'n bwysig cofio hefyd iddo barhau i gyfrannu symiau sylweddol at gronfeydd cyflogau a phensiynau'r naill enwad a'r llall.

Yn y bennod ar y sinemâu clywsom mor effeithiol oedd DJ ym maes hysbysebu. Yn yr un modd roedd yn feistr ar gynnal cynadleddau i'r wasg. Cafwyd sawl un wrth lansio'i ymddiriedolaeth gyntaf, adeg ei gynlluniau i wella cyflogau a phensiynau gweinidogion, ar fater uno'r enwadau, yr angen i resymoli nifer yr adeiladau eglwysig yng Nghymru a'u defnydd, ac ar achlysur angladd Grace James.

Roedd teulu'n bwysig i DJ. Pan fu farw Grace yn 1963 dirywiodd ei iechyd yntau. Mewn sawl llythyr mae'n cyfeirio at yr unigrwydd oedd yn ei lethu wrth geisio dygymod â bywyd heb ei wraig. Nid gormodedd yw disgrifio'r pedair blynedd rhwng marw ei wraig a'i farw yntau fel cyfnod dan gwmwl iselder ysbryd. Yn ogystal â bod yn ddi-blant, doedd ganddynt ddim teulu agos chwaith. Er bod gan Grace ddau frawd a chwaer, mae'n amlwg nad oedd DJ yn agos atynt. Nid oedd DJ yn ei chael hi'n rhwydd i wneud cyfeillion; roedd yn ymddangos yn agos at nifer o gyd-weithwyr ond cyfyd cwestiynau am ddyfnder y cyfeillgarwch o'r ddwy ochr. Er hynny, mae digon o dystiolaeth i gadarnhau bod DJ yn ceisio gwneud yn iawn am absenoldeb teulu agos, i'r graddau yr oedd hynny'n bosibl, gyda'r syniad o deulu mwy eang, yn arbennig y Cymry oedd yn gweithio yn y diwydiannau grawn a sinemâu, a'r rheini fu'n gweithio gydag ef i wireddu'i gynlluniau yng Nghymru. Wrth astudio ewyllys DJ mae'n ddiddorol nodi iddo adael 39 o gymynroddion, y mwyafrif llethol ohonynt i gyd-weithwyr yn y busnes grawn a gweithwyr ar ystad Sutton Hall. Felly, er nad oedd ganddo deulu agos o ran gwaed, roedd teulu estynedig trwy fyd gwaith a chartref yn bwysig iddo.

Wrth sôn am filiwnyddion, mae nifer o ysgrifenwyr wedi awgrymu eu bod, ar y cyfan, yn bobl hynod ac ecsentrig. Wn i ddim yn hollol beth a olygir gan ansoddeiriau fel hyn. Mae'r geiriadur yn cynnig diffiniad o berson ecsentrig trwy awgrymu ei fod yn ymddwyn mewn dull sy'n wahanol i'r arferol. Os felly, mae'n sicr y gellid disgrifio DJ fel person pur wahanol yng nghyd-destun ei fenter a'i entrepreneuriaeth mewn busnes, diwylliant a chrefydd. I'r diweddar Moc Morgan, roedd DJ yn 'ŵr cymhleth'.

Beth bynnag oedd ffaeleddau a chryfderau DJ, mae'r pedair cofgolofn a nodwyd ar ddechrau'r bennod hon yn aros. Cyfoethogwyd ardal Pontrhydfendigaid gan ei haelioni; mae'r busnes grawn yn fyw ac yn iach ar draws y byd, ac mae sefydliadau diwylliannol a chrefyddol Cymru ynghyd â myfyrwyr o Gymry'n parhau i dderbyn cymorth ariannol o gronfa Ymddiriedolaeth James Pantyfedwen, a hynny ar raddfa sy'n cynyddu o flwyddyn i flwyddyn. Yn ychwanegol at y pethau hyn, mae'r cwestiynau a gododd DJ am strwythurau a chyfundebau ein sefydliadau diwylliannol a chrefyddol yr un mor berthnasol heddiw â phan godwyd hwy ganddo gyntaf yn y 1960au.

YR YMDDIRIEDOLAETHAU

Pennod 6

Dechreuadau a Datblygiad

MAE DROS DRIGAIN MLYNEDD wedi mynd heibio ers i DJ sefydlu ei ymddiriedolaeth gyntaf yn y flwyddyn pan gyrhaeddodd oed yr addewid. Bu cryn newid yn ystod y cyfnod hwnnw dan law'r ymddiriedolwyr a fu'n gweinyddu'r cronfeydd, ond mae'r enw James Pantyfedwen mor amlwg heddiw ag y bu erioed.

Mae hanes yr ymddiriedolaethau'n rhannu'n fras yn dri chyfnod. Y cyfnod cyntaf yw hwnnw o'r sefydlu, a'r dyddiau cynnar yn swyddfa Cinema House, nes symud i Aberystwyth – cyfnod o ddeng mlynedd. O hynny ymlaen cafwyd ail gyfnod nes i'r ddwy ymddiriedolaeth uno yn 1998 – carreg filltir bwysig. Awn wedyn i'r trydydd cyfnod, pan ddaeth Ymddiriedolaeth James Pantyfedwen i fod, gan ddechrau ar 1 Ebrill 1998, ac ymlaen i'r presennol. Adroddir peth o hanes yr ymddiriedolaethau dros y cyfnod hwn yma, gan dalu teyrnged i rai o'r ymddiriedolwyr a'r swyddogion a weithiodd yn ddiflino i sicrhau llwyddiant y fenter.

Un o ddyheadau pennaf DJ oedd sefydlu ymddiriedolaeth neu gronfa a fyddai'n cynhyrchu incwm er budd Cymru a'i phobl. Ar y dechrau, roedd yn gobeithio y byddai eraill yn barod i gyfrannu trwy roddion (rhoddion trwy ewyllysiau yn bennaf) gan chwyddo maint y gronfa. Mynegwyd y gwahoddiad i gyfrannu ar glawr y pamffledyn cyntaf a gyhoeddwyd wrth lansio'r ymddiriedolaeth yn 1957. Ond ni chydiodd y syniad yn nychymyg ei gyd-Gymry ac, yn fwyaf arbennig efallai, yn nychymyg ei gyd-Gymry yn Llundain. O 1957 hyd at heddiw, dim ond ychydig o roddion a gafwyd – cyfanswm o oddeutu £10,000. Tybed ai'r rheswm am hynny oedd fod pobl yn teimlo fod digon o ddŵr yn y pant hwn eisoes?

Roedd DJ wedi dechrau cynllunio mor gynnar â'r 1950au mewn gwirionedd pan greodd ddwy ymddiriedolaeth fuddsoddi. Cyfuniad o gyfranddaliadau ar y farchnad stoc, gwarantau anrhestredig (*unlisted securities*[30]), stociau llog sefydlog, eiddo ac arian oedd yn y ddwy. Craidd y gyntaf oedd 20,000 o gyfranddaliadau yng nghwmni James a'i Fab (er i DJ brynu'r cyfranddaliadau yma'n ôl am £30,000 a throsglwyddo eiddo ac arian parod gwerth £30,000 yn eu lle).[31] DJ oedd perchennog y cyfan, bron, o gynnwys yr ymddiriedolaeth fuddsoddi gyntaf – 4,950 o gyfranddaliadau – tra oedd y gweddill yn eiddo i Tom Williams, cyfarwyddwr rheoli James a'i Fab. Craidd yr ail oedd 9,000 o gyfranddaliadau yng nghwmni Amalgamated Picture Theatres Ltd, sef cwmni DJ oedd yn cynnig ffilmiau i'r cyhoedd yn Stiwdios 1 a 2, Oxford Street, yn Llundain. Eto, yn yr ail gronfa, DJ oedd yn berchen y cyfan, bron (9,999 o gyfranddaliadau), tra oedd yr un siâr oedd yn weddill yn eiddo i'w wraig. Bwriad DJ oedd cyflwyno cynnwys y ddwy gronfa fuddsoddi i goffrau'r ymddiriedolaeth, a dyna a wnaeth gyda'i rodd gyntaf i'w sefydlu. Roedd oddeutu £232,000 o asedau yn y gyntaf a thua £229,000 yn yr ail.

Daeth Ymddiriedolaeth D J James Pantyfedwen i fod ar 27 Chwefror 1957 pan drosglwyddodd DJ swm o £500,000 i sefydlu'r gronfa. Dyma oedd cynnwys y £500,000 yn fras:

eiddo rhydd-ddaliadol (cysylltiedig â Chwmni James a'i Fab yn bennaf)	£229,000
eiddo ar brydles	£150,000
cyfranddaliadau Prydeinig	£50,500
cyfranddaliadau tramor	£50,125
arian a benthyciadau	£21,000
Cyfanswm	£500,625

Wrth gyflwyno'r swm o £500,000, dywedodd DJ ei fod yn disgwyl gweld yr hanner miliwn yma'n cynhyrchu incwm blynyddol o oddeutu £28,000.

Aed ati i benodi 12 o ymddiriedolwyr, pump ohonynt yn ymddiriedolwyr yn rhinwedd eu swyddi a'r gweddill yn ymddiriedolwyr cyffredin (gweler Atodiad A). Y cadeirydd cyntaf oedd Gwilym Lloyd George, Iarll Dinbych-y-pysgod, ail fab David Lloyd George. Bu Gwilym Lloyd George yn Weinidog dros Fwyd yn y llywodraeth Geidwadol rhwng 1951 a 1954, ac yn Ysgrifennydd Cartref a Gweinidog dros Faterion Cymreig o 1954 hyd ei ymddeoliad yn 1957, pan urddwyd ef yn Iarll Dinbych-y-pysgod ac yn aelod o Dŷ'r Arglwyddi. Penodwyd pedwar arall i wasanaethu gyda Gwilym Lloyd George fel aelodau'r Pwyllgor Ariannol, sef Charles Leonard Fawcett (cyfreithiwr), Stanley Bayliss Smith (cyfrifydd), Thomas Ivor Jones (cyfreithiwr) a Thomas Ivor Williams (cyfrifydd). Daeth y pump yma ynghyd am y tro cyntaf ddiwedd Chwefror 1957. Y prif fater dan sylw oedd buddsoddiadau'r ymddiriedolaeth.

Yn y cyfarfod hwnnw cytunodd yr ymddiriedolwyr y byddent yn ailstrwythuro'r buddsoddiadau fel bod traean ohonynt mewn cyfranddaliadau Prydeinig, traean mewn cyfranddaliadau tramor a thraean mewn stociau llog sefydlog. Cytunwyd hefyd i leihau'r daliadau mewn eiddo lle'r oedd y rhenti'n isel gan y byddai gwell incwm i'w gael trwy roi'r arian mewn cyfranddaliadau a stociau llog sefydlog. Ar ôl rhyw hanner awr o drafodaeth, pwy gerddodd i mewn i'r ystafell ond DJ. Ni ddaeth at y bwrdd lle'r oedd yr ymddiriedolwyr yn eistedd; yn hytrach, eisteddodd mewn cadair ar wahân yn agos at y drws. Roedd ei bresenoldeb yn syndod i'r ymddiriedolwyr gan nad oedd wedi'u rhybuddio ei fod yn bwriadu dod!

> Dyma'r diweddar Ivor Williams yn adrodd beth a ddigwyddodd wedyn: 'nid oedd yn cyfrannu at y drafodaeth … buom wrthi am tua hanner awr yn trafod y posibilrwydd o osod peth arian mewn cwmni o Ogledd America … wedi cyrraedd cytundeb i wneud dyma DJ yn datgan nad oedd yn cytuno â'r penderfyniad … roedd hyn yn gosod yr ymddiriedolwyr mewn cyfyng gyngor … yr oedd DJ wedi trosglwyddo'r cyfrifoldeb yn gyfan gwbl i'r ymddiriedolwyr ac nid oedd ganddo bellach unrhyw lais swyddogol … ond DJ oedd wedi creu'r ymddiriedolaeth a'i arian ef oedd yn gefn iddi … amhosibl oedd anghofio hyn … cytunwyd i ohirio'r drafodaeth ar fater y buddsoddi yng Ngogledd America.'

Yn yr un modd daeth DJ i'r ail gyfarfod, a'r trydydd. Bob tro roeddent yn trafod buddsoddiadau oedd yn agos at ei galon, er enghraifft cwmnïau roedd e'n agos atynt, gyda'r bwriad o'u gwerthu, byddai'r ymddiriedolwyr yn gofyn ei farn ac yn dueddol o barchu'r farn honno. Mae'n beryg fod swyddfa'r ymddiriedolaeth yn Cinema House yn llawer rhy gyfleus iddo fe!

Gwelir manylion y newidiadau yng ngwerth yr asedau dros y cyfnod cyntaf hwn yn Atodiad D. Ond, wrth gwrs, digwyddodd llawer o bethau eraill yn ystod y deng mlynedd cyntaf wrth i'r ymddiriedolaeth gael ei thraed dani a dechrau o ddifri ar ei gwaith. Bu'n gyfnod o ddysgu, gydag ambell gnoc.

Roedd ymgynghorwyr ariannol yr ymddiriedolaeth (cwmni buddsoddi Lazard) wedi bod yn gwasgu ar yr ymddiriedolwyr i werthu rhan, os nad y cyfan, o'r gwarantau anrhestredig. Roeddent yn gonsernol am ddau o'r daliadau'n arbennig. Y cyntaf oedd cyfranddaliadau yn Romford Stadium (cwmni oedd hefyd yn berchen ar stadiwm yn Dagenham). Cwmni'n ymwneud â rasio cŵn oedd hwn yn bennaf, a'r ymddiriedolaeth yn berchen ar 264,000 o gyfranddaliadau (sef 23% o werth y cwmni). Byddai mam DJ, oedd wedi mynnu fod ei mab yn gwerthu'r siariau a fuddsoddodd iddi yn y cwmni hwn gyda chanpunt a gafodd o werthu buwch, wedi cymeradwyo! Yr ail gonsýrn oedd cwmni Tottenham Cinema and Entertainments Ltd. Cytunwyd i ofyn i DJ am ei farn yn y ddau achos. Ei gyngor oedd peidio â gwerthu gan fod y ddau gwmni'n dal asedau mewn eiddo nad oedd yn cael eu hadlewyrchu ym mhris y cyfranddaliadau ar y pryd. Cafodd yr ymgynghorwyr eu dymuniad yn 1965 pan werthwyd Dagenham Stadium gan gwmni Romford Stadium a chytuno i rannu rhan helaeth o'r arian gwerthu i gyfranddalwyr. Derbyniodd yr ymddiriedolaeth £39,600. Diddymwyd cwmni Tottenham Cinema and Entertainment Ltd yn 1964, ac er i'r ymddiriedolaeth dderbyn rhywfaint o arian o'r diddymu, ni ddaeth yn agos at yr hyn y byddai wedi bod yn bosibl ei gael trwy werthu rai blynyddoedd ynghynt.

Ond bu tipyn o werthu eiddo o 1958 ymlaen – lleoedd preswyl yn bennaf. Mae'n ymddangos bod llawer o'r unedau hyn mewn cyflwr reit wael ac roedd y rhenti'n isel. Bu'r ymddiriedolwyr yn ystyried gwerthu'r unig ddwy fferm oedd ar ôl o'r tair ar ddeg a brynodd DJ 'nôl yn 1918, sef fferm y Fynachlog Fawr a fferm Dolebolion ym Mhontrhydfendigaid, i'r tenantiaid, ond gwrthododd DJ hyn, ac felly cytunwyd ar brydlesau newydd. Mae'n anodd deall yn iawn beth oedd ei reswm dros wrthod eu gwerthu chwaith gan fod y rhenti'n isel. Tybed a oedd yr egwyddor o beidio â gwerthu tir dan unrhyw amgylchiadau yn ffactor? Mae'n bosib hefyd bod agosrwydd fferm y Fynachlog Fawr at fynwent Ystrad-fflur yn rheswm ychwanegol. Ac yn achos Dolebolion, roedd DJ yn dal i gredu bod yr hawliau mwyngloddio yn werth eu cadw.

Yn 1963 cyflwynodd DJ hanner miliwn arall i gyfalaf yr ymddiriedolaeth. Y tro hwn roedd y dosbarthiad fel a ganlyn:

prisiad DJ o werth Sutton Hall (ei gartref yn Sussex)	£330,000
eiddo arall	£120,000
buddsoddiadau	£50,000
Cyfanswm	£500,000

O hyn allan byddai'r holl incwm oedd yn deillio o ystad Sutton Hall – rhenti'r ffermydd a'r tyddynnod yn bennaf – yn eiddo i'r ymddiriedolaeth.

Gan symud ymlaen, bu 1966 yn flwyddyn o bwys am nifer o resymau. Yn gyntaf, sefydlodd DJ ail ymddiriedolaeth, sef Ymddiriedolaeth John a Rhys Thomas James. Cafwyd datganiad gan DJ hefyd o'i fwriad i gyflwyno gweddill ei ystad i'r ymddiriedolaeth newydd yn ei ewyllys – ar ôl talu rhoddion personol. Yn ail, dywedodd ei fod am weld 'Ymddiriedolaeth D J James Pantyfedwen' yn newid ei henw yn 'Ymddiriedolaeth Catherine a'r Fonesig Grace James'. Nid oedd yr ymddiriedolwyr yn gwbl fodlon ar hyn gan eu bod yn awyddus i weld enw DJ yn parhau – ond ildio a wnaethant yn y diwedd. Yn drydydd, enwyd Aberystwyth am y tro cyntaf fel lleoliad ar gyfer adleoli swyddfa'r ymddiriedolaeth. Pan ddôi DJ i Gymru i ddigwyddiadau fel cyflwyno Pantyfedwen yn y Borth at wasanaeth yr Urdd, agoriad swyddogol y neuadd ym Mhontrhydfendigaid a sefydlu Eisteddfod Pantyfedwen, byddai bob amser yn aros yng ngwesty'r Belle Vue yn Aberystwyth, a'i sioffer yn ei yrru i lawr yno o Lundain. Tybed ai yn ystod un o'r troeon hynny y dechreuodd feddwl am y dref fel lleoliad braf a chyfleus i'r swyddfa yng Nghymru?

Rai misoedd cyn iddo farw prynodd DJ ddarn o dir yng nghanol tref Aberystwyth ar gyfer adeiladu cartref newydd i'r ddwy ymddiriedolaeth. Prynwyd y safle gan L K Roodhome Ltd, cwmni o Walsall oedd wedi bwriadu datblygu ardal Porth Bach o'r dref, ond wedi methu cael caniatâd datblygu gan y Cyngor. Diddorol nodi bod y safle wedi bod yn gartref i sinema un tro – Cheetham's Picture Palace a ailenwyd yn Palladium. Dinistriwyd y sinema gan dân yn 1934 a bu'r safle'n wag ers hynny, ac eithrio dwy flynedd ynghanol y 1960au pan gafodd Banc Barclays leoliad dros dro yno tra oedd pencadlys y banc yn Aberystwyth yn cael ei foderneiddio. Dyma a ddywedodd Tom Jones, ysgrifennydd yr ymddiriedolaethau, mewn cyfweliad i'r *Cambrian News* (24 Chwefror 1967): 'It is Sir David's wish that we should move to Aberystwyth. He feels that as they are Welsh trusts, they should be located in Wales.' Ond roedd DJ wedi mynd ymhellach na phrynu'r safle; roedd wedi comisiynu pensaer lleol i baratoi cynlluniau ar gyfer adeilad newydd. Rhoddodd DJ sêl bendith ar y cynlluniau hyn, ond yn anffodus ni chafodd fyw i weld y gwaith adeiladu'n cychwyn. Cwblhawyd y gwaith tua diwedd 1968 a chafwyd yr agoriad swyddogol ym mis Hydref 1970.

Mae tri llawr i adeilad Pantyfedwen – tenantiaid ar y llawr gwaelod (cwmni cyfreithiol Bowen & Griffiths oedd y tenantiaid cyntaf), swyddfeydd yr ymddiriedolaethau ar y llawr cyntaf, a fflat uwchben yn gartref i'r ysgrifennydd gweithredol. Prynwyd peth dodrefn newydd ar gyfer swyddfeydd yr ymddiriedolaethau ond celfi o gartref DJ a harddodd y lle. Bydd pobl yn rhyfeddu wrth weld y celfi godidog ac Ystafell y Bwrdd, sy'n unigryw. Yr arfer oedd i'r ysgrifennydd gweithredol fyw ar y safle, ond yn 2001 rhoddwyd caniatâd i'r deilydd ar y pryd symud allan o'r fflat. Mynegodd y tenantiaid ar lawr gwaelod yr adeilad ddiddordeb yn yr ail lawr fel gofod ar gyfer swyddfeydd ychwanegol, a dyna a ddigwyddodd. Heddiw, mae Tîm Plant Anabl Ceredigion – yn gyfuniad o waith iechyd, gwaith addysg a gwaith cymdeithasol gyda phlant – yn parhau'n denantiaid i'r Ymddiriedolaeth ar y llawr gwaelod ac ar yr ail lawr.

Wrth feddwl am symud y swyddfeydd i Aberystwyth, roedd DJ yn awyddus i ychwanegu at nifer yr ymddiriedolwyr, ac yn benodol ymddiriedolwyr yn rhinwedd eu swyddi. Bu Syr David Hughes Parry ac eraill yn ceisio'i gynghori i beidio â gwneud hyn, o wybod bod ymddiriedolwyr yn rhinwedd eu swyddi'n ei chael hi'n anodd mynychu cyfarfodydd oherwydd gofynion eu gwaith. Gallai hyn arwain at anhawster cael cworwm mewn cyfarfod. Ond troi clustfyddar wnaeth DJ. Aeth ymlaen â'i gynlluniau a datblygodd y sefyllfa'n union fel roedd Syr David Hughes Parry wedi rhag-weld. Ar ôl y symud i Aberystwyth, un o'r pethau cyntaf a wnaethpwyd oedd cyflwyno cais i'r Comisiwn Elusennau i leihau nifer yr ymddiriedolwyr, yn arbennig nifer y rheini oedd yn ymddiriedolwyr yn rhinwedd eu swyddi. Cytunwyd â'r cais, gan gwtogi nifer yr ymddiriedolwyr i ugain.

Blwyddyn o golledion fu 1967. Ym mis Mawrth bu farw DJ – y dyngarwr mwyaf a welodd y Gymru Gymraeg erioed. Ychydig ddyddiau cyn hynny, bu farw Gwilym Lloyd George. Dymuniad DJ oedd mai Syr David Hughes Parry fyddai'n dilyn Gwilym Lloyd George fel cadeirydd yr ymddiriedolaethau, a dyma a ddigwyddodd. Cwta naw mis oedd wedi mynd heibio ers sefydlu Ymddiriedolaeth John a Rhys Thomas James, ac am nad oedd yn flwyddyn lawn trechwyd bwriadau DJ i adael gweddill ei ystad iddi (ar ôl talu cymynroddion personol) oherwydd toll marwolaeth ar gyfradd o 80%. Ond bu'r Comisiwn Elusennau'n garedig wrth yr ymddiriedolaeth trwy ganiatáu cynllun am 21 mlynedd i gyfalafu 25% o'r incwm yn flynyddol ynghyd ag unrhyw incwm heb ei wario ar ddiwedd pob blwyddyn (mae'r manylion llawn i'w gweld yn Atodiad Dd). Y cynllun hwn oedd yn bennaf cyfrifol am y cynnydd yng ngwerth y cyfalaf (ac felly hefyd y cynnydd yn yr incwm blynyddol). Ym mlynyddoedd cynnar yr ymddiriedolaeth bu cryn oedi wrth dalu grantiau a hynny oherwydd yr ansicrwydd a grëwyd gan yr angen i dalu'r doll farwolaeth, heb wybod faint fyddai'r swm. Cymerwyd yn agos at bum mlynedd i gyrraedd cytundeb gyda'r Arolygwr Trethi a setlo ystad DJ yn derfynol.

O safbwynt ariannol, mae Atodiad D yn dangos yn glir y cynnydd yng ngwerth y cyfalaf a'r incwm yn ystod y cyfnod cyntaf yn hanes yr ymddiriedolaethau (1957–67). Rhoddion hael o £500,000 yr un oedd y prif reswm am hyn, ond roedd gwerthu eiddo a'i drosglwyddo'n fuddsoddiadau'n allweddol hefyd, gan ychwanegu at werth y cyfalaf a maint yr incwm blynyddol. Gosodwyd patrwm llwyddiannus a barhaodd i'r cyfnodau oedd yn dilyn. Mae Atodiad D ynghyd ag Atodiad Dd hefyd yn dangos y cynnydd yn y cyfalaf a'r incwm yn yr ail gyfnod hwn (1968–97). Er bod sefyllfa unigryw'n bodoli yn achos Ymddiriedolaeth John a Rhys Thomas James, rhaid cydnabod bod y twf yn rhyfeddol o gofio nad oedd yr ymddiriedolaethau'n derbyn unrhyw arian newydd. Yn ystod yr ail gyfnod gwerthwyd nifer o'r daliadau eiddo, a gwelir manylion am y prif werthiannau hyn hefyd yn Atodiad D.

Wrth symud y swyddfeydd i Gymru, penodwyd ymgynghorwyr ariannol o Gaerdydd – cwmni Lyddon Thomas Freeguard yn y lle cyntaf. Pan sefydlwyd cwmni newydd (Murray & Co) gan rai o gyn-weithwyr Cwmni Lyddon, penodwyd y cwmni newydd i gynghori'r ymddiriedolwyr. Newidiwyd enw'r cwmni i Allied Provincial Securities ar ddechrau'r 1980au a bu'n gwasanaethu'r ymddiriedolwyr tan fis Rhagfyr 1990. Wrth i'r wythdegau dynnu tua'u terfyn, nodwyd peth anesmwythyd ym mherfformiad yr ymgynghorwyr ariannol; dyfnhawyd y consýrn gan yr hyn a ddigwyddodd yn achos siariau'r ymddiriedolaeth mewn cwmni o'r enw Parkfield (Parkfield Foundries gynt). Aeth y cwmni'n fethdalwyr tra oedd ymgynghorydd ariannol yr ymddiriedolaeth yn un o gyfarwyddwyr cwmni Parkfield ac yn gwybod fod y cwmni'n mynd ar i lawr, ond yn methu rhannu hynny â'r ymddiriedolwyr. Bu methiant Parkfield yn drasiedi i weithwyr y cwmni ac i nifer o sefydliadau yng Nghymru oedd yn dal siariau yn y cwmni, nid lleiaf Eglwys Bresbyteraidd Cymru a gollodd £3m, tua 30% o'r asedau oedd ganddi. Collodd yr ymddiriedolaeth £65,000. Yn wyneb hyn, penderfynwyd diweddu'r berthynas gyda chwmni Allied Provincial, a phenodwyd cwmni Tilney (Lerpwl) fel ymgynghorwyr ariannol o 1991 ymlaen. Mae'r cwmni hwn yn parhau i wasanaethu'r ymddiriedolwyr hyd heddiw, er bod y berchnogaeth wedi newid nifer o weithiau dros y blynyddoedd.

Fel y nodwyd eisoes, roedd y ffaith bod gan yr ymddiriedolaeth 264,000 o gyfranddaliadau yng nghwmni Romford Stadium ers y dechrau yn dipyn o gur pen i'r ymddiriedolwyr. Y cyngor a gafwyd oedd eu gwerthu, ond byddai DJ bob amser yn gwrthwynebu hyn. Diflannodd yr anhawster hwn pan fu farw, ond nid peth rhwydd oedd eu gwerthu hyd yn oed wedyn gan fod y farchnad yn y siariau'n reit denau ac roedd yr ymddiriedolaeth yn dal bron chwarter cyfranddaliadau'r cwmni. O'r diwedd, yn 1976 daeth tro ar fyd pan lyncwyd y cwmni gan Grŵp Hamdden Coral a derbyniodd yr ymddiriedolaeth £178,200 am y siariau. Nid oedd cwmni Romford Stadium yn gwmni llewyrchus, ond dadl DJ dros y blynyddoedd oedd bod gan y cwmni asedau gwerthfawr mewn eiddo. Mae'n siŵr ei fod yn iawn yn yr hyn a ddywedai ond cymerodd ddeng mlynedd ar ôl iddo farw cyn sylweddoli'r gwerth hwnnw.

Mewn byr amser ar ôl sefydlu Coleg Amaethyddol Cymru yn Aberystwyth yn 1970 daeth y pennaeth, Mr Dai Morris, at yr ymddiriedolwyr gan ofyn a fyddent yn barod i brynu fferm at ddefnydd y staff a'r myfyrwyr. Cytunwyd i wneud hyn gan dybio y byddai'n gyfraniad at hybu addysg amaethyddol yng Nghymru. Talwyd £35,000 am fferm Tanygraig yn ardal Llanilar a rhoddwyd prydles reit ffafriol i'r coleg am gyfnod o 21 o flynyddoedd. Pan ddaeth y coleg yn rhan o Brifysgol Aberystwyth ar ddechrau'r 1990au trosglwyddwyd y brydles i'r brifysgol. Rai blynyddoedd wedyn, yn 2009, daeth y fferm yn wag pan oedd y brifysgol yn ailstrwythuro'i daliadau eiddo a chyhoeddodd Prifysgol Aberystwyth eu bod yn bwriadu rhoi'r gorau i brydles Tanygraig. Rhoddwyd blwyddyn o rybudd. Golygai hyn y byddai modd gwerthu'r fferm (os mai dyna fyddai dymuniad yr ymddiriedolwyr) fel rhydd-ddaliad; byddai hyn, wrth reswm, yn cynyddu ei gwerth o'i gymharu â gwerthu gyda thenant. Roedd yr ased wedi cynyddu'n sylweddol yn ei werth ers ei brynu ar ddechrau'r 1970au – rhent isel a geid ac roedd y galwadau i wario ar yr adeiladau yn drwm o flwyddyn i flwyddyn; mewn nifer o flynyddoedd roedd y gwariant yn llawer iawn uwch na'r incwm. Penderfynwyd gwerthu; teulu lleol a brynodd y fferm am £1.34m ac, wrth fuddsoddi'r swm hwn, amcangyfrifwyd y byddai incwm yr ymddiriedolaeth yn cynyddu oddeutu £40,000 y flwyddyn (gweler y manylion yn Atodiad G).

Mae'n amhosibl adrodd hanes datblygiad yr ymddiriedolaethau heb gyfeirio at ei swyddogion a'i staff, achos ni fyddai dim o werth wedi'i gyflawni heb eu gwasanaeth. Roedd Syr David Hughes Parry wedi camu i'r gadeiryddiaeth ar ôl marwolaeth Gwilym Lloyd George yn 1967, ond collwyd yntau ym mis Ionawr 1973. Cyfnod cymharol fyr a gafodd fel cadeirydd ond roedd wedi gweithredu fel ymddiriedolwr ers y dechrau yn 1957. Cyn ymddeol bu'n Athro yn y Gyfraith ac yn Is-ganghellor Prifysgol Llundain rhwng 1945 a 1948. Bu hefyd yn llywydd Prifysgol Cymru Aberystwyth o 1955 i 1964. Roedd yn arweinydd amlwg yn ogystal, yn fawr ei barch o fewn Eglwys Bresbyteraidd Cymru, a gweithiodd yn ddiarbed fel cymedrolwr rhwng DJ a'r enwadau anghydffurfiol yng Nghymru i geisio gwireddu'r cynlluniau ar gyfer gwella cyflogau gweinidogion ac uno'r enwadau. Yr unig feirniadaeth ohono a glywais – a hynny heb fod yn gryf – oedd ei duedd i or-ffafrio myfyrwyr oedd am ddilyn cyrsiau yn y gyfraith!

Penodwyd yr Athro Glanmor Williams i olynu Syr David Hughes Parry fel cadeirydd y Pwyllgor Ceisiadau (gweler Atodiad B) a chadeirydd yr ymddiriedolaethau, a thrwy hynny newidiwyd rhywfaint ar y drefn oedd yn bodoli cynt. Mor ffodus fu'r ymddiriedolaethau i gael gwasanaeth yr Athro Glanmor Williams fel cadeirydd dau o'r tri phwyllgor. Brodor o Ddowlais ydoedd; bu'n Athro Hanes yng Ngholeg y Brifysgol Abertawe rhwng 1957 a 1982. Roedd yn brofiadol ac wedi cadeirio nifer o gyrff cyhoeddus yng Nghymru yn ystod ei gyfnod academaidd fel hanesydd ac ar ôl iddo ymddeol o'i waith yn Abertawe. Bu canmol mawr i'w waith a'i arweiniad fel cadeirydd yr ymddiriedolaethau – yn fwyaf arbennig ei degwch a'i gydymdeimlad wrth ddelio â cheisiadau gan fyfyrwyr ac eglwysi lleol.

Dyma hefyd pryd y penodwyd Ivor Williams yn gadeirydd y Pwyllgor Gweithredol. Roedd Ivor yn un o'r ymddiriedolwyr gwreiddiol. Ganwyd ef yn Llundain yn fab i deulu oedd â'i wreiddiau yn ardal Tregaron; treuliodd ei oes yn byw a gweithio yn y brifddinas, gan sefydlu cwmni cyfrifwyr yno. Ond roedd ganddo le cynnes iawn i Gymru yn ei galon. Roedd DJ ac yntau'n gyfeillion, a phwysodd DJ yn drwm ar Ivor Williams am ei gyngor ar nifer helaeth o faterion cyfrifyddol. Rhoddodd y gŵr hwn flynyddoedd o wasanaeth i'r ymddiriedolaethau ac i nifer eraill o brosiectau DJ cyn 1957. Cyfeirir ato yn llyfr Huw Edwards, *City Mission*, ar gyfrif ei wasanaeth fel trysorydd yn Eglwys Bresbyteraidd Falmouth Road am dros ddeugain mlynedd. Cwblhaodd Ivor Williams 19 o flynyddoedd fel cadeirydd y Pwyllgor Gweithredol tan fis Gorffennaf 1991 pan fynegodd ei ddymuniad i ymddeol o'r swydd. Cytunodd Graham Rees i gadeirio'r pwyllgor hwn. Trwy wneud hyn, dychwelwyd at y drefn gychwynnol o gael un person yn gadeirydd ar y tri phwyllgor. Byddai Ivor Williams yn parhau'n aelod o'r Pwyllgor Gweithredol, a gwnaeth hynny hyd nes i afiechyd ei rwystro rhag mynychu cyfarfodydd, a daeth ei gyfnod fel ymddiriedolwr i ben yn 1993. Gwasanaethodd Ivor Williams fel ymddiriedolwr am gyfnod o 36 mlynedd.

Bu llawer o sôn am Tom Jones yn y gyfrol hon cyn hyn, a dyma'r lle i ddweud rhagor amdano. Fe'i ganed ym Mlaenpennal, Sir Aberteifi, a

Pwyllgor sefydlu'r gyntaf o Eisteddfodau Pantyfedwen ym Mhontrhydfendigaid

Neuadd Pontrhydfendigaid fel rhan o Barc Pantyfedwen

Yr estyniad i greu neuadd sylweddol – y tu mewn

Y pafiliwn ar ei newydd wedd

DJ yn derbyn gradd Doethur yn y Gyfraith o Brifysgol Cymru yn 1957, gan Ddug Caeredin, Canghellor y Brifysgol

DJ yn cael ei dderbyn i'r Orsedd gan yr Archdderwydd Cynan (yn 1963). Dewisodd yr enw 'Iago Pontrhydfendigaid'

DJ a Grace yn ymweld â Phalas Buckingham wrth iddo gael ei urddo'n farchog yn 1959

Cyflwyno'r ffenestr liw gan DJ er cof am ei rieni; yn y canol gwelir Esgob Tyddewi, ac ar y chwith y Canon Geraint Evans, yr offeiriad lleol

Ffenestr liw a gyflwynwyd gan DJ er cof am ei rieni, yn Eglwys y Santes Fair, Ystrad-fflur

Y Cynghorydd R J Ellis, maer Aberystwyth, yn cyflwyno Rhyddfraint Anrhydeddus Bwrdeistref Aberystwyth i DJ yn 1965

Carreg fedd y teulu ym mynwent Ystrad-fflur

Swyddfeydd yr ymddiriedolaeth(au) – Pantyfedwen – yn Stryd y Farchnad, Aberystwyth

Cheetham's Picture Palace (dde) a'r Palladium (chwith), y sinemâu fu gynt ar safle'r swyddfeydd

Yr ymddiriedolwyr cyntaf; yn y canol a'r nesaf at DJ y mae'r cadeirydd, Iarll Dinbych-y-pysgod. Yr ail ar y dde iddo yw David Hughes Parry, fyddai'n ei ddilyn fel cadeirydd, ac yn syth y tu ôl i'r cadeirydd y mae Ivor Williams, fyddai'n gwasanaethu fel cadeirydd o 1978 i 1986

Ymddeoliad Tom Jones fel ysgrifennydd gweithredol yn 1975 yng nghwmni ei wraig, Gwynfudd, yr Athro Glanmor Williams (cadeirydd) ac Ivor Williams (cadeirydd y pwyllgor gweithredol)

Yr ymddiriedolwyr ar achlysur ymddeoliad Ivor Williams fel cadeirydd yn 1986

Yr ymddiriedolwyr ar achlysur ymddeoliad yr Athro Graham Rees fel cadeirydd yn 2001. Bu Graham Rees yn gadeirydd am bymtheg mlynedd rhwng 1986 a 2001

Yr ymddiriedolwyr ar achlysur ymddeoliad Emrys Wynn Jones fel cadeirydd yn 2011 yn dilyn deng mlynedd o wasanaeth

Ymddeoliad Richard Morgan fel ysgrifennydd gweithredol yn 2016, a hynny ar ôl 34 mlynedd o wasanaeth

Gwerfyl Pierce Jones, cadeirydd presennol yr ymddiriedolaeth; Richard Morgan, y cyn-ysgrifennydd gweithredol, a Gwenan Creunant, yr ysgrifennydd gweithredol presennol

threuliodd flynyddoedd cynnar ei fywyd yn Aberystwyth. Symudodd i Lundain yn y 1930au ac agor siop groser yno. Cyfarfu â DJ a daeth yn gyfaill agos iddo. Bu'n gadeirydd Clwb y Cymry ac yn llywydd Cymdeithas Ceredigion Llundain; ar ôl dychwelyd i Aberystwyth yn 1968 sefydlodd Gymdeithas Cymry Llundain yn y dref honno. Tom Jones oedd ysgrifennydd gweithredol ymddiriedolaeth gyntaf DJ a pharhaodd yn y swydd hon hyd ei ymddeoliad yn 1975. Cyn 1957 bu'n ysgrifennydd nifer o bwyllgorau DJ, yn fwyaf arbennig y ddwy ymddiriedolaeth fuddsoddi. Yn 1973 cytunwyd i benodi is-ysgrifennydd i gynorthwyo Tom Jones gan fod y baich gwaith yn drwm. William Mansel Davies, gŵr o Dre-fach, Llanelli, a benodwyd; cyn iddo ddod i'r swydd gyda'r ymddiriedolaethau bu'n swyddog rhanbarthol gydag Undeb Cenedlaethol yr Amaethwyr, yn gyntaf yn Sir Benfro ac wedyn yn ardal Ceredigion. Dechreuodd ar ei waith ym Mhantyfedwen ym mis Ebrill 1974. Ymddeolodd Tom Jones fel ysgrifennydd yr ymddiriedolaethau ar 31 Mawrth 1975. Ar y pryd roedd cyfansoddiad yr ymddiriedolaethau yn caniatáu i gyn-ysgrifennydd gweithredol gael ei benodi'n ymddiriedolwr os mai dyna ei ddymuniad. Dyna oedd dymuniad Tom Jones, ond dwy flynedd yn unig a gafwyd o'i wasanaeth fel ymddiriedolwr gan iddo farw yn 1977.

Mae'n deg dweud mai DJ a gâi'r syniadau dros y blynyddoedd ond Tom Jones ran amlaf fyddai'n gyfrifol am droi'r syniadau hynny'n realiti. Fel hyn y mynegwyd y peth gan yr Athro Glanmor Williams ar ddiwrnod angladd Tom Jones:

> the late Sir David James with great philanthropy established and endowed the Trusts. It was Tom Jones who made them work. For nearly twenty years he was their mainspring. It was his vigour, foresight and initiative that made them the efficient and smooth running institutions they are … he was an organiser with great ability but an even bigger heart … he had a strong instinct for recognising genuine need and for responding to it wholeheartedly.

Yn yr angladd cafwyd teyrnged hefyd gan y Parchedig Goronwy Evans. Mae'r deyrnged hon yn seiliedig ar adnod a welir yn ail lythyr Paul at Timotheus, a'r geiriau ar daflen angladdol Tom Jones, 'efe a lawenychodd fy nghalon', sy'n cydnabod cymeriad a phersonoliaeth hynaws y gŵr a wnaeth gymaint i wireddu breuddwydion DJ ac sydd heb ei gydnabod yn llawn am y gymwynas fawr hon. Yn dilyn ei ymddeoliad fel ysgrifennydd gweithredol rhoddwyd yr enw 'Tom Jones' ar un o'r ddwy ystafell bwyllgor yn Adeilad Pantyfedwen yn Stryd y Farchnad yn Aberystwyth. Ar ôl iddo ymddeol hefyd dyfarnwyd iddo'r MBE, yn ogystal â'i urddo'n aelod er anrhydedd o Orsedd y Beirdd.

Yn 1978 cyhoeddodd yr Athro Glanmor Williams ei fwriad i ymddeol fel cadeirydd yr ymddiriedolwyr a chadeirydd y Pwyllgor Ceisiadau, er y byddai'n parhau fel ymddiriedolwr. Roedd Ivor Williams yn parhau'n gadeirydd y Pwyllgor Gweithredol, a gofynnwyd iddo ychwanegu at ei gyfrifoldebau trwy wasanaethu fel cadeirydd yr Ymddiriedolaeth hefyd. Derbyniodd y gwahoddiad. Roedd hwn yn gam naturiol – i anrhydeddu person oedd wedi gwasanaethu'r ymddiriedolaethau o'r cychwyn cyntaf yn 1957. Ond roedd bwlch arall i'w lenwi hefyd, sef cadeiryddiaeth y Pwyllgor Ceisiadau. Yn y cyd-destun hwn bu'r ymddiriedolaethau a'r ymddiriedolwyr yn hynod o ffodus y llwyddwyd i berswadio'r Athro Graham Lloyd Rees i lenwi'r swydd hon. Brodor o Sgiwen oedd Graham Rees. Ef oedd Pennaeth Adran Economeg Coleg y Brifysgol Aberystwyth a hynny'n dilyn cyfnod fel aelod staff yng Ngholeg y Brifysgol Abertawe. Yn ystod ei yrfa yn Aberystwyth gwasanaethodd fel Dirprwy Is-ganghellor. Roedd ganddo gryn gydymdeimlad ag amcanion yr ymddiriedolaethau. Cafwyd ei fod yn gadeirydd effeithiol tu hwnt ac mewn byr amser roedd wedi ennill parch aruthrol fawr ei gyd-ymddiriedolwyr. Daeth cyfnod Ivor Williams fel cadeirydd yr ymddiriedolaethau i ben yn 1986 ac ychwanegodd Graham Rees y gadeiryddiaeth hon at ei gyfrifoldebau eraill (gydag Ivor Williams yn parhau fel cadeirydd y Pwyllgor Gweithredol).

Yn ei hunangofiant, *Heyrn yn y tân*, mae'r diweddar Gwilym Humphreys yn disgrifio'i gyfnod fel ymddiriedolwr gyda Phantyfedwen – rhan helaeth o'r cyfnod hwnnw yn ystod blynyddoedd cadeiryddiaeth Graham Rees:

> ymunais i â'r Ymddiriedolaeth yn 1996 ac ar ddiwedd fy nhymor fel Cadeirydd [Cyngor yr Eisteddfod Genedlaethol] cefais fy ethol yn aelod 'cyffredin' fel fy mod yn parhau i fynd i 'Bantyfedwen', Aberystwyth, i bwyllgora ryw bedair gwaith y flwyddyn. 'Fyddwn

> i ddim wedi trafferthu i barhau i fynd nac i nodi yn y fan hon fy aelodaeth o bwyllgor arall oni bai fod hwn yn bwyllgor go arbennig. Mae ei waith yn bleserus i ddechrau – rhannu arian i eglwysi, ysgolion Sul, myfyrwyr, gweddwon gweinidogion, eisteddfodau, neuaddau pentref, a noddi cyhoeddiadau a darlithoedd; mae hi bob amser yn braf cael bod yn Siôn Corn am fore. Mae'n bleserus hefyd am resymau eraill. Caiff yr ymddiriedolaeth ei gweinyddu'n hynod effeithiol gan yr ysgrifennydd galluog a hynaws, Richard Morgan. Mae'r bartneriaeth rhyngddo ef a'r Cadeirydd medrus a gofalus, yr Athro Graham Rees, ymysg y perffeithiaf a welais i erioed. Rhed y pwyllgor yn hwylus yn ddi-feth a hynny oherwydd bod llawer o'r gwaith manwl wedi ei wneud cyn inni gyfarfod, er mai ni sy'n gwneud y dyfarniadau … mae'r gyfeillach yn gynnes a'r drafodaeth a'r penderfyniadau'n hynod gyfrifol a chydwybodol. O'r holl bwyllgorau y bûm ynddynt erioed, ni roddodd yr un fwy o foddhad na hwn; mae cemeg arbennig rhwng yr aelodau a'i gilydd – ac nid yw'r cinio hwyliog a gawn wedi'r cyfarfod ynghyd â chroeso Dilys ym mwyty Gannets, Aberystwyth, ddim ond yn ychwanegu at y mwynhad ar ôl gwaith y bore. Gresyn na fyddai pob pwyllgor ariannol mor bleserus – ond mae cadeiryddion ac ysgrifenyddion o safon yr Ymddiriedolaeth hon yn brin.

Daeth gwasanaeth Graham Rees fel cadeirydd yr ymddiriedolaeth (a chadeirydd y tri phwyllgor) i ben yn 2001, er iddo barhau'n ymddiriedolwr tan 2005. Bu'n gadeirydd y Pwyllgor Ceisiadau am 23 o flynyddoedd; yn gadeirydd yr ymddiriedolaeth(au) am 15 o flynyddoedd ac yn gadeirydd y Pwyllgor Gweithredol am 10 mlynedd. Cyflwynodd waith clodwiw ar ran yr ymddiriedolaeth(au) a gwerthfawrogid ei wasanaeth gan ei gyd-ymddiriedolwyr a staff y swyddfa. Wrth iddo ymddeol penderfynwyd rhannu'r cyfrifoldebau unwaith yn rhagor, gydag Emrys Wynn Jones yn gadeirydd y Pwyllgor Gweithredol a chadeirydd yr ymddiriedolaeth, a Gwerfyl Pierce Jones yn arwain y Pwyllgor Ceisiadau.

Daeth Emrys Wynn Jones yn ymddiriedolwr yn 1990 ar ôl iddo ymddeol o'i swydd fel Cofrestrydd ac Ysgrifennydd Prifysgol Aberystwyth. Cyn hynny roedd wedi gwasanaethu fel Cofrestrydd Prifysgol Cymru. Roedd ganddo brofiad helaeth o weinyddu, a gwyddai'r ymddiriedolwyr yn dda y byddai Emrys yn cydio yn y gwaith gydag ymrwymiad a brwdfrydedd. Felly y bu am y deng mlynedd nesaf tra bu'n gwasanaethu fel cadeirydd.

Etholwyd Gwerfyl Pierce Jones yn ymddiriedolwraig yn 1995 pan oedd hi'n gyfarwyddwr Cyngor Llyfrau Cymru. Gyda'i chefndir yn ei gwaith ac wrth wasanaethu nifer helaeth o sefydliadau yng Nghymru, ni fu neb yn fwy addas fel arweinydd y Pwyllgor Ceisiadau. Bu ei gwybodaeth am fywyd eglwysig, am addysg uwch ac am y celfyddydau yng Nghymru yn ddefnyddiol tu hwnt wrth adolygu polisïau dosbarthu grantiau'r ymddiriedolaeth. Fel yn achos Emrys Wynn Jones, bu hi hefyd yn gyfaill agos i'w chyd-ymddiriedolwyr ac yn gefn i staff yr ymddiriedolaeth.

Pan ymddeolodd Emrys Wynn Jones o'r gadeiryddiaeth yn 2011, cam naturiol oedd ethol Gwerfyl Pierce Jones yn olynydd teilwng iddo. Byddai Gwerfyl hefyd yn parhau fel cadeirydd y Pwyllgor Ceisiadau. Ond roedd angen person cymwys i wasanaethu fel cadeirydd y Pwyllgor Gweithredol. Ymunodd yr Athro Derec Llwyd Morgan â'r pwyllgor hwn yn 2004 ar ôl iddo ymddeol o'i swydd fel Is-ganghellor Prifysgol Aberystwyth. Roedd ganddo brofiad o warchod buddsoddiadau'r brifysgol, ynghyd â buddsoddiadau Prifysgol Cymru, sefydliad y bu'n Is-ganghellor Hŷn arno am dair blynedd. Roedd yn ddewis amlwg felly i ddilyn Emrys Wynn Jones fel cadeirydd y Pwyllgor Gweithredol. Dyma'r bartneriaeth gadeiryddol a ddaeth i fod yn 2011 ac sy'n parhau hyd heddiw.

Trwy gydol y blynyddoedd hyd at 1982 dau ysgrifennydd gweithredol a fu: Tom Jones a'i olynydd, Mansel Davies. Yn drist iawn, daeth salwch difrifol i ran Mansel Davies ym mis Awst 1981 a bu farw yn Nhachwedd y flwyddyn honno. Llwyddwyd i gael gwasanaeth Arthur Cooper dros dro nes penodi ysgrifennydd gweithredol newydd; roedd newydd ymddeol o'i swydd fel dirprwy gyfarwyddwr cyllid gyda Chyngor Sir Ceredigion a bu'n gryn gaffaeliad. Penodwyd Richard Morgan i'r swydd yn Chwefror 1982 ond nid oedd modd iddo ddechrau yn y gwaith tan fis Gorffennaf 1982. Bodlonodd Arthur Cooper i aros yn y swydd dros dro tan hynny. Brodor o Rydaman yw Richard Morgan, wedi bod yn fyfyriwr yng Ngholeg y Brifysgol Aberystwyth ac yn ddarlithydd yng Ngholeg y Brifysgol Abertawe cyn penderfynu newid cyfeiriad a symud i weithio gyda'r ymddiriedolaethau.

Yng nghanol yr 1990au, dan gadeiryddiaeth yr Athro Graham Rees a Richard Morgan fel ysgrifennydd gweithredol, dechreuwyd ar drafodaethau mewnol a fyddai'n arwain, maes o law, at newid sylweddol yn hanes y ddwy ymddiriedolaeth, sef eu huno a chreu Ymddiriedolaeth James Pantyfedwen. Doedd y syniad yn ddim mwy na breuddwyd bryd hynny. Yn dilyn cyfnod hir o drafod gyda'r Comisiwn Elusennau cyflwynwyd y cais i uno ynghyd â nifer helaeth o geisiadau eraill, rhai'n codi o'r syniad o uno ac eraill yn annibynnol ar yr amcan hwn. Rhoddodd y Comisiwn sêl bendith ar yr uno a chytunwyd hefyd i ganiatáu'r holl newidiadau eraill a ddymunai'r ymddiriedolwyr, ac eithrio un. Yr eithriad hwn oedd cais yr ymddiriedolwyr i gyfalafu'r arian wrth gefn oedd wedi cynyddu'n sylweddol ers i'r trefniant cyfalafu ddod i ben yn 1987. Mynnai'r Comisiwn ein bod yn cadw'r arian hwn yn arian incwm ac yn ei wario (ond nid ar unwaith) gan ei fod yn arian a dalwyd yn ddi-dreth (gan fod yr ymddiriedolaeth yn elusen gofrestredig). Erbyn y daeth yr amser i gyflwyno'r cais terfynol i'r Comisiwn, roedd yr arian tu cefn dros filiwn o bunnoedd.[32]

Pam roedd yr ymddiriedolwyr yn awyddus i uno'r ddwy ymddiriedolaeth? Y rheswm cyntaf oedd y cynnydd yn yr incwm wrth gefn. Gwelid hyn yn bennaf yng Nghronfa John a Rhys Thomas James gan nad oedd amcanion y gronfa hon yn caniatáu gwario'r cyfan o'r incwm blynyddol. Ar y llaw arall, roedd y gofynion ar Gronfa Catherine a'r Fonesig Grace James yn trymhau, a gellid gwario rhagor os byddai'r incwm ar gael. Felly, y sefyllfa oedd fod un gronfa â gormod o incwm a'r llall lle'r oedd yr incwm yn annigonol. Yr ail reswm dros uno oedd cael gwared ar y dyblygu oedd yn bod wrth weinyddu dwy ymddiriedolaeth. Wrth eu cadw ar wahân roedd angen dwy system weinyddu – dwy set o gofnodion, dwy set o bapur ysgrifennu, dau bortffolio buddsoddi, dwy set o gyfrifon, dau adroddiad blynyddol ac yn y blaen. Wrth ddrafftio'r cais dros uno, cytunwyd i lynu wrth yr enw 'John a Rhys Thomas James' wrth gefnogi eisteddfodau a'r enw 'Catherine a'r Fonesig Grace James' wrth estyn cymorth i fyfyrwyr. Dyma oedd amddiffyniad yr ymddiriedolwyr rhag y feirniadaeth o gefnu ar ddymuniadau DJ.

Ar y dechrau roedd cyfreithwyr yr ymddiriedolaethau'n amheus iawn a fyddai'r cais i uno'n llwyddo. Yn wyneb y besimistiaeth hon penderfynodd yr ymddiriedolwyr fynd ati i baratoi cynlluniau amgen rhag ofn i'r cais i uno fethu. Un cynllun oedd chwyddo ac ehangu amcanion Ymddiriedolaeth

John a Rhys Thomas James. Cynllun arall oedd cyflwyno arian o un ymddiriedolaeth i'r llall (o'r 'John' i'r 'Catherine') gan ddefnyddio'r confensiwn cyfreithiol *cy-près*.[33] Ond penderfynwyd peidio â datgelu'r cynlluniau hyn gerbron y Comisiwn Elusennau gan fod yr ymddiriedolwyr yn awyddus i wasgu'r cynllun uno ar y Comisiwn. Y canlyniad oedd i ddycnwch a'r gwaith paratoi gofalus ynghyd â'r dyfalbarhad ddwyn eu gwobr. Cafwyd llwyddiant – canlyniad, yn ôl ein cyfreithwyr, oedd 'yn wyrthiol'. Wrth ysgrifennu at ein cyfreithwyr i ddiolch iddynt am eu gwaith, daeth yr ymateb hwn i law: 'your kind remarks are very much appreciated. I am aware, however, that the whole idea for merging the two Foundations came from the Trustees (I suspect from you personally) and I have no doubt that without all your input, which we were able to use in the presentation that we made to the Charity Commission, we would have not been as successful as we were'.

Daeth yr ymddiriedolaeth newydd i fod yn swyddogol ar 1 Ebrill 1998 a chafwyd cynllun newydd a fyddai'n rheoli gwaith a gweinyddiaeth yr ymddiriedolaeth newydd. Ac eithrio mân newidiadau, dyma'r cynllun sy'n bod heddiw. Cytunwyd ar gynllun ymgorffori'r ymddiriedolwyr ym mis Gorffennaf 1998. Golygai hyn nad oedd angen defnyddio trydydd corff (megis un o'r banciau) fel ymddiriedolwr gwarchodol i weithredu newidiadau yn y buddsoddiadau. Symleiddio'r broses oedd y prif amcan, ond roedd arbed £6,000 y flwyddyn mewn ffioedd yn ystyriaeth hefyd! Seliwyd y ddogfen ymgorffori ym mis Hydref 1998.

Yn y flwyddyn 2000 penderfynodd ymddiriedolwyr Undeb Cymru Fydd ddwyn yr elusen i ben, gan ofyn i ymddiriedolwyr Cronfa James Pantyfedwen a fyddent yn barod i dderbyn yr asedau oedd yn weddill. Cytunwyd i hyn, a chafwyd sêl bendith y Comisiwn Elusennau. Trosglwyddwyd £57,188 i goffrau'r ymddiriedolaeth, a chytunwyd ar ddau beth, sef (1) ymrwymo i roi cefnogaeth ariannol i Dr Rhiannon Ifans yn y gwaith o baratoi cyfrol *Y Golygiadur*[34] a (2) buddsoddi gweddill yr arian fel rhan o bortffolio'r ymddiriedolaeth, gyda'r incwm i'w ddefnyddio'n flynyddol i gynnig un neu fwy o ysgoloriaethau yn enw Undeb Cymru Fydd fel bod enw'r corff hwnnw, a wnaeth gymaint dros hunaniaeth Cymru mewn blynyddoedd a fu, yn parhau.

Ar ôl 32 mlynedd o wasanaeth mynegodd Richard Morgan ei fwriad i ymddeol o'i swydd fel ysgrifennydd gweithredol yn dilyn cyfarfod blynyddol yr ymddiriedolaeth ym mis Gorffennaf 2014. Aethpwyd ati i lenwi'r swydd ond ni chafwyd person addas, a chytunodd Richard Morgan i barhau yn ei waith am ddwy flynedd arall. Ar ddiwedd 2015 ailddechreuwyd y broses o chwilio am olynydd a'r tro hwn bu'r ymdrechion yn llwyddiannus. Daeth Gwenan Creunant i'r swydd. Cyn hyn bu'n gweithio fel gweinyddwraig a chyfieithydd ym Mhrifysgol Aberystwyth, yn gyntaf oll yn yr Adran Gwleidyddiaeth Ryngwladol ac ar ôl hynny yn yr Athrofa Daearyddiaeth, Hanes, Gwleidyddiaeth Ryngwladol a Seicoleg. Dechreuodd Gwenan ar ei gwaith ar 1 Awst 2016 ar ôl treulio mis Gorffennaf 2016 yn cydweithio â Richard Morgan.

Bu gwaith ysgrifenyddol y swyddfa yn nwylo Mrs Guy ers i'r swyddfa agor yn Aberystwyth. Ymddeolodd hi ar ddiwedd Gorffennaf 1980 a daeth Mrs Rachel Berenice Davies (gwraig Mansel Davies, yr ysgrifennydd gweithredol) i lenwi'r swydd. Ddiwedd 1992 ymddeolodd Mrs Davies ar ôl deuddeng mlynedd o wasanaeth ffyddlon ac olynwyd hi gan Diane Davies. Yn 1995 symudodd Diane Davies i swydd arall a daeth Mrs Nel Williams i lenwi'r bwlch. Mae Nel yn parhau yn y swydd ac wedi cyfrannu'n helaeth i weinyddiaeth effeithiol yr ymddiriedolaethau am gyfnod o dros ugain mlynedd.

Amcan y bennod hon oedd amlinellu dechreuadau a datblygiad yr ymddiriedolaethau o 1957 ymlaen. Gwelir y cynnydd yng ngwerth yr ymddiriedolaethau yn Atodiadau D, Dd, E ac F. Rhoddodd DJ filiwn o bunnoedd (dwy rodd o £500,000 yr un) ar y dechrau. Rhoddodd swm ychwanegol o £82,653 pan sefydlwyd Ymddiriedolaeth John a Rhys Thomas James yn 1966. Bellach, mae'r ddwy ymddiriedolaeth yn un, a'r gwerth ar 31 Mawrth 2020 oedd dros £13,841,729 miliwn (£12.24 miliwn yn y brif gronfa a £1.60 miliwn yn y gronfa arian wrth gefn). Dangoswyd yma mai prynu a gwerthu buddsoddiadau fu'n bennaf cyfrifol am y cynnydd sylweddol hwn, er bod cyfnewid daliadau eiddo am fuddsoddiadau o wahanol fathau wedi bod yn allweddol hefyd. Cyfrannodd yr hawl i gyfalafu 25% o incwm blynyddol Ymddiriedolaeth John a Rhys Thomas James, ynghyd ag unrhyw incwm heb ei wario'n flynyddol – hyd at 1987 – at y cynnydd. Bu cynnydd sylweddol hefyd yn yr incwm, o oddeutu £12,000 y flwyddyn ar gyfartaledd, ar ôl cyfrif rhodd gychwynnol DJ, i £645,175 yn y flwyddyn yn diweddu 31 Mawrth 2020.

Yn absenoldeb unrhyw arian newydd, mae 'llwyddiant' trin y buddsoddiadau wedi bod yn allweddol. Mae'r cynnydd yng ngwerth y cyfalaf a'r incwm blynyddol yn dyst i'r llwyddiant hwnnw, ond mae dibyniaeth ar fuddsoddiadau'n dwyn ei heriau, yn fwyaf arbennig ansicrwydd. Rhoddir mwy o sylw i hyn yn y bennod nesaf.

---

[30] Cyfranddaliadau nad oeddynt ar y farchnad stoc.

[31] Yn y misoedd cyn sefydlu'r ymddiriedolaeth bu peth newid yn y daliadau gan fod DJ wedi hawlio'r 20,000 o gyfranddaliadau yn y cwmni grawn ynghyd â'r 9,000 o gyfranddaliadau yn Amalgamated Picture Theatres Ltd yn ôl. Pam gwneud hyn? Does neb fedr ateb y cwestiwn. Yn eu lle, cyflwynodd sawl darn o eiddo, yn Llundain ac yn Essex yn bennaf ond hefyd ddwy fferm yn ardal Pontrhydfendigaid – oedd yn cyfateb mewn gwerth i'r hyn roedd wedi'i hawlio'n ôl.

[32] Yn 1999 gosodwyd yr arian wrth gefn mewn cronfa fuddsoddi ar wahân (gweler y manylion yn Atodiad F).

[33] Mae modd gweithredu hyn lle gellir dangos nad oes modd gwario'r incwm cyfan mewn cronfa ond bod modd ei ddefnyddio mewn cronfa arall sy'n agos ati o ran pwrpas ac amcan.

[34] Llawlyfr i awduron a golygyddion (cyhoeddwyd yn 2006).

Pennod 7

Amcanion a Heriau

PWRPAS Y BENNOD HON yw amlinellu polisïau'r ymddiriedolaethau o 1957 i 2020, gan egluro'r cynnydd yng ngwerth y cyfalaf a chyfanswm yr incwm blynyddol, a dangos wedyn sut y gwariwyd yr incwm dros y cyfnod hwn. Rhoddir sylw yn hanner cyntaf y bennod i'r dulliau a ddefnyddiwyd i gynhyrchu'r incwm, a hynny yn absenoldeb unrhyw arian newydd. Yn ail hanner y bennod amlinellir y polisïau a ddatblygwyd i reoli gwariant yr incwm hwnnw ac i gytuno ar flaenoriaethau wrth wario.

Cynhyrchu'r incwm

Rhoddodd DJ gyfanswm o £1.082m fel rhodd i sefydlu'r ymddiriedolaeth gyntaf; erbyn diwedd Mawrth 2020 (gweler Atodiadau D, Dd, E a F) roedd gwerth y portffolio buddsoddiadau wedi cynyddu i dros £12m (ac yn agos at £14m wrth gynnwys yr incwm tu cefn). Mewn geiriau eraill, gwelwyd cynnydd blynyddol o oddeutu £246,000 yng ngwerth y cyfalaf a chynnydd o oddeutu £12,000 yn yr incwm blynyddol bob blwyddyn ar gyfartaledd. Gelyn mwyaf dibyniaeth ar fuddsoddiadau yw chwyddiant. Da medru adrodd bod y cynnydd yng ngwerth y cyfalaf a maint yr incwm wedi bod yn uwch na lefelau chwyddiant trwy'r cyfnod dan sylw, ac eithrio rhai blynyddoedd yng nghanol y 1970au pan gododd lefelau chwyddiant dros 20%. Dyma'r cyfnod pan brofwyd cynnydd mawr ym mhris olew a chodiadau cyflogau sylweddol dan ddylanwad grym yr undebau llafur. Gwelwyd cynnydd mewn chwyddiant hefyd ar ddechrau'r 1980au – gan gyrraedd uchafbwynt o 11.9% yn 1981 – ond yn y cyfnod hwn roedd yr economi'n tyfu ar gyfradd uchel o rhwng 4% a 5% yn flynyddol a hynny'n cael ei ddilyn gan chwyddiant ar lefel gymharol uchel. Roedd hwn yn fath gwahanol o chwyddiant i'r hyn a geid yn y 1970au. Fel arall, bu'r cyfnod rhwng 1957 a 2020 yn gymedrol o ran cyfradd chwyddiant. Mae'r graff a welir yn nes ymlaen yn y bennod hon yn dangos yn glir sut y mae perfformiad cynyddol y buddsoddiadau wedi codi ymhell uwchlaw'r gyfradd chwyddiant gynyddol. Mwy am hyn eto.

Sut mae esbonio'r patrymau cynnydd yn y cyfalaf a'r incwm? Mae nifer o wahanol atebion i'r cwestiwn. Mae'r diolch cyntaf i DJ. Wrth sefydlu'r ymddiriedolaeth gyntaf llwyddodd i berswadio'r Comisiwn Elusennau fod angen cymal buddsoddi mor eang â phosib, a dyna a gafwyd – cymal sy'n caniatáu'r hawl i ddefnyddio dulliau buddsoddi amrywiol. Bu tipyn o sôn yn ystod y 1950au am yr angen am gyfarwyddyd i ymddiriedolwyr oedd yn ymdrin â materion buddsoddi ar ran elusennau. Gwyddai DJ fod newid yn y gwynt ac roedd yn awyddus i sefydlu'r ymddiriedolaeth cyn i'r newidiadau ddod i rym. Yn 1960 cyhoeddodd y llywodraeth y bwriad i gyflwyno mesur newydd yn ymwneud â buddsoddi gan ymddiriedolwyr. Daeth y ddeddf i rym yn 1961 – Deddf Buddsoddiadau Ymddiriedolwyr – a bu cryn feirniadu arni, a llawer o'r farn ei bod yn or-geidwadol. Byddai gofyn i ymddiriedolwyr rannu'r buddsoddiadau'n ddau ddosbarth: dosbarth cyfyng fyddai'n cynnwys arian a stociau llog penodol, a dosbarth mwy eang yn cynnwys cyfranddaliadau'n bennaf. Y prif gyfyngiad oedd na ellid gosod mwy na 25% o'r cyfan yn y dosbarth mwy eang. Mae'n sicr bod DJ ymhlith y rhai oedd yn cwyno am y ddeddf newydd, ond wrth gwrs roedd wedi sicrhau cyfyngiadau llawer mwy llac i'w ymddiriedolaeth ei hun trwy ei sefydlu pan wnaeth, yn arbennig felly cyn dyfodiad Deddf 1961.

Yn y flwyddyn 2000 cafwyd Deddf Buddsoddiadau Ymddiriedolwyr newydd oedd yn cydnabod i raddau'r dewisiadau mwy eang sydd ar gael bellach ym maes buddsoddi. Roedd Deddf 2000 yn rhyddhau ymddiriedolwyr i ddilyn y llwybrau newydd hyn gan bwysleisio gwerth amrywiaeth ond, ar yr un pryd, yn tanlinellu'r angen i geisio cyngor priodol wrth fuddsoddi. Bellach, mae'r Comisiwn Elusennau wedi cyhoeddi dogfen: CC14 'Elusennau a Materion Buddsoddi: Canllaw i Ymddiriedolwyr'. Seiliwyd y ddogfen ar gynnwys Deddf 2000 a dyma'r arweiniad y mae'n rhaid ei ddilyn, er bod cymal buddsoddi unigryw yr ymddiriedolaeth (sy'n dyddio'n ôl i 1957) yn parhau i gynnig elfen o annibyniaeth i'r ymddiriedolwyr wrth ymwneud â buddsoddiadau.

Mae'r cymal buddsoddi sydd gan yr ymddiriedolaeth heddiw yn parhau mewn grym. Daeth yn rhan o'r ddogfen sy'n rheoli gwaith a dulliau gweinyddu'r ymddiriedolaeth a luniwyd yn 1998 pan unwyd y ddwy ymddiriedolaeth i greu Ymddiriedolaeth James Pantyfedwen. Wrth drafod y posibilrwydd o uno awgrymodd y Comisiwn Elusennau y dylid dileu'r cymal buddsoddi eang oedd yn bodoli ers 1957, ond mynnodd yr ymddiriedolwyr ddal eu tir. Nid yw hyn yn awgrymu am eiliad fod yr ymddiriedolwyr eisiau bod yn eithafol o anturus wrth chwilio am ddulliau buddsoddi newydd – gydag ambell eithriad. Yn wir, ceidwadol yw'r gair gorau i ddisgrifio polisi buddsoddi'r ymddiriedolwyr dros y cyfnod dan sylw, ac mae'r ymddiriedolwyr yn gweld bod pwerau buddsoddi'n eang yn dwyn pob math o gyfrifoldebau. Rhaid chwilio am esboniadau eraill dros y cynnydd felly.

Dau fodel gweithredu sydd ar gael wrth reoli portffolio buddsoddi, ac mae'r naill a'r llall yn pwyso ar ymgynghorwyr ariannol, ond mewn gwahanol ffyrdd. Y model cyntaf yw'r un ymgynghorol, lle mae'r ymgynghorwyr yn cynnig cyngor ar dueddiadau'r marchnadoedd stoc byd-eang ynghyd â chyngor ar beth i'w brynu a beth i'w werthu, ond bod y penderfyniadau terfynol yn nwylo'r ymddiriedolwyr. Dyma oedd y model a ddefnyddiodd yr ymddiriedolaeth o 1957 hyd at 2016. Yr ail fodel yw'r un dewisol, lle mae'r ymgynghorwyr ariannol wedi derbyn yr hawl (a'r cyfrifoldeb) o newid cynnwys y portffolio yn unol â'u gweledigaeth, ac yn adrodd yn ôl i'r ymddiriedolwyr. Gyda'r model dewisol, rhaid gweithredu o fewn strwythur buddsoddi a sefydlwyd gan yr ymddiriedolwyr.

Yn y 1990au cafwyd arbrawf o ddefnyddio cyfran o arian y ddwy ymddiriedolaeth ar y pryd ar delerau dewisol. Ni fu hwn yn llwyddiant a dilëwyd yr arbrawf ar ôl tair blynedd. Ond yn 2016 penderfynwyd mabwysiadu'r model dewisol yn llawn. Pam y newid? Roedd yr ymddiriedolwyr newydd ystyried asesiad o waith yr ymgynghorwyr ariannol yn 2014 a 2015 a chael bod y canlyniadau'n foddhaol ar y cyfan. Ond wrth ofyn cwestiynau am waith a chyngor yr ymgynghorwyr, teg hefyd oedd holi cwestiynau am addasrwydd y model ymgynghorol (fel y gwneir gyda phob asesiad o waith yr ymgynghorwyr). Un o'r prif sylwadau yn gyrru'r penderfyniad dros newid oedd y graddau y mae'n deg asesu perfformiad yr ymgynghorwyr pan mai'r ymddiriedolwyr sy'n gwneud y penderfyniadau terfynol. Er bod ymddiriedolwyr yn debygol o dderbyn awgrymiadau'r ymgynghorwyr, roeddent ar dir hefyd i wrthod unrhyw awgrymiadau.

Ar ôl pwyso a mesur, dyma'r rhesymau dros newid o'r ymgynghorol i'r dewisol:

(i) byddai'n haws ac yn gyflymach gweithredu'r newidiadau yn y buddsoddiadau wrth ddefnyddio'r model dewisol
(ii) wrth fesur y perfformiad, teg oedd ystyried llwyddiant neu fethiant y newidiadau yn eu cyfanrwydd fel dilyniant o benderfyniadau'r ymgynghorwyr, yn hytrach na chyfuniad o awgrymiadau'r ymgynghorwyr a barn aelodau'r pwyllgor (fel yn y model ymgynghorol)
(iii) roedd y model ymgynghorol erbyn hyn yn dipyn llai poblogaidd nag y bu; nodwyd bod nifer o gwmnïau ymgynghorol bellach yn gwrthod cynnig unrhyw wasanaeth yn seiliedig ar y model ymgynghorol
(iv) doedd dim gwahaniaeth yn y gost rhwng y modelau. Nid oedd y dybiaeth hon yn gwbl gywir ond cafwyd cyfaddawd fel nad oedd yr ymddiriedolaeth yn talu mwy wrth ddefnyddio'r model dewisol na'r model ymgynghorol
(v) nid oedd gan bob aelod o'r pwyllgor yr un cefndir ym maes buddsoddi; roedd yn bwysig cydnabod hyn a gosod mwy o gyfrifoldeb ar ysgwyddau'r ymgynghorwyr.

Wrth symud at y model dewisol yn 2016 derbyniwyd bod angen diweddaru'r strwythur buddsoddi er mwyn sicrhau bod gan yr ymgynghorwyr ganllawiau clir a phendant wrth iddynt fynd ati i weithredu'r model dewisol. Aethpwyd ati i gyflawni'r gwaith, a derbyniwyd y canllawiau newydd gan yr ymddiriedolwyr ym mis Gorffennaf 2016. Rhoddir crynodeb o'r ddogfen 'Datganiad o Egwyddorion Buddsoddi' isod.

Datganiad o Egwyddorion Buddsoddi

Er bod gan yr ymddiriedolaeth ganllawiau buddsoddi sy'n ymestyn yn ôl dros gyfnod hir o amser, ym mis Mai 2012 y lluniwyd y ddogfen gyfansawdd gyntaf, a hynny mewn ymateb i gyhoeddi cyfarwyddiadau newydd gan y Comisiwn Elusennau yn 2012 (CC14). Wrth symud o'r model ymgynghorol i'r model dewisol yn 2016 roedd angen ailwampio dogfen Mai 2012. Digwyddodd hyn yn gynnar yn 2016, a chytunwyd ar y ddogfen newydd ym mis Gorffennaf 2016. Mae'r ddogfen newydd yn cynnwys gwybodaeth am ddyletswyddau'r ymddiriedolwyr, ynghyd â'r gofynion sy'n gyfrifoldeb i'r ymgynghorwyr (adrodd yn fisol, adroddiadau llawn bob tri mis, cyfarfod wyneb yn wyneb ddwywaith y flwyddyn, yr ymgynghorwyr yn unig i fod yn gyfrifol am berfformiad a defnyddio nifer o feincnodau er mwyn mesur perfformiad). Mae'r ddogfen hefyd yn cynnwys nifer o gyfyngiadau ar fathau o fuddsoddiadau ac ar faint y daliadau unigol o fewn y portffolio. Prif gyfrifoldeb yr ymddiriedolwyr yw gosod canllawiau ar gyfer dosbarthiad y gwahanol asedau. Dangosir amrediad y dosbarthiadau isod – ar gyfer y brif gronfa a'r gronfa incwm wrth gefn.

	Y brif gronfa	Y gronfa incwm wrth gefn
Arian	0–10%	0–20%
Stociau llog penodol (bondiau gwladol a bondiau corfforaethol)	15–40%	40–80%
Cyfranddaliadau (Prydeinig a thramor)	50–80%	20–50%
Arall (eiddo, ecwiti preifat ac ati)	0–20%	0–20%

Dyma wir ddosbarthiad yr asedau ar ddiwedd Mawrth 2020:

	Y brif gronfa	Y gronfa incwm wrth gefn
Arian	3.0%	3.0%
Stociau llog penodol	17.0%	57.0%
Cyfranddaliadau	66.0%	30.0%
Arall	14.0%	10.0%

Mae'r ddau dosbarthiad yn defnyddio agweddau gwahanol tuag at risg. Mae'r brif gronfa yn cynrychioli risg ar lefel ganolig/uchel, lle mae'r pwyslais mwyaf ar enillion o gyfranddaliadau. Mae'r gronfa incwm wrth gefn yn adlewyrchu risg ar raddfa is, sef canolig/isel, lle mae'r pwyslais mwyaf ar enillion o stociau llog sefydlog. Noder mai incwm heb ei wario o flynyddoedd cynt yw sail y gronfa incwm wrth gefn ac y gallai'r angen godi i wario peth o hwn unrhyw bryd. Ar y llaw arall, cyfalaf parhaol (*permanent endowment*) yw cynnwys y brif gronfa, lle mae agwedd dymor hir ar waith. Ar y cyfan, mae llawer llai o risg gyda llog penodol na chyfranddaliadau.

Diddorol yw cymharu dosbarthiad yr asedau heddiw â'r sefyllfa gyda'r rhoddion cychwynnol a gafwyd gan DJ yn 1957 a 1963, sef:

Arian	1.0%
Stociau llogau penodol	1.1%
Cyfranddaliadau	15.1%
Arall – eiddo rhydd-ddaliadol ac eiddo ar brydles	82.8%

Mae'n amlwg bod y dosbarthiad asedau gwreiddiol yn bur wahanol i'r dosbarthiad cyfoes. Asedau eiddo oedd y rhan helaethaf o roddion DJ ar y dechrau, gan gynnwys prisiad ganddo fe'i hunan o'i gartref yn Sutton Hall. Erbyn hyn mae cyfradd yr eiddo'n is o lawer iawn, a does gan yr ymddiriedolaeth ddim daliadau eiddo unigol. Yn hytrach, mae tua 4% o'r asedau yn y brif gronfa mewn cronfeydd eiddo casgliadol, sef swyddfeydd a ffatrïoedd yn bennaf.

Yn y brif gronfa, felly, mae dosbarthiad yr asedau heddiw ynghlwm wrth fuddsoddi mewn cyfranddaliadau i raddau helaeth – cwmnïau Prydeinig yn bennaf (ond noder bod nifer o'r cwmnïau hyn yn ddibynnol ar werthu eu cynnyrch mewn marchnadoedd tramor). Ond mae lleoedd eraill yn y byd yn bwysig hefyd, megis yr Unol Daleithiau (13% o'r asedau mewn cyfranddaliadau), Ewrop (6% mewn cyfranddaliadau), Siapan (3%) a gweddill y Dwyrain Pell (4%). Disgrifiwyd y strwythur hwn yn gynharach fel risg ganolig/uchel – 71.4% o'r asedau cyfan mewn cyfranddaliadau. Dyma'r ffordd glasurol o sicrhau twf yn yr incwm yn y dyfodol, ond y dyddiau hyn hefyd mae llawer o'r cwmnïau yn talu incwm da, incwm ar gyfradd dipyn uwch na'r hyn a geir o fuddsoddi mewn arian neu fondiau llywodraeth. Nid felly y bu erioed, wrth gwrs, ond mae patrwm heddiw'n adlewyrchu cyfnod hir o raddfeydd llog isel oddi ar argyfwng ariannol 2008.

Wrth feddwl am y ddibyniaeth drom ar gyfranddaliadau i gynhyrchu incwm cymharol uchel heddiw, ond hefyd er mwyn gweld yr incwm hwnnw'n tyfu yn y dyfodol, mae'n bwysig holi beth yw'r heriau sy'n wynebu strwythur buddsoddi'r ymddiriedolaeth wrth edrych ymlaen. Mae'r adran nesaf yn ceisio mynd i'r afael â'r cwestiwn hwn.

Heriau

Yr her fwyaf i fuddsoddiadau'r ymddiriedolaeth (a buddsoddiadau yn gyffredinol) yw lleihad sylweddol yng ngwerth y cyfalaf a'r incwm y mae'r cyfalaf yn ei gynhyrchu. Mae'r ail yn bwysicach na'r cyntaf oherwydd byddai gostyngiad yn yr incwm (yn arbennig dros gyfnod hir o amser) yn peryglu gallu'r ymddiriedolaeth i dalu grantiau'n weddol gyson dros nifer o flynyddoedd. Mae cadw peth arian tu cefn yn gymorth mawr yn y tymor byr gan fod hyn yn galluogi'r ymddiriedolwyr i barhau i dalu grantiau'n gyson. Braidd yn bragmataidd, efallai, ond mae'r ymddiriedolwyr yn ymdrechu i wario'r hyn a geir mewn incwm o flwyddyn i flwyddyn. Gorau oll os yw'r incwm yn cynyddu o flwyddyn i flwyddyn; dyna yw un o brif amcanion y polisïau buddsoddi, a dyna fu'r patrwm arferol, fel y gwelir yn Atodiadau D, Dd, E ac F. Ond os byddai'r incwm yn gostwng, go brin y byddai'n ostyngiad mawr, a gallai'r incwm wrth gefn lenwi'r bwlch. Yr egwyddor bwysicaf yw fod yr ymddiriedolaeth yn fuddsoddwr tymor hir; y bwriad yw parhau â'r gwaith tra bydd unigolion a sefydliadau'n chwilio am gymorth ariannol i wireddu eu cynlluniau. Felly, mae lleihad yng ngwerth y portffolio'n amherthnasol i raddau ar yr amod ei fod yn adennill yr hyn a gollwyd. Mae hanes yn dangos nad yw'r dybiaeth hon yn orhyderus, fel y cawn weld yn y man.

Os yw'r ymddiriedolaeth yn wynebu cyfnod lle mae gwerth y cyfalaf yn gostwng, nid yw hyn yn debygol o greu anawsterau yn y tymor byr. Mewn sefyllfa felly mae profiad yn dangos bod gwerth marchnadoedd stoc y byd yn debygol o adennill y tir a gollwyd, gan fwyaf mewn amser cymharol fyr.

Ar y llaw arall, os yw'r gostyngiad yng ngwerth y cyfalaf yn parhau dros gyfnod o flynyddoedd mewn ymateb, dyweder, i ddirywiad economaidd, gallai'r dirywiad hwnnw leihau gallu cwmnïau i dalu difidendau i gyfranddalwyr. Byddai'n ddiddorol sôn am rai enghreifftiau o ostyngiad yng ngwerth portffolio'r ymddiriedolaeth lle bu peth dylanwad negyddol ar yr incwm blynyddol, er y cafwyd cyfle i gywiro'r sefyllfa (o ran incwm) yn yr achosion hyn.

Yn 1984 ffurfiwyd mynegrif newydd, sef yr FTSE 100. Mesur yw hwn o werth y can cwmni mwyaf a restrir ar farchnad stoc Llundain. Rhoddwyd y ffigwr 1,000 i'r mynegrif newydd bryd hynny fel man cychwyn. Defnyddir y mynegrif bellach fel meincnod a mesurir unrhyw newid yng ngwerth portffolio yn erbyn symudiadau yn y mynegrif FTSE 100. Y ffigwr cyfatebol ar 14/08/2020 oedd 6,090 – chwe gwaith yn fwy na'r hyn a gafwyd ar y dechrau yn 1984. Yn yr un modd, yn 1962 lansiwyd mynegrif Pob Cyfranddaliad Prydeinig (*All-share Index*), sy'n cynnwys dros 500 o gwmnïau ar farchnad stoc Llundain. Rhoddwyd iddo ffigwr o 100 fel man cychwyn. Y ffigwr cyfatebol ar 14/08/2020 oedd 3,397 – dros ddeg gwaith ar hugain yn fwy na'r hyn oedd ar y dechrau yn 1962.

Trafodir isod rai enghreifftiau o symudiadau eithafol yng ngwerth marchnadoedd stoc ac effeithiau hyn ar bortffolio'r ymddiriedolaeth. Bu degawd y 1980au yn amser o chwyldro mawr yn y byd ariannol. Dyma'r blynyddoedd pan oedd y Ceidwadwyr mewn grym o dan arweiniad Margaret Thatcher. Bu hwn yn gyfnod o breifateiddio, dadreoli, mwy a mwy o fasnachu stociau trwy gyfrifiaduron (pan fyddai gwerth y mynegrif yn gostwng yn sylweddol byddai cyfrifiaduron yn cymryd drosodd, fel petai, ac yn awdurdodi gwerthu pellach) a gorhyder yng ngwerth stociau. Yn y flwyddyn hyd at 16 Hydref 1987 roedd y mynegrif FTSE 100 wedi cynyddu 49% yn ei werth. Fel y dywedodd un arbenigwr ar y pryd, 'overwhelming confidence in markets that was carried to excess' oedd hyn. Ddydd Llun, 19 Hydref ('Dydd Llun Du'), disgynnodd gwerth y mynegrif FTSE 100 10.8%, a ddydd Mawrth, 20 Hydref, disgynnodd 12.2% wedyn. Felly, mewn dau ddiwrnod roedd y mynegrif (a gwerth y 100 cwmni) wedi colli yn agos at hanner yr hyn a enillwyd rhwng Ionawr a chanol Hydref 1987. Cymerodd 648 o ddyddiau i'r mynegrif gyrraedd yn ôl i'r hyn ydoedd cyn 19 Hydref 1987. Teg oedd ei ddisgrifio fel 'cywiriad i ewfforia'r farchnad yn hytrach na mynegiant o broblemau sylfaenol yn yr economi'. A dyna beth oedd e: cywiriad yng ngwerth y farchnad – yn effeithio ar werth cyfalaf unrhyw bortffolio, ond heb amharu mewn unrhyw ffordd ar y raddfa incwm.

Rhwng 1997 a 1999 profwyd her bellach, yn fwyaf arbennig i rai o wledydd De-ddwyrain Asia. Y gwledydd a effeithiwyd fwyaf oedd Gwlad Tai, Indonesia a De Corea. Gwraidd yr anhawster oedd dyledion cynyddol y gwledydd hyn, oedd yn eu tro'n tanseilio gwerth eu harian. Arweiniodd diffyg hyder yn arian y gwledydd at sawl dibrisiad, a chwymp sylweddol ym marchnadoedd stoc y gwledydd hyn. Bu peth pryder ar draws y byd, gan gofio am y cysylltiadau economaidd sydd bellach rhwng gwahanol wledydd, ond lleol oedd y diffyg hyder i raddau helaeth, wedi'i gyfyngu i wledydd De-ddwyrain Asia. Mae'n wir bod y Dow/Jones, prif fynegai'r Unol Daleithiau, wedi disgyn 7.2% mewn diwrnod (27/10/1997), ond adenillwyd y tir a gollwyd yn fuan iawn. Yn 1997 cododd mynegrif y FTSE/100 25.4%. Cododd 16.4% yn 1998 a chafwyd codiad pellach o 6.2% yn 1999. Erbyn 1999 roedd y sefyllfa yn Ne-ddwyrain Asia wedi gwella, a'r prif reswm am hynny oedd buddsoddiad gan y Gronfa Ariannol Ryngwladol. Dychwelodd yr hyder yn arian y gwledydd hyn ac yn eu marchnadoedd stoc. Mewn geiriau eraill, yr un oedd yr hanes yma â'r hyn a welwyd yn yr argyfwng blaenorol, sef consýrn a phryder yn y tymor byr ond adferiad yn dilyn mewn byr amser.

Ar droad y ganrif cododd trydydd argyfwng. Helynt un sector economaidd oedd hwn yn bennaf, sef stociau'r rhyngrwyd, a rhoddwyd yr enw '*dot com bubble*' neu'r '*internet bubble*' i'r argyfwng hwn. Dechreuodd y cyfan yn yr Unol Daleithiau ym mis Mawrth 2000, a bu'n ddylanwad tan i farchnad stoc yr Unol Daleithiau ddechrau gwella ym mis Hydref 2002.

Er mwyn deall yr hyn a ddigwyddodd ym mis Mawrth 2000 rhaid ystyried yr hyn oedd ar waith yn y blynyddoedd cyn hynny. Rhwng 1990 a 1997 yn yr Unol Daleithiau cynyddodd canran y teuluoedd oedd yn berchen ar gyfrifiadur gartref o 15% i 35%. Roedd nifer y buddsoddwyr hefyd ar gynnydd, yn arbennig rhai oedd yn awyddus i osod eu harian mewn cwmnïau yn y sector cyfrifiaduron/rhyngrwyd/technoleg newydd.

Yn y cyfnod rhwng 1995 a 2000 bu cynnydd o 400% ym mynegrif NASDAQ yn yr Unol Daleithiau, sef y mynegrif sy'n adlewyrchu iechyd cwmnïau'r dechnoleg newydd. Wrth fuddsoddi mewn cwmnïau unigol yn gyffredinol rhoddir sylw arbennig i fesur o'r berthynas rhwng prisiau'r cyfranddaliadau ac enillion y cwmnïau. Yn hanesyddol, mae'r mesur yn dueddol o fod rhwng 10 a 20; y dybiaeth yw fod ffigwr o dan 10 yn awgrymu bod pris y siâr yn isel a'i bod yn werth ystyried prynu, a bod ffigwr dros 20 yn awgrymu bod pris y siâr yn uchel ac mai gwell oedi cyn prynu (gall y ffigwr fod yn uwch na 20 os yw'r farchnad yn credu bod cwmni'n debygol o gynhyrchu enillion mwy yn y dyfodol).

Ond anghofiwyd am y dull traddodiadol hwn o fesur llwyddiant ac iechyd cwmni gan fod buddsoddwyr wedi'u hargyhoeddi y byddai buddsoddi yn y cwmnïau newydd hyn yn creu elw sylweddol iddynt yn y dyfodol. Erbyn Mawrth 2000 mewn nifer o achosion roedd y berthynas rhwng pris y siâr ac enillion y cwmni wedi codi i dros 200! Rhwng 1995 a 2000 cododd prisiau'r cyfranddaliadau yn y deuddeg cwmni mwyaf blaenllaw o fewn sector y dechnoleg newydd dros 1000%. Ar 10 Mawrth 2000 cyrhaeddodd mynegrif NASDAQ ei uchafbwynt – 5048.62. Dyma ddiwedd yr hapfuddsoddi ariannol. Bu sôn fod nifer o'r cwmnïau newydd yn mynd yn brin o arian, a bod rhai'n edrych yn fregus iawn ac yn debygol o wynebu methdaliad. Dyma hefyd gyfnod y sgandalau cyfrifyddol, megis ENRON yn Hydref 2001, a Worldcom ym Mehefin 2002. Erbyn 23 Medi 2002 roedd mynegrif NASDAQ wedi gostwng i 1184.93. Mewn geiriau eraill, roedd y mynegrif wedi colli 77% o'i werth o fewn deuddeg diwrnod.

Ond nid oedd y digwyddiadau hyn a'u heffeithiau yn unigryw i'r Unol Daleithiau. Ddiwedd 1999 roedd y FTSE 100 ym Mhrydain wedi cyrraedd 6,743. Erbyn canol 2002 roedd wedi gostwng i 3,900 – ac wedi colli 42% o'i werth. Cymerodd bum mlynedd, bron, i'r FTSE 100 ddringo'n ôl i'r man lle'r oedd ar ddiwedd 1999.

Digon hawdd bod yn feirniadol o'r hapfuddsoddi fu'n gyfrifol am y cynnydd ym mhris siariau, y ffaith i nifer helaeth o gwmnïau fethu a'r gostyngiad sylweddol yng ngwerth rhai cwmnïau eraill. Mae rhai arbenigwyr wedi ceisio dadlau bod angen cyfnodau o sbeciant a hapfasnachu, gyda rhai cwmnïau yn methu ac eraill yn goroesi (trwy gyfuno cwmnïau) i ddeall sut y daeth nifer cymharol fach o gwmnïau'r dechnoleg newydd i dra-awdurdodi dros y sector, ac yn wir dros economi'r byd. Mae'r enwau'n gyfarwydd i ni – Amazon, eBay a Google, ac enwi dim ond tri.

Mae angen sôn am ddau argyfwng ariannol arall. Mae'r cyntaf yn ymwneud â'r hyn a ddigwyddodd yn 2008. Y tro hwn roedd y trafferthion mor ddwys fel bod rhai economegwyr wedi gweld y cyfnod hwn fel y peth agosaf at ddirwasgiad mawr y 1930au. Dechreuodd yr argyfwng yn yr Unol Daleithiau gyda chynnydd cyflym a sylweddol ym mhrisiau tai – mor gyflym ac mor sylweddol fel bod rhai wedi dechrau meddwl na fyddai diwedd ar y cynnydd! Yr un pryd, gwelwyd banciau ar draws yr Unol Daleithiau i ddechrau, ond wedyn ar draws y byd, yn cynnig morgeisi i gwsmeriaid nad oedd ganddynt lawer o obaith o ad-dalu'r benthyciadau (*the subprime mortgage crisis*). Gwnaed ymchwil gan gwmni buddsoddi Schroder yn 2008 a arweiniodd at y casgliad bod 30% o'r cwsmeriaid a gymerodd un o'r morgeisi hyn wedi methu'r taliad cyntaf ar y benthyciad! Am ffi, mentrai'r banciau gynnig tystysgrifau cyfnewid diffygdalu credyd (*CDOs – credit default swaps*), lle byddai'r yswirwyr yn gyfrifol am unrhyw golledion gan y rheini oedd yn dal morgeisi. Dyma'r hyn a alwodd Warren Buffett yn 'financial weapon of mass destruction'.

Aeth y banciau i drafferthion mawr. Oni bai fod llywodraethau wedi'u hachub, byddai llawer mwy o fanciau wedi wynebu methdaliad. Collwyd cwmni buddsoddi Lehman Brothers yn yr Unol Daleithiau. Yr un pryd achubwyd Fannie Mae a Freddie Mac (prif ddarparwyr morgeisi'r Unol Daleithiau) a daeth y llywodraeth ffederal yn brif gyfranddalwyr yng nghwmni AGI, sef cwmni yswiriant mwyaf yr Unol Daleithiau. Llyncwyd nifer o fanciau gan fanciau oedd rywfaint cryfach. Ym mis Chwefror 2007 roedd y Dow Jones yn 12,786; erbyn diwedd 2008 roedd wedi disgyn i 6,443. Collwyd bron hanner ei werth mewn llai na dwy flynedd.

Yr un oedd yr hanes yng ngwledydd Prydain. Collwyd banciau Northern Rock a Bradford & Bingley; gwerthwyd yr olaf maes o law i fanc Santander. Byddai banciau RBS, Lloyds TSB a HBOS (Halifax/Banc yr Alban) wedi gorfod dilyn yr un llwybr oni bai fod llywodraeth Prydain wedi'u hachub. Gwariwyd yn agos i £100 biliwn i achub y banciau hyn. Arweiniodd hyn at y ddyled flynyddol fwyaf erioed yn hanes gwledydd Prydain. Erbyn heddiw mae Lloyds HBOS (sydd bellach yn un cwmni a ddaeth i fod yng nghyfnod yr argyfwng) wedi ad-dalu'r ddyled yn llawn ond erys swm sylweddol i'w dalu yn achos RBS, a'r llywodraeth (neu'r trethdalwr, yn fwy cywir efallai) yw'r prif gyfranddaliwr o hyd (pan gafodd ei achub, y llywodraeth oedd yn dal 84% o gyfranddaliadau RBS ac nid yw'r ffigwr lawer iawn is heddiw). Un gwahaniaeth yn yr argyfwng hwn o'i gymharu â rhai blaenorol yw fod rhai cwmnïau (yn arbennig ymhlith y banciau) bellach yn methu talu difidendau i'w cyfranddalwyr; cyn yr argyfwng roedd y taliadau hyn wedi bod ymhlith y mwyaf hael. Bu gostyngiad mewn cyfraddau llog ar draws y byd er mwyn ceisio osgoi dirwasgiad mwy cyffredinol a dechreuodd y banciau canolog (gan gynnwys Banc Lloegr) ar raglen o brynu bondiau llywodraeth a bondiau corfforaethol (*quantitative easing*) er mwyn ceisio sefydlogi'r sefyllfa. Er hyn, cwympodd y mynegrif FTSE 100 31% yn ystod 2008. Yn 2009 cododd yr un mynegrif 22%, a 9% wedyn yn 2010. Felly, mewn dwy flynedd roedd y mynegrif wedi adennill yr hyn a gollwyd yn 2008.

Gwelwyd cynnydd pellach yng ngwerth y mynegrif ar ôl 2010 wrth i'r FTSE 100 gyrraedd ei uchafswm hanesyddol o 7,903 ym mis Mai 2018. Ym mis Medi cyrhaeddodd mynegrif y Dow Jones yn yr Unol Daleithiau ei uchafbwynt hanesyddol (26,951). Ond mae'n werth nodi mai camu'n ôl a wnaeth y mynegrifau hyn ar ôl cyrraedd eu huchafbwyntiau hanesyddol ganol 2018. Ddiwedd 2018 roedd y FTSE 100 wedi colli 12% o'i werth ers cyrraedd yr uchafbwynt. Yn yr Unol Daleithiau, erbyn diwedd 2018, roedd y Dow Jones wedi colli 13% o'i werth (o'r uchafbwynt, ond bod y gostyngiadau hyn rywfaint llai o ddefnyddio safle'r mynegrifau ar ddechrau 2018). Beth oedd i gyfri am y gostyngiadau hyn, gofynnwch. Consýrn yn bennaf am yr arafu mewn twf economaidd, yn arbennig felly yn Tsieina (er bod twf blynyddol yno'n parhau ar raddfa o 6%) a'r Unol Daleithiau, lle mae'r twf wedi bod yn uchel yn ystod y degawd diwethaf. Roedd consýrn arbennig am ostyngiad yn enillion cwmnïau'r dechnoleg newydd. Erbyn hyn rhoddir yr enw FAANG i'r cwmnïau hyn, sef Facebook, Apple, Amazon, Netflix, Google (Alphabet). Cafwyd siom yn rhai o'r canlyniadau diweddaraf, ac mae hyn wedi peri i rai gyhoeddi eu bod yn gweld adlais o'r hyn ddigwyddodd ar droad y ganrif yn achos cwmnïau'r dechnoleg newydd.

Yr ail reswm dros y gostyngiad yw'r tensiynau yn y telerau masnachu rhwng yr Unol Daleithiau a Tsieina. Rheswm ychwanegol yw'r arafwch sylweddol yn y cyfraddau twf ar draws Ewrop, ac yn fwyaf arbennig yn yr Almaen. Mae pryder hefyd am y gwendid amlwg yng nghyfundrefn fancio'r Eidal, gwlad sy'n edrych fel pe bai'n wynebu dirwasgiad. Arweiniodd hyn oll at bryderon fod dirwasgiad pellach ar y gorwel ar draws y byd. Yn achos gwledydd Prydain mae'r ansicrwydd sy'n codi o'r dadleuon ynglŷn â Brexit wedi gwaethygu'r sefyllfa.

Mae'r ail argyfwng cyfoes yn ymwneud â'r hyn a ddigwyddodd yn 2020 gyda dyfodiad pandemig Covid-19 a'i effaith ar economïau gwledydd y byd ac ar eu marchnadoedd stoc. Yn ogystal â'r argyfwng iechyd, mae'r gwledydd yn wynebu her economaidd gyda'r disgwyliad y bydd diweithdra yn cynyddu'n sylweddol. Mae'r Deyrnas Gyfunol, er enghraifft, wedi wynebu dau chwarter yn olynol (mewn blwyddyn) o dwf economaidd negyddol (a hynny ar raddfa sylweddol). Dyma'r diffiniad swyddogol o 'ddirwasgiad economaidd'. Mae'r rhagolygon am y dyfodol yn ymddangos yn heriol dros ben.

Pan welwyd arwyddion y feirws yn y Deyrnas Gyfunol gyntaf, roedd y mynegrif FTSE 100 yn agos at ei uchafbwynt hanesyddol (7,534 ar 12/02/2020, a'r uchafbwynt hanesyddol yn 7,877). Erbyn 23/03/2020, bum wythnos yn unig yn ddiweddarach, gwelwyd gostyngiad o 34% yn y mynegrif, i lawr i 4,993. Dros yr un cyfnod disgynnodd mynegrif yr holl siariau o 4,191 i 2,727, sef gostyngiad o 35%. Fel gydag argyfyngau blaenorol, bu gwelliant yn y farchnad stoc ers iddi gyrraedd ei hisafbwynt ar 23/03/2020. Erbyn canol mis Awst 2020, yr oedd mynegai'r FTSE 100 wedi dringo yn ôl i 6,090 – gwelliant sylweddol er ei fod yn parhau yn sylweddol is na'r raddfa a welwyd cyn dyfodiad y feirws. Rhaid cydnabod hefyd i'r tir gael ei adennill yn gryfach mewn rhai economïau, yn yr Unol Daleithiau yn arbennig, lle gwelwyd adennill bron y cyfan o'r hyn a gollwyd. Rhaid cofio bod y cynnydd mwyaf yn yr Unol Daleithiau wedi digwydd ymhlith nifer cymharol fach o gwmnïau yn y sector technolegol, cwmnïau sydd heb fod mor amlwg yn y Deyrnas Gyfunol. Diau fod ffactorau eraill ar waith yn y Deyrnas Gyfunol gan gynnwys, yn fwyaf penodol, yr ansicrwydd sy'n codi o'r posibilrwydd o adael yr Undeb Ewropeaidd ar ddiwedd y flwyddyn heb gytundeb masnach. (Bellach mae gadael yr Undeb Ewropeaidd gyda chytundeb masnach yn ffaith, ond teg yw nodi hefyd bod ansicrwydd ac anfodlonrwydd ynglŷn â'r telerau masnachu yn parhau.)

Yn ystod argyfwng ariannol 2008, profwyd gostyngiad yng ngwerth stociau, gyda gwelliant cynyddol i ddilyn. Mae argyfwng 2020 i raddau yn dilyn yr un patrwm. Yn 2008 hefyd, gwelwyd rhai cwmnïau blaenllaw naill ai'n dileu, yn lleihau neu'n gohirio eu taliadau difidend i gyfranddalwyr, a'r banciau yn fwyaf arbennig (er bod banc HSBC yn eithriad). Ailadroddwyd y patrwm hefyd yn 2020. Y tro hwn hefyd mae'r banciau i gyd (gan gynnwys HSBC), yn gostwng eu taliadau difidend, a hynny yn dilyn arweiniad Banc Lloegr sy'n awyddus i weld y banciau yn cadw cymaint o arian â phosib er mwyn medru cynnig benthyciadau i gwmnïau sy'n wynebu'r dirwasgiad economaidd gwaethaf.

Ond, y tro hwn, mae'r dylanwad yn llawer ehangach na'r banciau, er bod y rheini yn gyfrifol am 20% o'r mynegai FTSE 100. Mae'r rhestr bresennol yn cynnwys cwmnïau olew, telegyfathrebu, yswiriant, gwyliau, hamdden, gwestai, adeiladu ac adwerthu (ac eithrio bwyd). O'r cant o gwmnïau yn y mynegai, mae 35 ohonynt naill ai wedi dileu eu taliadau difidend yn gyfan gwbl neu wedi'u lleihau. Amcangyfrifir y bydd cyfanswm y taliadau difidend yn y Deyrnas Gyfunol yn 2020 yn £63 biliwn, y raddfa isaf ers 2015. Amcangyfrifir ymhellach y bydd y cwymp mewn taliadau difidend yn £9.5 biliwn (neu 11%) am y flwyddyn ariannol 2019/20, a chwymp pellach o £12 biliwn (neu 13%) yn y flwyddyn ariannol 2020/21. Golyga hyn her sylweddol i elusennau sy'n ddibynnol ar daliadau difidend i gwrdd â rhan sylweddol o'u hincwm. Y gobaith yw, wrth gwrs, y bydd busnesau'n llwyddo i adennill y tir a gollwyd yn 2020, ac, o ganlyniad, yn cydio eto yn y dasg o rannu eu helw gyda chyfranddalwyr.

Ond mae'r posibiliadau, ynghyd â'r amserlen, yn ansicr. Bellach mae'r dystiolaeth gennym fod y mwyafrif o gwmnîau yn dychwelyd i dalu difidendau yn y dyfodol agos, ond bod nifer ohonynt yn bwriadu talu ar raddfa llai na'r hyn a dalwyd yn y cyfnod cyn dyfodiad y pandemig a'r dirwasgiad. Os bydd rhai cwmnïau yn dychwelyd i dalu difidendau yn y dyfodol agos, y tebygrwydd yw y bydd y taliadau hyn ar raddfeydd llai na'r hyn a dalwyd yn y cyfnod cyn dyfodiad y pandemig a'r dirwasgiad.

Bydd busnesau yn awyddus i gryfhau eu sefyllfaoedd ariannol eu hunain cyn meddwl am ailgyfodi neu wella taliadau difidend. I ymddiriedolaeth sy'n ddibynnol ar ennill incwm o fuddsoddion, bydd llai o incwm i'w ddosbarthu. Gall ddefnyddio arian wrth gefn i leihau rhywfaint ar y diffyg a gellid hefyd ailstrwythuro'r buddsoddion er mwyn ennill mwy o incwm trwy ffafrio cwmnïau sy'n parhau'n weddol hael yn yr hyn y maent yn ei dalu i gyfranddalwyr. Ond gall dirwasgiad effeithio ar y busnesau yma hefyd. Erys y posibilrwydd o ailstrwythuro dosbarthiad yr asedau rhwng daliadau tramor a rhai yn y Deyrnas Gyfunol, dyweder, a hefyd rhwng bondiau a chyfranddaliadau.

Wrth edrych yn ôl dros yr holl argyfyngau a nodir uchod, yn arbennig hynt a helynt cyfranddaliadau (y prif ddosbarth o asedau ym mhortffolio'r ymddiriedolaeth), yr un gair sy'n disgrifio'r hyn a ddigwyddodd yw ansefydlogrwydd. Yn wyneb hyn, digon teg yw gofyn y cwestiwn pam ymwneud â'r dosbarth hwn o asedau o gwbl? Yr ateb, fel y dangoswyd yma, yw bod pob cyfnod o ddirywiad yn cael ei ddilyn gan gyfnod o gynnydd. Pan ddaeth y mynegrif FTSE 100 i fod yn 1984, rhoddwyd iddo ffigwr o 1,000 fel man cychwyn. Yn ystod mis Mai 2018 cyrhaeddodd y mynegrif ei uchafbwynt hanesyddol (7,877). Bu gostyngiad yn y mynegrif i 4,993 erbyn diwedd Mawrth 2020. Ym mis Mawrth 2009, ynghanol yr argyfwng bancio a morgeisi, roedd mynegrif y Dow Jones yn yr Unol Daleithiau wedi gostwng i 6,443. Erbyn diwedd 2018 roedd wedi codi i 23,327, a chynyddu'n ymhellach i dros 27,000 erbyn diwedd 2019. Sylw arall o gysur yw fod incwm yn llawer mwy sefydlog nag yw gwerth y cyfalaf yn ystod cyfnodau o ansefydlogrwydd (roedd anallu rhai o'r banciau i dalu incwm i'w cyfranddalwyr yn ystod argyfwng 2007–9 yn eithriad). Gan fod yr ymddiriedolaeth yn buddsoddi ar gyfer y tymor hir, mae'r ymddiriedolwyr wedi dysgu bod angen byw gyda rhywfaint o ansicrwydd yn y tymor byr, gan wybod (os ydym yn dysgu unrhyw beth o hanes) y bydd pethau'n gwella. Serch hynny, mae pandemig ac enciliad 2020 wedi dod â her newydd – her i incwm yr ymddiriedolaeth, a hynny ar raddfa fwy na'r hyn a fu yn gorffennol.

Mae'n ddealladwy fod yr her o ofalu am y portffolio, ac o sicrhau cyflenwad digonol o incwm, yn cymryd cryn dipyn o amser. Ond mae heriau eraill yn wynebu'r ymddiriedolwyr hefyd. Hoffwn sôn am ddwy her yn arbennig. Yn gyntaf, rhaid nodi nad mater syml o brynu a gwerthu yw buddsoddi bellach. Daeth dulliau newydd o fuddsoddi i rym, yn arbennig y defnydd o ddeilliadau (*derivatives*), ac yn eu plith y drefn o ysgrifennu opsiynau i brynu a gwerthu cyfranddaliadau am brisiau penodol ac ar ddyddiadau penodedig yn y dyfodol. Yn y 1990au cyflwynwyd dau ddull i sylw'r ymddiriedolwyr, er bod nifer helaeth o wahanol ffyrdd o ddefnyddio opsiynau ar gael. Y ddau dan sylw oedd ysgrifennu opsiwn gosod (*put option*) i brynu am bris penodol, ac ysgrifennu opsiwn galw (*call option*) i werthu am bris penodol. Wrth gyflawni'r naill neu'r llall o'r opsiynau yma, neu'r ddau gyda'i gilydd, byddai'r buddsoddwr yn ennill incwm premiwm ychwanegol, incwm y gellid ei ddefnyddio fel incwm i'w wario neu fel ychwanegiad at y cyfalaf. Penderfynodd yr ymddiriedolwyr gadw at yr ail ddewis.

Roedd lleiafrif o'r ymddiriedolwyr yn amheus am y dull hwn o fuddsoddi, ac yn teimlo eu bod rywsut yn colli gafael ar bethau. Doedd dim sail i'r amheuaeth hon mewn gwirionedd, ond er mwyn lleddfu rhywfaint ar y consýrn cytunwyd i gysylltu â nifer o elusennau a chronfeydd tebyg i'r ymddiriedolaeth i holi a oeddynt yn defnyddio deilliadau, ac os felly pa rai, ac o dan ba amgylchiadau y credent ei bod yn briodol eu defnyddio. Cafwyd nifer o ymatebion a daeth yn amlwg mai ychydig oedd yn pwyso ar y dull hwn, er bod nifer wedi datgan nad oeddynt yn gweld dim o'i le ynddo. Cafwyd un ymateb diddorol iawn gan y diweddar Syr Julian Hodge, oedd yn byw yn Guernsey ar y pryd. Julian Hodge oedd sylfaenydd Banc Cymru ac Ymddiriedolaeth Jane Hodge. Dywedodd Syr Julian nad oedd yn defnyddio opsiynau wrth fuddsoddi arian Ymddiriedolaeth Jane Hodge, er nad oedd ganddo unrhyw wrthwynebiad i'w defnyddio gan ychwanegu, 'I have better ways of making money'. Ni ddatgelodd fanylion y ffyrdd gwell hynny chwaith!

Sylweddolodd yr ymddiriedolwyr yn gynnar yn y gwaith o ddefnyddio opsiynau nad oedd ysgrifennu opsiynau gosod yn gweddu iddynt. Wrth gytuno i brynu cyfranddaliadau am brisiau is, gwelwyd y gallai sefyllfa godi lle'r oedd y pris yn parhau i syrthio'n is na'r pris y cytunwyd i'w dalu, ond y byddai'n ofynnol eu prynu am y pris y cytunwyd arno trwy'r opsiwn yn y lle cyntaf. Yr un fath yn union gydag opsiynau galw, gallai'r pris gwerthu ddal i godi ar ôl cyrraedd pris yr opsiwn, ond roedd yr ymddiriedolwyr yn teimlo'n fwy cysurus gyda'r sefyllfa hon gan eu bod yn gwerthu am bris uwch na'r hyn oedd ar gael wrth werthu heb yr opsiwn galw. Wedi dweud hyn, cytunwyd bod y naill opsiwn a'r llall yn codi amheuon ynglŷn â chost cyfle. Y drafferth, wrth gwrs, gyda'r opsiynau gosod a galw oedd bod sefyllfaoedd yn medru newid yn gyflym, ac er bod strategaethau ar gael i geisio delio â sefyllfaoedd fel hyn, rhaid oedd medru symud yn gyflym. Y model ymgynghorol a ddisgrifir ar ddechrau'r bennod hon oedd yn cael ei ddefnyddio ar y pryd, ac roedd yn rhaid ymgynghori wrth drafod unrhyw newid yn y portffolio. Golygai hyn y byddem yn aml yn rhy hwyr i adfer y sefyllfa. Ymhen rhai blynyddoedd penderfynwyd mai'r ffordd orau i ddefnyddio opsiynau (a deilliadau'n fwy cyffredinol) oedd prynu nifer o gronfeydd casgliadol oedd yn defnyddio'r dulliau hyn. Mewn geiriau eraill, gadael y math yma o fuddsoddi i arbenigwyr yn y maes na fyddent yn cael unrhyw drafferth i symud yn gyflym. Dyma'r patrwm sy'n bodoli hyd heddiw.

Mae'r ail fath o her hefyd yn fater cymhleth, sef ystyriaethau moesegol wrth fuddsoddi. Mae llawer o elusennau'n gwrthod buddsoddi mewn cwmnïau sy'n ymwneud â nwyddau a gweithgareddau sy'n wrthun i'r elusennau. Mae'r Comisiwn Elusennau'n barod i ganiatáu hyn ar yr amod bod y gwrthwynebiad yn eglur trwy ddatganiad cenhadol yr elusen. Mae nifer o enghreifftiau amlwg ar gael. Enghraifft dda yw elusennau meddygol, elusennau canser yn bennaf, yn gwrthod buddsoddi mewn cwmnïau tybaco. Enwadau crefyddol wedyn, yn arbennig y rheini sydd â thraddodiad o heddwch a chymod ac nad ydynt yn arddel y syniad o ryfel cyfiawn, yn gwrthod buddsoddi mewn cwmnïau sy'n cynhyrchu arfau rhyfel. Elusennau dirwest sy'n gwrthod buddsoddi mewn cwmnïau sy'n cynhyrchu ac yn gwerthu diodydd meddwol. Ond os nad oes gan elusen ddatganiad cenhadol sy'n cynnwys seiliau dros gyfiawnhau peidio â buddsoddi mewn cwmnïau penodol, mae'r Comisiwn Elusennau yr un mor eglur yn ei gyngor a'i gyfarwyddyd i elusennau, sef y dylid buddsoddi yn y dull sy'n dwyn yr enillion gorau er budd yr ymddiriedolaeth. Hynny yw, mae'n bosib fod gan unigolyn deimladau cryfion dros ganiatáu buddsoddi mewn cwmni arbennig neu beidio, a hynny oherwydd ystyriaethau moesegol. Mae unigolyn felly'n gwbl rydd i wneud fel y mynno gyda'i arian ei hun. Ond os yw'n gweithredu fel ymddiriedolwr, mae'n ofynnol gwneud y gorau dros yr elusen, a pheidio â gadael i'w deimladau ddylanwadu ar benderfyniadau a wneir yn enw'r elusen. Teg dweud nad oedd yr ystyriaethau moesegol yn codi eu pennau yn aml o fewn y pwyllgor oedd yn gofalu am y buddsoddiadau. Ond wrth adrodd yn ôl i'r pwyllgor mwy – pwyllgor oedd yn cynnwys ymddiriedolwyr yn rhinwedd eu swyddi, a nifer ohonynt yn arweinwyr y cyrff enwadol yng Nghymru lle byddent yn defnyddio ystyriaethau moesegol wrth fuddsoddi yn eu gwaith dyddiol – byddai'r dadleuon hyn yn dod i'r amlwg. Cyfarwyddyd y Comisiwn Elusennau fyddai â'r gair olaf yn y math yma o drafodaeth.

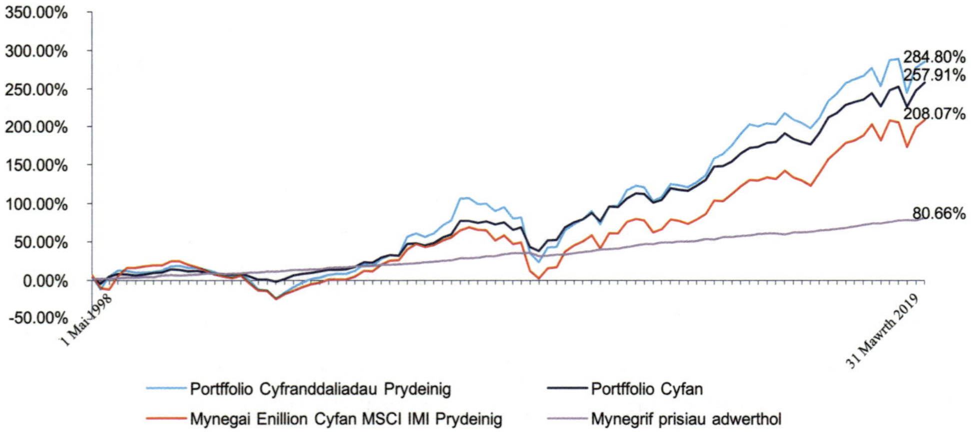

Graff o berfformiad buddsoddiadau'r ymddiriedolaeth o adroddiad misol y cwmni ymgynghori

Gwario'r incwm

Rhoddodd DJ sylw arbennig i ddibenion crefyddol ac addysgiadol yn ei ymddiriedolaeth gyntaf, a sefydlwyd yn 1957, ac mae'r rhain yn dal yn greiddiol i waith yr ymddiriedolaeth heddiw. Ond mae Cymru heddiw yn wahanol iawn i Gymru 1957 ac un o'r heriau mwyaf i'r ymddiriedolwyr dros y blynyddoedd fu penderfynu sut orau i ymateb i'r newidiadau hyn gan gadw'n driw i ddymuniadau DJ yr un pryd. Hanes y daith honno a geir yng ngweddill y bennod hon, o dan bedwar pennawd:

- y seiliau a osodwyd gan DJ
- adolygiadau o'r polisïau dosbarthu grantiau dros y cyfnod 1967–98 – adolygiadau a arweiniodd at nifer o newidiadau
- uno'r ymddiriedolaethau yn 1998 gan fabwysiadu cynllun newydd a fyddai'n caniatáu newidiadau o sylwedd
- adolygiad mewnol yn 2014 a arweiniodd at newidiadau pur chwyldroadol yn y patrwm o ddosbarthu grantiau – patrwm sy'n parhau tan heddiw.

Y seiliau a osodwyd gan DJ

Pan sefydlwyd Cronfa D J James Pantyfedwen yn 1957 nododd DJ dri maes fel prif amcanion yr elusen, sef:

(1) cefnogi crefydd trwy ddarparu grantiau ar gyfer ymgeiswyr ar gyfer y weinidogaeth ym mhob enwad (Cristnogol), gyda sylw arbennig i aelodau (neu gyn-aelodau) Urdd Gobaith Cymru: gwella cyflogau gweinidogion ynghyd â chynorthwyo gweinidogion wedi ymddeol, gweddwon gweinidogion a dibynyddion eraill a sefydlu swyddi darlithio ym maes crefydd. Diddorol nad oedd yr adran hon yn cynnwys unrhyw ddarpariaeth ar gyfer adeiladau eglwysig (er bod hyn wedi'i gynnwys yn nes ymlaen). Roedd DJ yn bendant o'r farn fod gan Gymru ormodedd o adeiladau o'r fath a bod gwir angen cwtogi'r nifer

(2) hybu barddoniaeth a llenyddiaeth ym meysydd crefydd ac addysg

(3) hybu addysg trwy gynnig grantiau ac ysgoloriaethau mewn ysgolion a phrifysgolion ym mhob maes, gyda sylw arbennig i'r celfyddydau, meddygaeth ac amaethyddiaeth.

Daeth y ddogfen hon i rym ar 25 Chwefror 1957. Yn ychwanegol at yr uchod cafwyd diffiniad o'r unigolion (y Cymry) fyddai'n gymwys i dderbyn arian o'r gronfa. Dyma'r diffiniad a ddefnyddir hyd heddiw, sef unigolion sy'n dod o fewn un o'r categorïau canlynol:

- wedi'u geni yng Nghymru
- o leiaf un rhiant wedi'i eni yng Nghymru
- unigolyn sydd wedi treulio o leiaf saith mlynedd (amser llawn) mewn ysgol a/neu brifysgol yng Nghymru.

Yn ogystal â'r uchod roedd angen cyfeiriad parhaol yng Nghymru yn ystod y tair blynedd cyn cyflwyno cais i'r ymddiriedolaeth. Roedd y cymal 'yn ystod y tair blynedd' yn weddol lac a bu modd ei ddefnyddio'n hyblyg dros y blynyddoedd.

Yn ystod y blynyddoedd ar ôl llunio'r ddogfen wreiddiol treuliodd DJ gryn amser yn pwyso ar yr ymddiriedolwyr i'w hailwampio! Roedd am roi mwy o gig ar yr esgyrn, newid rhai pethau yn y gwreiddiol oedd yn ei flino, a chynnwys symiau a chanrannau priodol ar gyfer y gwahanol gategorïau. Yn wir, rhwng 1957 a 1967 cafwyd saith amrywiad o'r ddogfen wreiddiol, y rhan fwyaf ohonynt yn benderfyniadau llys yn hytrach na cheisiadau newydd i'r Comisiwn Elusennau. Er bod yr amcanion gwreiddiol yn dal yn amlwg pan fu farw DJ roedd y ddogfen ddiweddaraf (1967) yn llawer manylach, a'r canllawiau grantiau yn llawer mwy pendant na chynt. Felly, er bod yr ymddiriedolaeth dan reolaeth yr ymddiriedolwyr ers 1957 roedd dylanwad DJ yn dal yn gryf, fel y mae'r newidiadau a ddaeth i fod yn ystod y degawd dilynol yn profi.

Dyma grynodeb o ddogfen Mawrth 1967:

(a) cefnogi crefydd trwy gyflawni'r canlynol:
  (1) cynorthwyo ymgeiswyr am y weinidogaeth, gyda sylw arbennig i aelodau a chyn-aelodau Urdd Gobaith Cymru
  (2) cynorthwyo cynulleidfaoedd i wella ac atgyweirio eu hadeiladau (Dyma lenwi bwlch a welwyd yn y ddogfen wreiddiol. Datblygodd y categori hwn i fod yn un o brif bwrpasau'r ymddiriedolaeth ond ni fu heb ei broblemau.)
  (3) gwella cyflogau gweinidogion a darparu cymorth ariannol i weinidogion wedi ymddeol, eu gweddwon a dibynyddion eraill
  (4) sefydlu darlith gyhoeddus flynyddol o dan y teitl 'Darlith D J James' (Traddodwyd y gyntaf ohonynt yn 1961 a cheir manylion y gyfres yn Atodiad G. Dyma a ddisodlodd y syniad gwreiddiol o sefydlu swyddi darlithio ym maes crefydd.)
  (5) gweithredu mewn unrhyw ffordd arall i gefnogi a hybu crefydd yng Nghymru

(b) cefnogi crefydd ac addysg trwy hybu cyhoeddi barddoniaeth a llenyddiaeth gan awduron o Gymru

(c) cynorthwyo gwŷr ifanc i elwa o'r gyfundrefn addysg, yn arbennig meibion i weinidogion yr efengyl a meibion athrawon ysgol; ysgoloriaethau i fechgyn o Gymru oedd yn mynychu ysgolion 'preifat' (enwyd Ysgol Rydal, Coleg Llanymddyfri a Choleg Crist, Aberhonddu, yn benodol); ysgoloriaethau i fyfyrwyr prifysgol

> (gwŷr ifanc yn unig) gan enwi'r meysydd canlynol: cerddoriaeth, drama, meddygaeth ac amaethyddiaeth, er bod pob maes yn agored i dderbyn cymorth. O dan (c) yr oedd un cymal pellach fyddai'n hollbwysig yn y frwydr i sicrhau cymorth i fenywod o dan y canllawiau addysgiadol. Dyma'r cymal: 'i gyfrannu tuag at unrhyw bwrpas elusennol arall er budd **personau** o Gymru y bydd yr ymddiriedolwyr yn dyfarnu sy'n briodol'. Dyma'r unig gymal yn adran (c) sy'n sôn am 'bersonau'. Fel arall, mae'r adran yn sôn am fechgyn yn unig. Agorodd y defnydd o'r gair 'personau' y drws i gynnwys menywod yn y ddarpariaeth addysgiadol o 1978 ymlaen (pan awgrymwyd y posibilrwydd gan gyfreithiwr yr ymddiriedolaeth). Nid dyma oedd bwriad DJ yn sicr, ond roedd yr ymddiriedolwyr yn teimlo anniddigrwydd cynyddol yn gwrthod cymorth i fenywod. Bu defnyddio'r cymal hwn i sicrhau cydraddoldeb rhwng menywod a dynion yn gymorth mawr. Er hynny, rhaid cydnabod mai ateb 'trwy'r drws cefn' oedd hwn. Rhaid fu aros tan 1998, pan unwyd y ddwy ymddiriedolaeth, i gael cynllun rheoli newydd lle nad oedd angen gwahaniaethu rhwng y ddau ryw.

Yn y pedwerydd diweddariad o'r cynllun (dyddiedig 14 Tachwedd 1963) gwnaethpwyd darpariaeth ar gyfer Eisteddfodau'r Urdd, yr Eisteddfod Genedlaethol ac Eisteddfod Llangollen. Mae'r diweddariad hwn hefyd yn cynnwys swm blynyddol ar gyfer Canolfan yr Henoed yn Aberystwyth am y tro cyntaf, a dechrau'r ddarpariaeth ar gyfer Eisteddfod Pantyfedwen ym Mhontrhydfendigaid.

Pan fu farw DJ yn 1967 roedd ganddo ddiweddariad eto fyth o'r cynllun ar y gweill. Hwn oedd yn cynnwys y ddarpariaeth ar gyfer eisteddfodau Pantyfedwen yn Aberteifi a Llanbedr Pont Steffan. Bu cryn oedi cyn daeth y ddarpariaeth lawn i fodolaeth, a chafwyd hanes y tensiynau a gododd yn sgil yr oedi hwn eisoes. Roedd y ddogfen flaenorol yn caniatáu uchafswm o £1,000 y flwyddyn ar gyfer unrhyw sefydliad o fewn y cynllun; addawsai DJ symiau mwy ar gyfer y ddwy eisteddfod, ond nid arwyddwyd y ddogfen newydd cyn iddo farw. Eto, dyma enghraifft arall o DJ yn ymddwyn yn annibynnol ar faterion a ddylai fod yn nwylo'r ymddiriedolwyr, mewn gwirionedd.

Adolygiadau yn y cyfnod 1967–98

Unwaith yn ystod y cyfnod hwn y gwnaed cais ffurfiol i'r Comisiwn Elusennau i newid y strwythur darparu cymorth, a hynny ynglŷn â phwrpasau Cronfa John a Rhys Thomas James. Sefydlwyd yr ymddiriedolaeth hon gan DJ yn 1966 a'i phrif bwrpas oedd cynorthwyo eisteddfodau yn lleol, yn rhanbarthol ac yn genedlaethol.[35] Gallai unrhyw eisteddfod leol gyflwyno cais, ar yr amod ei bod wedi'i chofrestru fel elusen neu'n cael ei threfnu o dan adain corff oedd yn elusen (e.e. capel neu neuadd bentref). Roedd y gwobrau'n gyfyngedig i gystadlaethau llwyfan ar y dechrau – canu, adrodd, dawnsio, offerynnol a drama – ond yn nes ymlaen ehangwyd y rhestr i gynnwys llenyddiaeth a chelf a chrefft a mwy. Seilid cymorth ariannol yr ymddiriedolaeth ar ganran o'r arian gwobrau a dalwyd yn yr eisteddfod flaenorol.

Yn ychwanegol at noddi eisteddfodau roedd gan yr ymddiriedolwyr yr hawl i gyfrannu 7.5% o'r incwm blynyddol i chwyddo'r swm oedd ar gael i gynorthwyo Ymddiriedolaeth Catherine a'r Fonesig Grace James i dalu grantiau i weinidogion wedi ymddeol a'u gweddwon. Byddai'r ymddiriedolaeth yn cynnig grantiau i ysgolion Sul hefyd i brynu taflunyddion a sgriniau er mwyn hyrwyddo'r gwaith. Ehangwyd y cymal hwn yn 1978 i gynnwys yr holl adnoddau a ddefnyddid gan ysgolion Sul.

Fel arall, y prif newidiadau a welwyd yn y cyfnod hwn oedd:

- cynyddu'r cyfansymiau a delid i ymgeiswyr – o £1,000 i £2,000 yn y lle cyntaf, ac yn nes ymlaen o £2,000 i £4,000
- yr hawl i gynorthwyo myfyrwyr benywaidd yn addysgiadol, er mai 'trwy'r drws cefn' y gwnaed hyn
- cafwyd cynllun newydd ar gyfer y ddarlith flynyddol. O 1975 ymlaen cytunwyd i gynnal y ddarlith bob dwy flynedd. Yn 1996 rhoddwyd y gorau i'r drefn o wahodd darlithwyr o'r prif enwadau yn eu tro; o hynny ymlaen byddai hawl i wahodd darlithwyr o Gymru a thu hwnt, ac ni fyddai angen iddynt fod yn perthyn i un o'r prif enwadau. Ond glynwyd wrth y drefn o ddarlithoedd yn y Gymraeg a'r Saesneg am yn ail. Hyd at 2013 cadwyd at y drefn o gynnal y ddarlith yn un o brifysgolion Cymru (Aberystwyth a Bangor yn y gogledd; Abertawe, Caerdydd a Llanbedr Pont Steffan yn y de). Siomedig oedd maint y gynulleidfa bron bob tro ac o 2015 ymlaen daethpwyd i gytundeb

gyda Chanolfan Ffydd a Diwylliant Morlan yn Aberystwyth i gynnal y ddarlith yn y ganolfan gan ddychwelyd at y patrwm blynyddol, am yn ail yn y Gymraeg a'r Saesneg. Bellach enwyd y gyfres yn 'Darlith Flynyddol Morlan-Pantyfedwen'

- yn 1996 dilëwyd y cynllun i gynnig grantiau i weinidogion wedi ymddeol a'u gweddwon. Gan dderbyn bod amrywiaeth yn narpariaethau pensiwn yr enwadau yng Nghymru, roedd yr ymddiriedolwyr yn ymwybodol bod darpariaethau pensiwn wedi gwella at ei gilydd. Rhaid oedd gofyn felly a oedd angen parhau â chynllun yr ymddiriedolaeth. Mynegwyd consýrn hefyd am y dull o gasglu gwybodaeth am sefyllfa ariannol gweinidogion wedi ymddeol a'u gweddwon (gan dderbyn bod angen cael rhywfaint o wybodaeth er mwyn gweithredu'r cynllun yn deg ac yn gyfartal). Wrth ddod â'r cynllun i ben, cytunwyd i gadw'r drws yn gilagored er mwyn caniatáu i arweinwyr yr enwadau allu cyflwyno ceisiadau unigol, mewn achosion o angen arbennig. Cytunwyd hefyd ar drefniadau cyflwyno'r math yma o gais.[36] Nodwyd hefyd y byddai'r ymddiriedolaeth yn parhau i gyfrannu at gronfeydd cyflogau a phensiynau'r enwadau, ac y byddai modd parhau i ddefnyddio'r llogau o'r rhoddion hyn i gynorthwyo unigolion o fewn yr enwadau
- bu peth symud dros y cyfnod hwn yn y canrannau incwm ar gyfer y categorïau gwahanol. Yn achos Ymddiriedolaeth Catherine a'r Fonesig Grace James roedd y rhaniad cyntaf, yn fras, fel a ganlyn:

Pwrpasau crefyddol	30%
Adeiladau eglwysig	30%
Addysgiadol	30%

ynghyd â symiau penodol ar gyfer eisteddfodau ac elusennau (hyd at 10%)

Doedd dim canrannau yn achos Ymddiriedolaeth John a Rhys Thomas James ac eithrio hyd at 7.5% o'r incwm blynyddol ar gyfer gweinidogion wedi ymddeol a'u gweddwon, a'r gweddill ar gyfer eisteddfodau ac ysgolion Sul

Roedd mwy o hyblygrwydd yn achos Ymddiriedolaeth Catherine a'r Fonesig Grace James nag sy'n ymddangos ar yr olwg gyntaf. Y prif reswm am hyn oedd bod y canrannau'n weithredol ar yr incwm oedd heb ei wario o'r blynyddoedd cynt, nid incwm y flwyddyn dan sylw yn unig. Felly, doedd y rhaniad 30%, 30%, 30% (gweler uchod) ddim yn haearnaidd o ran symiau arian gan fod rhywfaint o drosglwyddo arian rhwng y categorïau. Yn nes ymlaen, ar ôl uno'r ddwy ymddiriedolaeth, newidiwyd maint y canrannau rhwng y tri chategori, yn bennaf yn sgil y gostyngiad sylweddol yn y ceisiadau o dan 'pwrpasau crefyddol' (yn arbennig ymgeiswyr am y weinidogaeth), y lleihad (ond ar raddfa lai) yn y categori 'adeiladau eglwysig' a'r cynnydd sylweddol yn nifer y ceisiadau gan fyfyrwyr prifysgol oedd yn awyddus i ymgymryd â gwaith ymchwil a chyrsiau uwchraddedig

- dros y cyfnod hwn cafwyd sawl adolygiad ar y defnydd mwyaf effeithiol o'r arian a ddosbarthwyd i gynorthwyo cynulleidfaoedd lleol i wella ac atgyweirio'u hadeiladau. Dros y blynyddoedd bu mwy o drafod ar y mater hwn nag unrhyw fater arall yn hanes yr ymddiriedolaethau. Deilliai'r pryder mwyaf o'r sefyllfa lle'r oedd bron pob cais am gymorth yn derbyn cefnogaeth. Golygai hyn fod yr arian yn cael ei wasgaru'n eang iawn, a chodai cwestiynau fwyfwy am effeithiolrwydd y dull hwn o ymateb. Cryfhawyd y meddylfryd bod angen bod yn fwy dewisol wrth ymateb i geisiadau, yn fwy parod i wrthod rhai ceisiadau a chyfrannu symiau uwch at achosion oedd yn ymddangos yn fwy cadarnhaol a gobeithiol.[37]

Pan gytunodd DJ i gynnwys adeiladau eglwysig yn ei gynllun rhoddodd bwyslais ar ddwy agwedd. Yn gyntaf, roedd angen bod digon o adnoddau ariannol lleol i gyfrannu at gost y gwaith.[38] Roedd tystiolaeth o gyfrannu lleol at gost y gwaith yn hollbwysig. Yn ail, dyna gred DJ bod gormodedd o adeiladau eglwysig yng Nghymru ac y dylid defnyddio adnoddau'r ymddiriedolaethau i gynorthwyo eglwysi lleol i glosio at ei gilydd, lleihau nifer yr adeiladau a rhesymoli'r defnydd ohonynt. Y gobaith pennaf oedd gweld cydweithio'n datblygu o fewn ac ar draws yr enwadau, gan arwain yn y pen draw at uno.

Yn adolygiad 1991 cytunodd yr ymddiriedolwyr i flaenoriaethu ceisiadau yn unol â'r canllawiau canlynol: maint yr aelodaeth a'r cynulleidfaoedd; presenoldeb ysgol Sul; safle'r adeilad o fewn unrhyw strwythur enwadol; presenoldeb gweinidog a thystiolaeth o rannu ag eglwysi ac enwadau eraill. At hynny, chwiliai'r ymddiriedolwyr am arwyddion o awydd i wella ac adnewyddu adeilad fel rhan o waith i ddatblygu bywyd a gwaith cenhadol yr eglwys.

Yn 1996, mewn adolygiad pellach, rhoddwyd mwy o gig ar yr esgyrn uchod pan gytunwyd i ffurfio tri dosbarth o geisiadau gan eglwysi lleol, sef:

> Dosbarth A – lle byddai ceisiadau'n dangos blaenoriaeth eglur i waith cenhadol yr eglwys, tystiolaeth o rannu adeilad(au) a chydweithio o fewn ac ar draws enwadau, bodolaeth ysgol Sul a chefnogaeth sicr yr enwad i'r cais. Byddai modd cynnig yr uchafswm, sef £4,000 ar y pryd, i achosion yn y dosbarth hwn
> Dosbarth B – cefnogaeth gan yr enwad perthnasol, ac o leiaf un o'r meini prawf eraill a restrir o dan Ddosbarth A uchod. Byddai'r grantiau hyn hyd at uchafswm o £2,000
> Dosbarth C – lle nad oedd y cais yn adlewyrchu'r agweddau oedd yn amlwg yn Nosbarth A nac, i raddau llai, yn Nosbarth B. Ni fyddai'r ymddiriedolaeth yn darparu cymorth o gwbl yn yr achosion hyn.

Mae'n werth sôn yn y fan hon am un ymdrech benodol i hybu meddwl o ddifri am weld mwy o rannu adeiladau eglwysig yng Nghymru. Estynnodd yr ymddiriedolwyr wahoddiad i Cytûn (Eglwysi Ynghyd yng Nghymru) i ffurfio gweithgor a fyddai'n paratoi pamffledyn i'w ddosbarthu i holl eglwysi Cymru. Cyhoeddwyd 'Rhannu Adeiladau Eglwysig' yn 1997. Roedd y pamffledyn yn annog aelodau eglwys i asesu'r posibiliadau o rannu adeiladau wrth feddwl am wario ar adeilad (gan ddweud bod hyn yn werth ei wneud beth bynnag, heb y bygythiad o wynebu cost sylweddol). Ceid ynddo enghreifftiau o rannu adeiladau a welid eisoes yng Nghymru. Cyfeiriai at ofynion Deddf Rhannu Adeiladau Eglwysig 1969, ac roedd hefyd yn trafod rhannu adeiladau yng nghyd-destun y syniad o weinidogaeth bro. Nodwyd bod y penderfyniad i rannu yn dueddol o ddigwydd yn wyneb dirywiad difrifol yng nghyflwr un neu fwy o adeiladau yn hytrach na defnyddio sylfaen fwy cadarnhaol ar gyfer y rhannu: sef y gall rhannu adeiladau fod yn gyfrwng i hybu tystiolaeth a chenhadaeth yn y gymuned leol. Y gobaith yw bod y pamffledyn hwn wedi ysgogi trafodaeth leol am y posibiliadau o rannu adeiladau eglwysig.

Uno'r Ymddiriedolaethau yn 1998

Dyma oedd y digwyddiad pwysicaf yn hanes yr ymddiriedolaethau yn sicr ers sefydlu'r gyntaf ohonynt yn 1957. Adroddir hanes yr uno ym Mhennod 6, gan gynnwys y rhesymau dros frwydro i uno i greu Ymddiriedolaeth James Pantyfedwen. Digon yw dweud yn y fan hon bod sefyllfa'r ddwy ymddiriedolaeth yn wahanol cyn yr uno. Yn achos Ymddiriedolaeth

Catherine a'r Fonesig Grace James byddai'n bosibl (ac yn ddymunol) gwario mwy o arian mewn grantiau os byddai ar gael, ond roedd yn amhosibl gwario'r incwm cyfan yn achos Ymddiriedolaeth John a Rhys Thomas James, gan fod yr amcanion braidd yn gyfyng. Dyma gyfle ardderchog felly i drefnu priodas rhwng y ddwy.

Ar ôl pedair blynedd o baratoi, trafod a chynllunio, bu'r cais a gyflwynwyd i'r Comisiwn Elusennau yn llwyddiannus. Yn y diwedd llwyddwyd i wneud llawer mwy na dim ond uno. Trwy ffurfio cynllun blaengar i reoli gweithgarwch yr ymddiriedolaeth newydd cafwyd mwy o ryddid i ddatblygu ac i newid y strwythur dosbarthu grantiau, yn bennaf trwy fabwysiadu dogfen oedd yn adlewyrchu meddylfryd diwedd yr ugeinfed ganrif. Derbyniwyd y cynllun newydd ar gyfer Ymddiriedolaeth James Pantyfedwen ar 1 Ebrill 1998, a bu'n weithredol o'r dyddiad hwn ymlaen. Dyma'r cynllun sydd mewn grym heddiw, ac eithrio rhai mân newidiadau. Mae'n werth tynnu sylw at rai o'r paragraffau unigol, arwyddocaol ynddo, sef:

- amcanion yr ymddiriedolaeth: 'hybu a chefnogi crefydd, addysg, y celfyddydau ac amaethyddiaeth ynghyd â phwrpasau elusennol eraill er budd personau Cymreig sy'n byw yn bennaf yng Nghymru' (paragraff 3)
  Nid yw'r ddogfen yn cynnwys unrhyw ganllawiau pellach ynglŷn â dosbarthu'r arian. Roedd y Comisiwn Elusennau'n fodlon cael unrhyw fanylion pellach mewn ail ddogfen o'r enw 'Y Cynllun Lleol'. Dogfen yn perthyn i'r ymddiriedolwyr fyddai hon, a gellid ei hadolygu yn unol â dymuniadau'r ymddiriedolwyr, heb fod angen caniatâd y Comisiwn i wneud hynny
- pwerau buddsoddi (paragraff 36)
  Nodwyd hyd a lled y pwerau hyn ar ddechrau'r bennod hon, sef yr union eiriad a ddefnyddiwyd yn ymddiriedolaeth gyntaf DJ
- y diffiniad o'r unigolion oedd ar dir i dderbyn cymorth o'r ymddiriedolaeth (paragraff 41) Penderfynwyd glynu wrth y diffiniad a ddefnyddiodd DJ ond ychwanegwyd cymal newydd a roddai'r hawl i'r ymddiriedolwyr gynnwys unigolyn oedd yn Gymro neu'n Gymraes, yn eu tyb hwy. Serch hynny, yn ymarferol penderfynodd yr ymddiriedolwyr beidio camu tu allan i'r diffiniad gwreiddiol
- yr hawl i'r ymddiriedolwyr newid unrhyw gymal yn y ddogfen heb ganiatâd y Comisiwn (paragraff 42)

Dyma'r ychwanegiad pwysicaf o bosib, er bod rhai eithriadau[39]

- nid oedd angen trafod ceisiadau gan fyfyrwyr benywaidd am gymorth ar gyfer gwaith uwchraddedig 'trwy'r drws cefn' mwyach. Byddai'r ymddiriedolwyr bellach yn medru trin ceisiadau gan fyfyrwyr benywaidd a gwrywaidd gyda'i gilydd
- y gallu i gynyddu'r uchafswm grant a delir yn y categorïau gwahanol. Cyn yr uno, uchafswm y grant ym mhob categori oedd £4,000. Codwyd hwn i £10,000 yn achos eglwysi dosbarth A ac i £3,000 (a hyd yn oed £4,000 mewn amgylchiadau arbennig) yn achos eglwysi dosbarth B. Codwyd yr uchafswm i fyfyrwyr o £4,000 i £5,000, ac mewn blynyddoedd dilynol i £7,000. Trwy'r rhyddid hwn rhoddwyd cyfle i'r ymddiriedolwyr gyfrannu £25,000 i Gronfa Apêl yr Eisteddfod Genedlaethol yn 2005 pan oedd yr Eisteddfod yn wynebu trafferthion ariannol (swm ychwanegol at y grant blynyddol o £18,000 a roddir i'r Genedlaethol). Trwy'r rhyddid hwn hefyd cafwyd yr hyder i sefydlu'r Gronfa Prosiectau Arbennig yn 2001, lle câi symiau sylweddol eu cyfrannu (gweler y manylion llawn yn Atodiad Ff)
- nid oedd angen cadw at batrwm o ganrannau dosbarthu grantiau bellach. Serch hynny, cafwyd cytundeb bod angen rhyw fath o strwythur er mwyn diogelu'r holl bwrpasau oedd yn gyfrifoldeb i'r ymddiriedolwyr. Yn syth ar ôl yr uno, cytunwyd ar y canlynol:

Pwrpasau crefyddol	hyd at 15%
Adeiladau eglwysig	hyd at 30%
Pwrpasau addysgiadol	hyd at 30%
Elusennau cyffredinol (gan gynnwys eisteddfodau)	hyd at 25%

Roedd yr un hyblygrwydd a'r gallu i drosglwyddo rhwng canrannau ag o'r blaen, gan y byddai'r symiau i'w gwario'n ganrannau o incwm y flwyddyn yn ogystal â'r incwm wrth gefn. Gan fod yr ymddiriedolwyr wedi mabwysiadu'r egwyddor o gadw o leiaf incwm blwyddyn fel incwm wrth gefn, roedd hyn yn dyblu'r incwm oedd ar gael o dan y pedwar categori uchod.

Adolygiad Mewnol 2014

Yn y cyfnod yn dilyn yr uno yn 1998 newidiwyd nifer o'r polisïau ar ôl adolygu'r patrymau dosbarthu grantiau yn y gwahanol gategorïau. Heb os nac oni bai, yn y categori grantiau ar gyfer adeiladau eglwysig y gwelwyd y newid mwyaf wrth rannu'r ceisiadau i un o dri dosbarth (A, B ac C). Yn 2007 aethpwyd ymhellach gan benderfynu peidio â derbyn ceisiadau gan eglwysi lle'r oedd yr aelodaeth yn llai na deg. Hefyd cytunwyd i wrthod ceisiadau gan eglwysi lle nad oedd o leiaf un gwasanaeth bob Sul (ond lle'r oedd eglwys yn un mewn gofalaeth o eglwysi, byddai'n dderbyniol bod aelodau'r ofalaeth yn dod ynghyd mewn un adeilad ar y Sul). Canlyniad hyn oedd gostyngiad yn nifer y ceisiadau gan yr eglwysi lleiaf wrth gwrs – y rheini oedd fwyaf tebygol o gau yn y dyfodol agos. Roedd hyn yn rhyddhau mwy o arian i'w rannu rhwng yr eglwysi lle'r oedd mwy o aelodau a'r dyfodol yn ymddangos yn fwy cadarn.

Ond nid yw newid ym mholisïau'r ymddiriedolaeth yn esboniad digonol dros y lleihad yn nifer y ceisiadau. Roedd nifer yr adeiladau eglwysig yn lleihau beth bynnag. Wrth i rai eglwysi gau ac i'r eiddo gael ei werthu, byddai eglwysi cyfagos (mewn rhai enwadau) yn elwa gan ryddhau adnoddau i'w gwario ar eu hadeiladau hwy neu byddai'r enwad yn ganolog yn elwa (mewn achosion eraill) a gallai hyn fod o fudd ariannol i eglwysi eraill. Hefyd, byddai rhai eglwysi, er cyn lleied nifer yr aelodau, yn parhau i dderbyn grantiau sylweddol trwy ffynonellau eraill, megis y Loteri Genedlaethol a Cadw. Roedd diddordeb Cadw yn ymwneud yn fwy â phensaernïaeth yr adeilad yn hytrach nag adeilad eglwysig fel man addoli a chanolfan genhadol.

Roedd y lleihad yn nifer y ceisiadau'n amlwg hefyd mewn categorïau eraill oedd yn derbyn nawdd gan yr ymddiriedolaeth. Bu gostyngiad sylweddol yn nifer y ceisiadau gan elusennau cofrestredig. Y teimlad oedd bod y grantiau yn y categori hwn yn amherthnasol i ofynion y cyrff oedd yn chwilio am gymorth. Eu dymuniad, yn reit aml, oedd casglu arian ar gyfer prosiectau penodol a fyddai'n golygu arian i dalu cyflogau, rhywbeth oedd yn amhosibl i'r ymddiriedolaeth o gofio faint o adnoddau oedd ganddi i'w dosbarthu. Patrwm cynyddol yn y categori hwn oedd cyrff yn chwilio am nawdd i adnewyddu grant gan y llywodraeth neu elusen arall oedd yn dod i ben.

Yr unig gategori a brofodd gynnydd yn nifer y ceisiadau oedd ceisiadau gan fyfyrwyr am gymorth i wneud gwaith ymchwil (ac ennill gradd uwch) neu i ddilyn cwrs uwchraddedig (am radd neu ddiploma uwch). Yn wyneb y cynnydd hwn codwyd canran yr arian ar gyfer myfyrwyr ddwywaith yn ystod y 2000au, yn gyntaf o 30% i 40% o'r cyfanswm, ac wedyn o 40% i 50%.

Roedd llawer o'r newidiadau'n gysylltiedig â chodi uchafsymiau'r grantiau yn y gwahanol gategorïau. Dechreuwyd y Gronfa Prosiectau Arbennig, lle byddai modd talu cyflogau, yn 2001, a neilltuwyd £50,000 y flwyddyn. Cynyddwyd y swm i £75,000 yn 2007. Mae rhestr y prosiectau a gefnogwyd rhwng 2001 a 2013 i'w gweld yn Atodiad Ff. Codwyd yr uchafsymiau yn y ddau gategori oedd yn cefnogi eglwysi â'r gwaith o wella'r adeiladau – o £4,000 i £10,000 (dosbarth A) ac o £2,000 i £4,000 (£5,000 mewn amgylchiadau arbennig) i eglwysi yn nosbarth B. Codwyd yr uchafswm i fyfyrwyr unigol i £7,000. Ychwanegwyd at yr uchafsymiau i eisteddfodau fel a ganlyn, gyda'r rhan fwyaf o'r ychwanegiadau i'w gweithredu dros gyfnod o bedair blynedd:

Yr Eisteddfod Genedlaethol	o	£15,000	i	£18,000
Eisteddfod Ryngwladol Llangollen	o	£7,000	i	£10,000
Eisteddfod Genedlaethol yr Urdd	o	£2,000	i	£3,000
Eisteddfodau Cylch a Sir yr Urdd	o	£8,700	i	£10,200
Eisteddfod Teulu James, Pontrhydfendigaid	o	£7,700	i	£9,700[40]
Eisteddfod Goffa John James, Aberteifi	o	£8,000	i	£10,000
Eisteddfod Rhys Thomas James, Llanbedr PS	o	£8,000	i	£10,000

Cadwyd y ganran o'r gwobrau ariannol a dalwyd i eisteddfodau lleol yn 30% dros y cyfnod dan sylw.

Dyma oedd patrwm y categorïau erbyn 2013:

Pwrpasau crefyddol	hyd at 5%
Adeiladau eglwysig	hyd at 20%
Pwrpasau addysgiadol	hyd at 50%
Pwrpasau elusennol (eisteddfodau yn bennaf)	hyd at 25%
Prosiectau arbennig	hyd at £75,000

Dyma hefyd gynnwys y gwahanol gategorïau erbyn 2013:

Pwrpasau crefyddol	ysgolion Sul cronfeydd pensiwn yr enwadau elusennau crefyddol llyfrau diwinyddol
Adeiladau eglwysig	atgyweiriadau a gwelliannau
Pwrpasau addysgiadol	grantiau ar gyfer ffioedd dysgu myfyrwyr uwchraddedig
Pwrpasau elusennol	eisteddfodau cenedlaethol a rhanbarthol eisteddfodau lleol elusennau cofrestredig
Prosiectau arbennig	gwaith cydenwadol sy'n galw am dalu cyflogau

Yn y blynyddoedd yn arwain at 2014 sylweddolodd yr ymddiriedolwyr fod yr ymddiriedolaeth yn ceisio gwneud gormod o bethau. Canlyniad hyn oedd bod yr arian yn cael ei wasgaru'n rhy denau, ac yn gymharol aneffeithiol. Cydnabuwyd hyn yn barod mewn sawl dull a modd: e.e. trwy ffafrio rhai eglwysi dros eraill, cynyddu'r symiau i fyfyrwyr unigol er mwyn cwrdd â chost y ffioedd dysgu bron yn llawn yn y rhan fwyaf o achosion, dileu'r cynllun ar gyfer gweinidogion wedi ymddeol a'u gweddwon, a sefydlu'r Gronfa Prosiectau Arbennig lle'r oedd modd darparu symiau sylweddol er mwyn talu cyflogau. Yn wyneb yr amheuon ynglŷn â'r strwythur darparu grantiau yn y dyfodol, penderfynwyd mynd ati i gynnal ymchwiliad llawn i'r pwrpasau oedd gennym ynghyd â syniadau am newidiadau posibl.

Cafwyd trafodaeth lawn ar y strwythur dosbarthu grantiau ym mis Rhagfyr 2014. Mae'r hyn a gytunwyd yn ddisgrifiad teg o'r patrwm sy'n bodoli heddiw. Mae'n batrwm sy'n adlewyrchu newid chwyldroadol yng ngwaith yr ymddiriedolaeth. Yn wir, mae modd datgan mai hwn oedd y newid mwyaf radical a gafwyd yn hanes yr ymddiriedolaethau.

Roedd y cynllun newydd yn seiliedig ar nifer o dybiaethau, sef:

- cydnabod y lleihad sylweddol yn nifer y ceisiadau'n ymwneud â llyfrau, ysgolion Sul, elusennau cofrestredig ac elusennau crefyddol
- bod cwestiynau am berthnasedd rhai pethau yn y Gymru gyfoes, megis cronfeydd pensiynau'r enwadau. Bu'r elfen hon yn bwysig

yng nghyfnod sylfaenydd y gronfa, ond y cwestiwn a godwyd oedd a fyddai darparu adnoddau pellach i'r cyfeiriad hwn yr un mor berthnasol yn wyneb y lleihad yn nifer y gweinidogion ac offeiriadon. Nodwyd hefyd yr adnoddau sylweddol sy'n eiddo i nifer o'r enwadau, yn arbennig y rheini sy'n gweithredu'n ganolog

- bod cwestiynau i'w gofyn ynglŷn â pharhad y Gronfa Prosiectau Arbennig. Er bod yr ymddiriedolwyr yn croesawu'r cyfle a ddeuai trwy'r gronfa hon i ariannu prosiectau cyflogaeth, nodwyd bod y symiau a ddosbarthwyd hyd yma'n sylweddol a rhaid oedd gofyn ai dyma'r defnydd gorau o'r adnoddau. Ar y gorau, llwyddiant rhannol a gafwyd hyd yma, yn fwyaf arbennig wrth gyflogi gweithwyr gyda'r ifainc mewn nifer o ardaloedd – er bod y pwyllgor yn derbyn bod hwn yn waith anodd a heriol
- rhaid oedd derbyn mai'r maes addysgiadol oedd yr unig un lle profwyd cynnydd yn nifer y ceisiadau yn y blynyddoedd diwethaf, ac roedd lle i gredu y byddai'r cynnydd hwn yn parhau ac yn cryfhau
- roedd lle i gredu bod y symiau oedd ar gael mewn rhai categorïau'n annigonol i ddenu rhai ymgeiswyr, yn arbennig ceisiadau gan elusennau oedd yn chwilio am arian i dalu cyflogau
- os oedd yr ymddiriedolaeth am barhau ym maes adeiladau eglwysig, credid bod angen ailstrwythuro pellach. Wrth gynnig symiau mwy i rai achosion (Dosbarth A) rhaid oedd lleihau nifer y ceisiadau oedd yn syrthio i Ddosbarth B. O ran ceisiadau yn Nosbarth A cadarnhawyd pwysigrwydd y canlynol: rhannu adeilad; cydweithio rhwng enwadau; defnydd o'r adeilad gan y gymuned leol, yn arbennig yn deillio o genhadaeth yr eglwys; gwaith gyda phlant a phobl ifainc. Cytunwyd mai'r unig ffordd i leihau nifer y ceisiadau yn Nosbarth B oedd cynyddu'r isafswm aelodaeth o 10 i 50. Serch hynny, cytunwyd y gall fod eithriadau, megis eglwysi lle mae'r aelodaeth yn llai na'r hanner cant ond lle mae'r prosiect i'w ariannu yn tyfu o weledigaeth genhadol yr eglwys. Cytunwyd i barhau i ystyried y math yma o gais. Ar y llaw arall, cytunwyd i beidio prosesu ceisiadau am waith cynnal a chadw lle'r oedd yr aelodaeth yn llai na hanner cant. Glynwyd wrth yr uchafswm o £10,000 i geisiadau yn Nosbarth A, ond cytunwyd hefyd i ystyried cyfrannu mwy na hyn mewn amgylchiadau priodol. Byddai'r uchafswm i eglwysi yn Nosbarth B yn parhau ar y raddfa flaenorol – uchafswm o £4,000 gyda'r hawl i'w gynyddu i £5,000 mewn amgylchiadau arbennig. Felly, byddai'r pwyslais o hyn ymlaen ar gynlluniau sy'n hybu gwaith cymunedol a chenhadol, yn hytrach na gwaith cynnal a chadw.

- bod angen cynllun mor syml â phosib
- bod angen cynllun sy'n parchu, i raddau, ddymuniadau DJ a'r hyn oedd yn bwysig iddo.

Wrth dderbyn y tybiaethau uchod ynghyd â'r canllawiau oedd yn deillio ohonynt, cytunwyd i ddileu'r categorïau canlynol o raglen waith yr ymddiriedolaeth, sef:

ysgolion Sul
llyfrau
elusennau cofrestredig
cronfeydd pensiwn yr enwadau
prosiectau arbennig.

Cytunwyd ymhellach i ganolbwyntio ar y meysydd canlynol:

y crefyddol (adeiladau eglwysig, gan roi sylw arbennig i geisiadau yn Nosbarth A)
yr addysgiadol (myfyrwyr uwchraddedig)
y diwylliannol, yn ymwneud â'r eisteddfodau cenedlaethol, rhanbarthol a lleol, gan gofio mai dyma oedd prif nod sefydlu Ymddiriedolaeth John a Rhys Thomas James yn 1966.

Teg yw nodi bod y crefyddol, yr addysgiadol a'r diwylliannol yn ganolog yn y cynllun newydd hwn. Cytunwyd hefyd ar y canrannau dosbarthu canlynol:

Crefyddol (adeiladau eglwysig)	28%
Addysgiadol (myfyrwyr uwchraddedig)	50%
Eisteddfodau	22%

Cytunwyd i weithredu'r cynllun newydd o 1 Ebrill 2015 ymlaen, a chytunwyd hefyd y gellid atgyfodi un neu fwy o'r categorïau a ddilëwyd ar yr amod, wrth reswm, fod dadleuon digonol dros wneud hynny. Felly dyma'r cynllun dosbarthu grantiau sy'n weithredol heddiw. Mae'n ymdrech i adlewyrchu prif flaenoriaethau DJ ynghyd â'r newidiadau a brofwyd yng Nghymru ers 1957. Ymhlith y newidiadau hyn mae'r dirywiad crefyddol a'r newid sylfaenol yn y modd y cyllidir addysg uwch.

[35] Ar lefelau rhanbarthol a chenedlaethol roedd cymorth ar gael hefyd gan Ymddiriedolaeth Catherine a'r Fonesig Grace James.

[36] Byddai'r wybodaeth yn gyfrinachol i arweinydd yr enwad, ysgrifennydd gweithredol yr ymddiriedolaeth ac i gadeirydd yr ymddiriedolaeth, gyda'r ymddiriedolwyr yn cadarnhau'r penderfyniad heb enwi'r person fyddai'n derbyn y cymorth.

[37] Roedd yr ymddiriedolaeth yn bleidiol i gydweithio ag enwadau eraill allai olygu rhannu adeiladau: defnyddio'r adeilad(au) at wasanaeth y gymuned fel rhan o waith cenhadol yr eglwys; gwaith yn y gymuned leol ac, yn fwyaf arbennig, gwaith gyda'r ifainc; cynlluniau tymor canol a thymor hir gyda'r enwadau ar gyfer adeilad(au), gan gydnabod bod hyn yn bosibl mewn enwadau canolog, ac nid o fewn enwadau lle'r oedd sofraniaeth yr eglwys leol yn hollbwysig.

[38] Mewn lleiafrif o achosion bu cytundeb rhwng DJ ac ambell eglwys y byddai ef yn cyfrannu punt am bunt, ond nid oedd gan yr ymddiriedolaethau adnoddau digonol i weithredu fel hyn.

[39] Byddai gofyn hysbysu'r Comisiwn am y newidiadau ond nid oedd angen caniatâd, ac eithrio'r canlynol:

i) awdurdodi newidiadau (paragraff 42);
ii) amcanion yr ymddiriedolaeth (paragraff 3);
iii) pwerau buddsoddi (paragraff 36);
iv) y pŵer i ddod â'r ymddiriedolaeth i ben;
v) y pŵer i wario gwaddol parhaol yr ymddiriedolaeth. Diau bod ffurfio dogfen newydd (y cynllun lleol) i reoli patrymau gwario'r incwm, ynghyd â'r gallu i newid rhannau helaeth o'r prif gynllun yn gamau bras ymlaen.

Bu'r newidiadau hyn ynghyd â'r llwyddiant i greu un ymddiriedolaeth yn lle dwy'n ddylanwadau o'r pwys mwyaf wrth strwythuro gwaith yr ymddiriedolaeth newydd ar ôl 1998.

[40] O'r cychwyn cyntaf roedd y cymorth i Bontrhydfendigaid rai cannoedd o bunnoedd yn llai na'r hyn a roddwyd i Aberteifi ac i Lanbedr Pont Steffan. Dyma oedd dymuniad DJ gan iddo neilltuo arian ychwanegol i Eisteddfod y Bont nad oedd ar gael i'r ddwy arall.

Pennod 8

Dylanwadau

YN Y BENNOD FLAENOROL disgrifiwyd y fframwaith o gynnig grantiau a ddatblygwyd dros y cyfnod o 1957 hyd at ddiwedd Mawrth 2020. Dros y cyfnod hwn dosbarthwyd cyfanswm o dros £13 miliwn. Mae manylion llawn y gwariant i'w gweld yn Atodiad Ff. Dyma fraslun o'r niferoedd a gefnogwyd yn ystod y cyfnod 1957 i 2020:

Adeiladau eglwysig	4,135*
Myfyrwyr	3, 555**
Gweinidogion wedi ymddeol/gweddwon	2,064**+
Elusennau	1,440*+
Ysgolion Sul	440*+
Prosiectau arbennig (gweler Atodiad Ff)	15+

* grantiau i sefydliadau. Mae'r niferoedd hyn yn cynnwys eglwysi, ysgolion Sul ac elusennau ddaeth ar ofyn yr ymddiriedolaeth fwy nag unwaith, felly mae'r gwir ffigyrau ar gyfer sefydliadau unigol rywfaint yn llai na'r niferoedd a ddangosir yma

** grantiau i unigolion. Mae'r niferoedd hyn yn cynnwys myfyrwyr, gweinidogion wedi ymddeol a gweddwon gweinidogion y rhoddwyd cymorth iddynt fwy nag unwaith, e.e. myfyrwyr yn ymchwilio ar gyfer doethuriaeth, ac yn cael cymorth am dair blynedd. Felly, bydd y gwir ffigwr ar gyfer nifer y myfyrwyr a gafodd gymorth rywfaint yn llai na'r hyn a ddangosir yma

\+ categorïau a ddilëwyd o'r cynllun yn 2014

Yn ychwanegol at yr uchod, rhoddir cymorth i eisteddfodau yn flynyddol. Estynnwyd cymorth i'r nifer mwyaf erioed yn 1994/95, sef 78. Ers hynny bu peth lleihad, gyda rhai eisteddfodau lleol yn dirwyn i ben (yn bennaf ar ôl methu dod o hyd i wirfoddolwyr newydd i fod yn swyddogion), ond cafwyd ambell eisteddfod newydd, yn arbennig yn ardal y gororau, ac mae ambell un arall a sefydlwyd flynyddoedd yn ôl ond sydd wedi llwyddo i gwrdd ag amodau'r ymddiriedolaeth yn ddiweddar. Ar hyn o bryd cefnogir tua 67 o eisteddfodau yn flynyddol.

Mae angen ychydig rhagor o eglurhad ynglŷn â rhai o'r ffigyrau uchod. Yn y blynyddoedd cynnar, o 1957 ymlaen, roedd y rhan fwyaf o'r grantiau a ddosbarthwyd yn fach (£25, £50 a £100 yn y rhan fwyaf o achosion). Roedd y costau'n is, wrth gwrs, ac yn achos myfyrwyr, roedd y gyfundrefn ehangach o gymorth i fyfyrwyr yn wahanol i'r hyn ydyw heddiw. Yn y mwyafrif llethol o geisiadau myfyrwyr roedd unrhyw grant gan yr ymddiriedolaeth yn swm ychwanegol at yr hyn a gâi myfyrwyr gan lywodraeth leol neu asiant ymchwil. Roedd hyn yn arbennig o wir yn achosion myfyrwyr oedd yn ymgeiswyr ar gyfer y weinidogaeth – y dosbarth mwyaf niferus o blith ceisiadau myfyrwyr yn y blynyddoedd cynnar. Ni chafwyd yr un cais gan ymgeisydd am y weinidogaeth ers rhai blynyddoedd bellach, er bod y drws yn dal ar agor. Mae dau reswm amlwg am hyn – lleihad dybryd yn nifer yr ymgeiswyr a darpariaeth gyllidol fwy digonol gan yr enwadau.

Wrth feddwl am y symiau cymharol fach a gyfrannai'r ymddiriedolaeth yn y blynyddoedd cynnar mae'n anodd dadlau bod y cymorth wedi bod yn dyngedfennol. Serch hynny, mae'n bosibl datgan bod unrhyw fath o gymorth o'r tu allan wedi bod o gymorth seicolegol i gynulleidfaoedd eglwysig ac i unigolion hefyd, o bosib. Mae chwe deg a mwy o flynyddoedd wedi treiglo ers sefydlu'r ymddiriedolaeth gyntaf, ac yn y cyfnod hwn bu cryn erydu ar werth ein harian o ganlyniad i chwyddiant. Mae'r ymddiriedolwyr wedi gwneud eu gorau glas i gadw i fyny â graddfa chwyddiant ac, yn wir, ar y cyfan wedi cynyddu'r incwm ar raddfa uwch na chwyddiant. Canlyniad hyn yw bod y grantiau heddiw yn uwch o gryn dipyn ond, hyd yn oed wedyn, mae'n anodd dadlau na fyddai prosiect wedi mynd yn ei flaen heb y cymorth oedd ar gael o'r ymddiriedolaeth. Ond, yn achos myfyrwyr, mae lle i gredu bod y gyfradd grantiau uwch sydd ar gael bellach yn ystyriaeth o bwys. Mae myfyrwyr sy'n llwyddo gyda'u ceisiadau'n medru hawlio hyd at £7,000, ac mae'r dystiolaeth sydd gennym, er yn anecdotaidd braidd, yn awgrymu na fyddai nifer o fyfyrwyr wedi mentro ar gwrs uwchraddedig neu waith ymchwil oni bai am gymorth yr ymddiriedolaeth. Rhaid cofio bod y gyfundrefn ariannu addysg uwch wedi newid yn sylweddol, a bod nifer o fyfyrwyr yn wynebu dyledion sylweddol ar ôl tair blynedd o astudio am radd gyntaf. Er bod benthyciadau ar gael ar gyfer gwaith uwchraddedig (benthyciadau datblygu gyrfa), mae'n hawdd deall pam mae cymaint o fyfyrwyr yn gwrthod ychwanegu at y ddyled sydd ganddynt yn barod. Erbyn hyn mae'r ymddiriedolaeth yn darparu tua 50 o grantiau o hyd at £7,000 yr un i fyfyrwyr yn flynyddol.

Mae'n amhosibl dadlau felly fod cymorth yr ymddiriedolaeth wedi bod yn dyngedfennol, ac eithrio yn achos rhai myfyrwyr. Ond wrth gynyddu maint y grantiau a lleihau nifer y ceisiadau (yn fwyaf arbennig yn achos adeiladau eglwysig) dros y blynyddoedd, mae modd dadlau bellach fod defnydd mwy effeithiol yn cael ei wneud o adnoddau'r ymddiriedolaeth.

Roedd DJ yn ymwybodol fod nifer o ymddiriedolaethau yn Lloegr (a nifer o'r rheini'n agored i Gymry hefyd). Gwyddai fod canran dda ohonynt, yn arbennig y rhai mwyaf, wedi cychwyn trwy roddion dyngarwyr oedd â chefndir mewn diwydiant neu entrepreneuriaeth yn fwy cyffredinol. Ar sawl achlysur mynegodd DJ ei ddymuniad i ddilyn y llwybr hwn. Wrth sefydlu ei ymddiriedolaeth gyntaf gwnaeth DJ nifer o gyfeiriadau at Ymddiriedolaeth Nuffield a'i phwysigrwydd cynyddol yn ariannu gwaith ymchwil. Yn wir, mewn un papur dyddiol ar ddiwrnod y lansio yn 1957 cyfeiriwyd at DJ fel 'ateb Cymru i Nuffield'. Roedd DJ hefyd yn ymwybodol fod y math yma o sefydliad/ymddiriedolaeth yn brin yng Nghymru – rheswm arall dros sicrhau mai'r Cymry yn unig a fyddai'n elwa o'r ymddiriedolaeth.

Beth tybed yw'r sefyllfa heddiw yng Nghymru? Yng ngweddill y bennod hon rhoddir ystyriaeth i dair ymddiriedolaeth arall sydd â'u swyddfeydd yng Nghymru, er eu bod yn wahanol o ran cenhadaeth, amcanion a ffyrdd o weithredu. Dyma'r tair:

- Ymddiriedolaeth Margaret Davies, Llandinam (sefydlwyd yn 1934)
- Ymddiriedolaeth Jane Hodge (Ymddiriedolaeth Hodge bellach; sefydlwyd yn 1962)
- Ymddiriedolaeth Waterloo (sefydlwyd yn 2006).

Wrth gymharu'r tair yma ag ymdrechion DJ (ynghyd â'r hyn a ddigwyddodd ar ôl ei farw yn 1967), y gobaith yw y byddai DJ yn falch o weld sut mae ei ymdrechion wedi dwyn ffrwyth a datblygu. Ar un olwg byddai braidd yn siomedig, efallai, i ddarganfod nad ei ymddiriedolaeth ef yw'r fwyaf yng Nghymru o bell ffordd! Ond roedd yn ddigon o ddyn busnes i gydnabod na ellir cymharu tebyg wrth debyg wrth drafod yr ymddiriedolaethau hyn.

Mae'n ddiddorol bwrw golwg ar Ymddiriedolaeth James Pantyfedwen a'i chymharu â'r tair ymddiriedolaeth a enwir. Dechreuwn gyda rhai ffeithiau sylfaenol.

Ymddiriedolaeth James Pantyfedwen (rhif elusen: 1069598):

2019–20	Derbyniadau	£645,175
	Gwariant	£577,826
	Gwerth y cyfalaf	£12,244,592
	Cronfa incwm wrth gefn	£1,761,845

Ymddiriedolaeth Margaret Davies, Llandinam (rhif elusen: 235589):

2018–19	Derbyniadau	£301,565
	Gwariant	£276,739
	Gwerth y cyfalaf	£7,602,791
	Arian wrth gefn	£802,039

Bydd darllenwyr y gyfrol hon yn gyfarwydd iawn â haelioni'r teulu Davies o Landinam. Roedd David Davies (1818–90) yn ddiwydiannwr o fri – yn agor pyllau glo yn ne Cymru, adeiladu rheilffyrdd ar draws Cymru a sefydlu dociau'r Barri. Bu ei ŵyr, David Davies (1880–1944), y Barwn Davies cyntaf, yn weithgar yn y frwydr yn erbyn clefyd y ddarfodedigaeth. Bu'n frwd hefyd dros heddwch byd-eang, ac yn un o sylfaenwyr Cynghrair y Cenhedloedd. Ef oedd yn gyfrifol am sefydlu'r Deml Heddwch yng Nghaerdydd ac am noddi Cadair Woodrow Wilson mewn Gwleidyddiaeth Ryngwladol ym Mhrifysgol Aberystwyth. Bu dwy chwaer David Davies – Gwendoline Davies (1882–1951) a Margaret Davies (1884–1963) – yn eithriadol o hael wrth noddi Cadeiriau mewn Cerddoriaeth a Daearyddiaeth/Anthropoleg ym Mhrifysgol Aberystwyth. Cyflwynwyd eu casgliad gwerthfawr o luniau, yn arbennig lluniau yn y traddodiad argraffiadol, i'r genedl, ac maent i'w gweld yn yr Amgueddfa Genedlaethol yng Nghaerdydd. Yn 1960 cyflwynodd Margaret Davies ei chartref – Neuadd Gregynog – at wasanaeth Prifysgol Cymru fel canolfan breswyl ar gyfer cyfarfodydd a chynadleddau.

Sefydlwyd dwy gronfa – un yn enw Gwendoline Davies a'r llall yn enw ei chwaer – yn 1934. Erbyn heddiw un ymddiriedolaeth sydd, a honno'n dwyn yr enw 'Elusen Margaret Davies'. Mae gan yr elusen bump o ymddiriedolwyr. Rhoddir ystyriaeth i geisiadau gan elusennau cofrestredig eraill sy'n gwasanaethu pobl Cymru, er bod gan yr ymddiriedolwyr yr hawl i gefnogi achosion tu allan i Gymru. Ond Cymru sy'n cael y sylw pennaf, gyda rhywfaint o bwyslais ar weithgarwch o fewn Powys. Nid yw'r ymddiriedolaeth yn ystyried ceisiadau gan unigolion.

Yn y flwyddyn yn diweddu 5 Ebrill 2019, talwyd allan 56 o grantiau yn costio £261,250. Rhoddwyd y symiau mwyaf i Brifysgol Cymru (£37,500) ac i Oriel Davies yn y Drenewydd (£16,000). Yn ychwanegol at y grantiau hyn, rhoddwyd symiau o £10,000 yr un i Valleys Kids yn y Rhondda, Opera Cenedlaethol Cymru, Cymdeithas Hamdden Caersŵs, yr Eisteddfod Genedlaethaol ac i'r Ganolfan dros Faterion Rhyngwladol yng Nghaerdydd. Wrth ddosbarthu grantiau rhoddir sylw arbennig i'r celfyddydau gweledol, y celfyddydau perfformio, addysg, materion iechydol a chymdeithasol, ynghyd â sefydliadau'n ymwneud â'r ifanc.

Ymddiriedolaeth Hodge (rhif elusen: 216053):

2018-19	Derbyniadau	£3,614,909*
	Gwariant	£2,954,084
	Cronfa cyfalaf	£41,590,301**
	Arian wrth gefn	£923,351

* incwm o fuddsoddiadau yn £1,007,031 ac incwm o Ymddiriedolaeth Carlyle (buddsoddiad heb ei restru) yn £2,607,873

** mae'r incwm wrth gefn yn llawer iawn mwy na £923,351 gan fod y cyfalaf yn cynnwys gwerth £20,073,234 o arian y gellid ei ddefnyddio i'w wario ar brosiectau. Felly, mae cyfanswm yr arian wrth gefn yn £20,996,585

Pan sefydlwyd yr ymddiriedolaeth hon yn 1962, rhoddwyd yr enw Ymddiriedolaeth Jane Hodge iddi, er cof am fam y bancwr enwog Syr Julian Hodge, sylfaenydd yr ymddiriedolaeth. Er bod gan yr ymddiriedolaeth bortffolio o fuddsoddiadau, mae'r rhan fwyaf o'r incwm blynyddol yn dod o'r busnesau a sefydlwyd gan y diweddar Syr Julian Hodge ac a reolir bellach gan aelodau o'r teulu. Yn wir, mae'r ymddiriedolaeth yn berchen ar 79% o'r busnesau hyn, sef yn bennaf Banc Hodge (banc preifat) a Hodge Lifetime (cwmni sy'n ymwneud â chynnyrch ariannol ar gyfer pobl sy'n ymddeol).

Mae'r ymddiriedolaeth dan reolaeth chwech o ymddiriedolwyr ac mae nifer ohonynt yn aelodau o'r teulu Hodge. Dosberthir grantiau mewn pedwar o feysydd, sef addysg, meddygaeth, lles/gofal ac arall. Mae hawl gan yr ymddiriedolwyr i gyfrannu at brosiectau tramor a rhai yn y Deyrnas Gyfunol, ond rhoddir y pwyslais mwyaf ar brosiectau yng Nghymru, gyda chanran sylweddol o'r arian yn cael ei ddosbarthu i brosiectau yng Nghaerdydd a'r cyffiniau. Nid yw'r ymddiriedolwyr yn ystyried ceisiadau gan unigolion.

Yn y flwyddyn yn diweddu 31 Hydref 2019 dyfarnwyd y grantiau canlynol:

	nifer y grantiau	symiau
Addysg	32	£309,869
Ymchwil feddygol	25	£290,675
Lles/gofal	59	£2,197,903
Arall	3	£11,654
Cyfanswm	119	£2,810,100

Y patrwm arferol yw cefnogi prosiectau dros gyfnodau o dair blynedd. Yn y dosbarth 'lles a gofal' cyfrannwyd dros filiwn o bunnoedd i Ymddiriedolaeth Tywysog Cymru, a hynny yn bennaf ar gyfer cynorthwyo'r rhaglen 'Cyflawni' trwy ysgolion uwchradd yng Nghymru. Y nod yw cynorthwyo dros 7,000 o fyfyrwyr ysgol. Dosbarthwyd grantiau eraill i'r elusen Aloud, i Ganolfan Gymunedol Plasnewydd yng Nghaerdydd ac i gynllun Dug Caeredin. Yn y dosbarth addysgiadol rhoddwyd grantiau i'r Coleg Cerdd a Drama (Caerdydd), i Brifysgol Caerdydd (Canolfan Julian Hodge ar gyfer macroeconomeg gymhwysol), ac i Brifysgol Metropolitan Caerdydd (adnewyddu economaidd yng Nghymru). Yn y dosbarth 'ymchwil feddygol', rhoddwyd grantiau sylweddol i Brifysgol Caerdydd (Canolfan Imiwnoleg Niwroseiciatrig Hodge sy'n ymchwilio i achosion gorffwylltra a sgitsoffrenia) ac i Brifysgol Abertawe (y defnydd o fêl *manuka* wrth drin achosion o ffibrosis cystig).

Ymddiriedolaeth Waterloo (rhif elusen: 1117535):

2018	Derbyniadau	£9,314,192
	Gwariant	£9,290,775
	Cronfa Cyfalaf	£158,803,725
	Arian wrth gefn	£928,564

Mae'r ymddiriedolaeth hon yn llawer mwy diweddar a'r ddogfen reoli'n dyddio'n ôl i Ragfyr 2006. Wrth sefydlu'r ymddiriedolaeth yn 2007 cyflwynodd Heather Stevens a David Stevens gyfranddaliadau gwerth £99m yng nghwmni yswiriant Admiral. Ers hynny mae'r ddau wedi cyflwyno rhoddion pellach o dros £24m. Yn 2016 penodwyd David Stevens yn brif weithredwr ar gwmni Admiral.

Mae gan yr ymddiriedolaeth bedwar o ymddiriedolwyr, gan gynnwys Heather a David Stevens. Mae'r pwyslais ar noddi a chydweithio ag elusennau eraill yn y maes, yn hytrach na noddi unigolion. Rhoddir y prif sylw i brosiectau byd-eang, yn arbennig gwella amgylchiadau byw yng ngwledydd tlawd y byd. Mae tri maes arall o bwys – yr amgylchedd, achosion plant a Chymru. Talwyd 275 o grantiau yn y flwyddyn yn diweddu 31 Rhagfyr 2018, a dyma oedd manylion y dosbarthu:

	nifer y grantiau	symiau
Datblygiad byd-eang	79	£3,223,135
Amgylchedd	41	£2,199,787
Achosion plant	30	£1,249,663
Cymru	56	£1,050,000
Arall	69	£599,325
Cyfanswm	275	£8,321,910

Fel yn achos Ymddiriedolaeth Hodge, mae'r ymddiriedolaeth hon yn cynnig grantiau sy'n daladwy dros nifer o flynyddoedd. Ym mhob dosbarth uchod, yr amcan yw creu partneriaethau strategol gyda nifer o gyrff blaenllaw yn y gwahanol feysydd. Yn y dosbarth datblygiad byd-eang mae'r pwyslais mwyaf ar gynaladwyedd. Mae dŵr glân, addysg (i ferched yn benodol) a bwyd gwell yn cael tipyn o sylw, ac mae'r ymddiriedolaeth wedi llwyddo i greu partneriaethau o bwys gyda chyrff fel Water Aid, Education Uganda a Chase Africa. Mae'r dosbarth amgylcheddol yn ceisio amddiffyn fforestydd trofannol (gydag Amazon Watch), gwarchod stociau pysgod môr (gyda Global Fishing Watch), a cheisio cryfhau deddfwriaeth gadwraeth yn y Deyrnas Gyfunol (yr ymddiriedolaeth dros Gyfiawnder Amgylcheddol). Yn y dosbarth achosion plant, rhoddir sylw arbennig ar hyn o bryd i ymateb i glefydau ymhlith plant sy'n ffoaduriaid, yr ymgais i gywiro lefelau isel o fitamin D ymhlith plant, yn ogystal â datblygu dulliau o ymateb i epilepsi.

Mae'r sylw a roddir i Gymru'n ymrannu'n dri dosbarth, sef:

(1) Cymru a gwaith – cymorth i'r cyrff hynny sy'n ceisio hybu entrepreneuriaeth a sefydlu busnesau, yn bennaf drwy'r ymddiriedolaeth a sefydlwyd gan Dywysog Cymru
(2) Cymru a gofal – pwyslais ar ofalwyr ifainc – gweithio gyda Barnardo's Cymru a chyrff sy'n ceisio gofalu am ofalwyr ifainc yn Abertawe ac yn ardal Pen-y-bont ar Ogwr
(3) Cymru ac addysg – hybu sgiliau pynciau STEM (gwyddoniaeth, technoleg, peirianneg a mathemateg), yn rhannol drwy noddi gwaith Techniquest, Ace Caerdydd a'r Brilliant Club, a'i raglen waith allanol i ysgolion cynradd ar draws Cymru.

Wrth gwrs, mae gan Gymru gannoedd, os nad miloedd, o elusennau sy'n dosbarthu grantiau, ond nid yw'r un ohonynt yn dod yn agos at y pedair a nodir uchod o ran maint a dylanwad. Gweddol gyfyng yw'r mwyafrif o ran pwrpas a lleoliad.

Yr hyn sy'n gyffredin am y pedair cronfa a drafodir uchod yw mai pobl lwyddiannus mewn busnes, neu eu disgynyddion, oedd yn gyfrifol am sefydlu'r cronfeydd gyda'r amcan o rannu eu llwyddiant ag eraill. Mae gwreiddiau cadarn i'r traddodiad, yn fwyaf arbennig yn yr Unol

Daleithiau. Cofier am ddiwydianwyr y gorffennol fel Andrew Carnegie, Henry Ford a John D Rockefeller, ond hefyd rai tebyg yn ein hoes ni fel Bill a Melinda Gates, Warren Buffett a Margaret Cargill. Dros y blynyddoedd elwodd prifysgolion yr Unol Daleithiau yn fawr iawn ar yr haelioni hwn, y prifysgolion mwyaf blaenllaw yn arbennig. Ond mae'r un traddodiad yn bodoli yn y Deyrnas Gyfunol hefyd. Noder y cyfraniad a wneir gan Ymddiriedolaethau Nuffield, Wellcome a Leverhulme a'r cyfraniadau a gafwyd gan deuluoedd cyfoethog fel teuluoedd Rank, Sainsbury, Templeton a Weston (Ymddiriedolaeth Garfield Weston a chwmni AB Foods). Mae modd dadlau na fu'r traddodiad hwn mor gryf yng Nghymru, er bod y pedair y rhoddir sylw iddynt yn y bennod hon yn enghreifftiau o bwys.

Mae'n gwbl amlwg hefyd fod ymddiriedolaeth fawr yn caniatáu gwireddu cynlluniau mwy sylweddol a mwy dylanwadol, p'un ai yn lleol ac/neu ar draws y byd. Ymddiriedolaeth Hodge sy'n cyfrannu'r swm mwyaf i achosion yma yng Nghymru, gan ganolbwyntio ar achosion yng Nghaerdydd. Ymddiriedolaeth James Pantyfedwen yw'r unig un o'r pedair sy'n barod i ystyried ceisiadau gan unigolion. Y ddwy fwyaf tebyg i'w gilydd yw ymddiriedolaethau Margaret Davies a James Pantyfedwen gan fod y cymorth a ddarperir wedi'i gyfyngu i Gymru (er bod hawl i fentro tu allan i Gymru yn achos Ymddiriedolaeth Margaret Davies). Diddorol nodi hefyd fod y weinyddiaeth yn wahanol: nifer fach o ymddiriedolwyr sydd gan dair (chwech yn achos Hodge; pump yn achos Margaret Davies, pedwar yn achos Waterloo, ond bod gan James Pantyfedwen 19). Ffactorau hanesyddol sy'n rhannol gyfrifol am y gwahaniaeth hwn, yn fwyaf arbennig y rhaniad rhwng ymddiriedolwyr yn rhinwedd eu swyddi ac ymddiriedolwyr cyffredin yn achos James Pantyfedwen. Ffactor arall o bwys yn egluro'r gwahaniaeth yw nad oedd yr elfen deuluol yn ffactor yn achos Ymddiriedolaeth James Pantyfedwen; nid oedd gan DJ blant na pherthnasau agos. Doedd parhad yn y busnes(au) ddim yn berthnasol chwaith. Mae cwmnïau llwyddiannus yn gefn ariannol a gweinyddol i ddwy o'r pedair, ac mae disgynyddion teulu a gweithwyr allweddol yn amlwg ymhlith ymddiriedolwyr tair o'r pedair. Ond beth bynnag y gwahaniaethau rhwng y pedair, maent i gyd wedi gwneud cyfraniad mawr yn dylanwadu ar fywydau a gwaith unigolion a sefydliadau yng Nghymru.

ATODIAD A

Yr Ymddiriedolwyr

O'R CYCHWYN CYNTAF ffurfiwyd dau ddosbarth o ymddiriedolwyr. Yn un dosbarth gosodwyd unigolion oedd yn ymddiriedolwyr yn rhinwedd eu swyddi (*ex-officio trustees*). Hynny yw, rhestrwyd nifer o swyddi yng Nghymru oedd yn gyson ag amcanion yr ymddiriedolaeth; byddai deiliaid y swyddi hyn yn parhau'n ymddiriedolwyr tra byddent yn eu swyddi. Yn y dosbarth arall penodwyd nifer o unigolion oedd â'r cefndir a'r diddordeb i gyfrannu'n greadigol at waith yr ymddiriedolaeth. Rhoddwyd yr enw ymddiriedolwyr cyffredin (*ordinary trustees*) iddynt. Mewn nifer o achosion lle'r oedd person wedi gwasanaethu fel ymddiriedolwr yn rhinwedd swydd, ac yna wedi newid swydd neu ymddeol efallai, caent eu croesawu'n ôl am gyfnod o wasanaeth fel ymddiriedolwyr cyffredin. Er enghraifft, daeth nifer o unigolion yn ymddiriedolwyr yn rhinwedd cadeirio Cyngor yr Eisteddfod Genedlaethol; cyfnod o dair blynedd yw hyd y gwasanaeth hwn, ac ar ôl cwblhau'r cyfnod croesewid hwy i ddychwelyd fel ymddiriedolwyr cyffredin pan godai bylchau yn y rhengoedd hyn.

Ar y dechrau roedd cydbwysedd bras rhwng niferoedd y ddau ddosbarth. Ond gyda threigl amser gwelwyd lleihad yn nifer yr ymddiriedolwyr yn rhinwedd eu swyddi. Y prif reswm am hyn oedd fod nifer ohonynt yn ei chael yn amhosibl mynychu cyfarfodydd yr ymddiriedolaeth oherwydd galwadau trymion eu swyddi. Arweiniai hynny at anhawster cael cworwm digonol mewn cyfarfod. Pan symudwyd swyddfeydd yr ymddiriedolaeth i Aberystwyth yn 1968 cynlluniodd DJ i greu nifer o ymddiriedolwyr newydd – cyfanswm o 36, a thua hanner ohonynt yn ymddiriedolwyr yn rhinwedd eu swyddi. Ond profodd hyn yn gwbl anymarferol yn fuan iawn. Felly, yn 1969 dyma ddechrau'r broses o leihau nifer yr ymddiriedolwyr

– y rheini yn rhinwedd eu swyddi yn bennaf. Gwnaethpwyd hyn nifer o weithiau ar ôl 1969 fel bod y nifer heddiw tua'r un faint ag oedd cyn symud i Aberystwyth. Heddiw, y mae gan yr ymddiriedolaeth chwech o ymddiriedolwyr yn rhinwedd eu swyddi a thri ar ddeg yn ymddiriedolwyr cyffredin.

Hyd at 1998 roedd yn rhaid i ymddiriedolwyr ymddeol wedi iddynt gyrraedd 70 oed (er nad oedd hyn yn berthnasol yn achosion ymddiriedolwyr yn rhinwedd eu swyddi). Roedd posib ailbenodi am flwyddyn ar y tro, ar yr amod bod hyn yn digwydd yn flynyddol. Ond yn 1998 pan ddaeth y cynllun elusennol presennol i rym dilëwyd y cymal oedran a gosodwyd patrwm newydd o benodi ymddiriedolwyr cyffredin yn ei le, a hynny am gyfnod o bum mlynedd o wasanaeth ar y tro. Byddai modd gwasanaethu am fwy nag un cyfnod.

Rhestr yr ymddiriedolwyr o 1957 ymlaen

Ymddiriedolwyr yn rhinwedd eu swyddi

Archesgob Cymru	1957–
Cymedrolwr Eglwys Bresbyteraidd Cymru[41]	1957–
Is-ganghellor Prifysgol Cymru	1957–2008
Llyfrgellydd, y Llyfrgell Genedlaethol	1957–2004
Llywydd Urdd Gobaith Cymru	1957–2004
Cadeirydd Cyngor yr Eisteddfod Genedlaethol	1963–
Cadeirydd Cyd-bwyllgor Addysg Cymru	1964–1972
Cyfarwyddwr Gwasanaeth Cymreig y Cyngor Darlledu	1967–1972
Esgob o'r Eglwys yng Nghymru	1967–1972
Yr aelod seneddol dros Geredigion	1967–1972
Cadeirydd Pwyllgor Cymru o Undeb Cenedlaethol yr Amaethwyr	1967–1996
Arglwydd Raglaw dros Geredigion[42]	1967–1996
Warden Coleg Llanymddyfri	1967–2004
Ysgrifennydd Cyffredinol Undeb yr Annibynwyr Cymraeg	1967–
Ysgrifennydd Cyffredinol Undeb Bedyddwyr Cymru	1967–
Ysgrifennydd Cyffredinol Cyfadran Cymru o'r Eglwysi Undodaidd	1967–
Clerc, Cyngor Sir Ceredigion[43]	1967–2004

Ymddiriedolwyr cyffredin

Gwilym Lloyd George, Iarll Dinbych-y-pysgod	gwleidydd	1957–1967

Syr David Hughes Parry	athro prifysgol	1957–1973
Syr Daniel Thomas Davies	llawfeddyg	1957–1966
Charles Leonard Fawcett	cyfreithiwr	1957–1966
Stanley Bayliss Smith	cyfrifydd	1957–1966
Thomas Ivor Jones	cyfreithiwr	1957–1969
Thomas Ivor Williams	cyfrifydd	1957–1993
David Samuel Owen	gweinidog yr efengyl	1958–1959
Ebenezer Curig Davies	gweinidog yr efengyl	1962–1968
David Penrose Lewis, Barwn Aberhonddu	gwleidydd	1962–1973
Glyn Tegai Hughes	warden Gregynog	1967–2008
Syr Glanmor Williams	athro prifysgol	1967–1993
Moses John Jones	cyfarwyddwr addysg	1967–1995
Syr Thomas Parry[44]	is-ganghellor prifysgol	1967–1972
M J (Moc) Morgan	prifathro	1967–1995
Rhydian Llewellyn	perchennog tir	1967–1984
Ifor H Davies	meddyg lleol	1969–1973
Alun Llewelyn Williams	cyfarwyddwr addysg allanol	1969–1973
James Arthur Davies	prifathro coleg	1969–2007
R Glyn Thomas	llawfeddyg	1969–1988
R Melville Jones	gweinidog yr efengyl	1969–1972
Percy Tudor Thomas	athro prifysgol	1969–1988
William Armistice Bowen	cyfreithiwr	1970–1974
Robert Alun Enoch	rheolwr siop gydweithredol	1970–1990
William Emrys Evans	banciwr rhanbarthol	1973–2004
Geraint Howells	aelod seneddol	1973–1980
Syr Goronwy Daniel[45]	is-ganghellor prifysgol	1974–1976
J Hext Lewis[46]	perchennog tir	1974–1983
Tom Jones	cyn-ysgrifennydd gweithredol yr ymddiriedolaeth	1975–1977
Graham Lloyd Rees	athro prifysgol	1976–2005
David Jenkins[47]	llyfrgellydd cenedlaethol	1980–1995
John Kendal Harris[48]	prif weithredwr, llywodraeth leol	1983–2003
Robert Geraint Gruffydd[49]	llyfrgellydd/athro prifysgol	1985–2001
William Cynfab Roberts	meddyg lleol	1985–2001
Emrys Wynn Jones	cofrestrydd prifysgol	1990–2014
Elinor Bennett	cerddor	1991–1994
Ifan Moelwyn Hughes	pennaeth uned gyfrifiadurol prifysgol	1993–2013

Gwerfyl Pierce Jones	cyfarwyddwr, Cyngor Llyfrau Cymru	1995–
William John Phillips	prif weithredwr, llywodraeth leol	1996–2015
Gwilym Esmor Humphreys[50]	prifathro/cyfarwyddwr addysg	1996–2009
Roy Frederick Sharp	ysgrifennydd gyfrifydd	1996–
R Alun Evans[51]	pennaeth darlledu/ gweinidog yr efengyl	2002–
Ken Richards	uwch-ddarlithydd prifysgol	2002–
Geraint R Jones	prif weithredwr, llywodraeth leol	2003–
Derec Llwyd Morgan[52]	is-ganghellor prifysgol	2004–
David Gwynder Lewis	cadeirydd cwmni	2005–
Enid Morgan	offeiriad ac awdur	2007–2013
Rhidian Griffiths	pennaeth adran yn y Llyfrgell Genedlaethol	2008–
Eryn Mant White	darllenydd prifysgol	2009–
Wyn Penri Jones	rheolwr bancio masnachol	2013–
Gwenan Creunant	Penodwyd Gwenan yn ysgrifennydd gweithredol yr Ymddiriedolaeth yn 2016	2013–2016
Jane Aaron	athro prifysgol	2015–
Enid Lewis	rheolwr cyllid	2015–2018
Alun Charles	arolygydd ysgolion	2016–
Siân Lloyd Jones	prif weithredwr, Cyllid Cymru	2019–

[41] Penodid cymedrolwr newydd yn flynyddol; creodd hyn rai anawsterau a gododd o gyfnodau byr o wasanaeth. Felly, yn hytrach na swydd y cymedrolwr daeth swydd ysgrifennydd y Gymanfa Gyffredinol yn ei le ac wedi hyn swydd ysgrifennydd cyffredinol yr Eglwys Bresbyteraidd.

[42] Yn ddiweddarach ailenwyd y swydd yn Arglwydd Raglaw dros Ddyfed.

[43] Yn ddiweddarach ailenwyd y swydd yn brif weithredwr Cyngor Dosbarth Ceredigion.

[44] Cyn hyn bu Thomas Parry yn ymddiriedolwr yn rhinwedd ei swydd ddwywaith – fel Llyfrgellydd Cenedlaethol ac fel Is-ganghellor Prifysgol Cymru.

[45] Yn 1977 daeth Syr Goronwy Daniel yn ymddiriedolwr yn rhinwedd ei swydd fel Is-ganghellor Prifysgol Cymru.

[46] Cyn hyn gwasanaethodd y Capten J Hext Lewis fel ymddiriedolwr yn rhinwedd ei swydd fel Arglwydd Raglaw Ceredigion.

[47] Cyn hyn gwasanaethodd David Jenkins fel ymddiriedolwr yn rhinwedd ei swydd fel Llyfrgellydd Cenedlaethol.

[48] Cyn hyn gwasanaethodd Kendal Harris fel ymddiriedolwr yn rhinwedd ei swydd fel Prif Weithredwr Cyngor Dosbarth Ceredigion.

[49] Cyn hyn gwasanaethodd Geraint Gruffydd fel ymddiriedolwr yn rhinwedd ei swydd fel Llyfrgellydd Cenedlaethol.

[50] Cyn hyn gwasanaethodd Gwilym Humphreys fel ymddiriedolwr yn rhinwedd ei swydd fel Cadeirydd Cyngor yr Eisteddfod Genedlaethol.

[51] Cyn hyn gwasanaethodd Alun Evans fel ymddiriedolwr yn rhinwedd ei swydd fel Cadeirydd Cyngor yr Eisteddfod Genedlaethol.

[52] Cyn hyn bu Derec Llwyd Morgan yn ymddiriedolwr yn rhinwedd ei swydd ddwywaith – fel Cadeirydd Cyngor yr Eisteddfod Genedlaethol ac fel Is-ganghellor Hŷn Prifysgol Cymru.

ATODIAD B

Strwythur y Pwyllgorau

O'r cychwyn cyntaf y bwriad oedd i bob ymddiriedolwr, boed yn ymddiriedolwr yn rhinwedd ei swydd neu'n ymddiriedolwr cyffredin, weithredu fel ymddiriedolwr rheoli (*managing trustee*). Golyga hyn fod gan yr holl ymddiriedolwyr gyfrifoldeb dros holl waith yr ymddiriedolaeth. Yn fras, mae'r cyfrifoldebau hyn yn ymrannu'n ddau ddosbarth, sef:

(1) gofalu am adnoddau'r ymddiriedolaeth mewn buddsoddiadau, eiddo ac arian
(2) cynllunio polisïau ar gyfer dosbarthu'r adnoddau mewn grantiau.

Yn 1957 ffurfiwyd strwythur pwyllgorau i ddelio â'r materion uchod. I'r cyntaf rhoddwyd yr enw Pwyllgor Ariannol; rai blynyddoedd wedyn cytunwyd ar enw newydd, sef Pwyllgor Gweithredol. Prif gyfrifoldeb y pwyllgor hwn yw gofalu am fuddsoddiadau'r ymddiriedolaeth. Yn ychwanegol at hyn mae'r enw newydd yn adlewyrchu rhestr o gyfrifoldebau eraill yn ymwneud, yn fras, â gofynion gweinyddol. Cwyd y rhain o'r hyn sy'n ddisgwyliedig gan y Comisiwn Elusennau yn bennaf. Isod gwelir aelodaeth bresennol y Pwyllgor Gweithredol (hyd at ddiwedd Mawrth 2020). Mae'r aelodau presennol i gyd yn ymddiriedolwyr cyffredin sy'n adlewyrchu'r ffaith eu bod yn ymddiriedolwyr oherwydd eu cefndir a'u harbenigedd yn y meysydd ariannol a gweinyddol. I'r ail bwyllgor rhoddwyd yr enw Pwyllgor Ceisiadau. Mae gwaith y pwyllgor hwn yn gwbl amlwg, sef archwilio'r ceisiadau am gymorth ariannol a gwneud penderfyniadau ynglŷn â dosbarthu grantiau. Isod gwelir aelodaeth bresennol y pwyllgor hwn (hyd at ddiwedd Mawrth 2020). Mae'r aelodau'n gyfuniad o ymddiriedolwyr yn rhinwedd eu swyddi ac ymddiriedolwyr cyffredin.

Mae gwaith y ddau bwyllgor yn atebol i'r ymddiriedolwyr rheoli. Ar hyn o bryd mae gan yr ymddiriedolaeth 19 o ymddiriedolwyr – mae 6 ohonynt yn ymddiriedolwyr yn rhinwedd eu swyddi a 13 yn ymddiriedolwyr cyffredin.

Aelodaeth y Pwyllgor Gweithredol

Derec Llwyd Morgan (Cadeirydd)
Gwerfyl Pierce Jones (Cadeirydd yr Ymddiriedolaeth)
Geraint R Jones
David Gwynder Lewis
Siân Lloyd Jones
Wyn Penri Jones
Ken Richards
Roy Frederick Sharp

Aelodaeth y Pwyllgor Ceisiadau

Gwerfyl Pierce Jones (Cadeirydd a Chadeirydd yr Ymddiriedolaeth)
Derec Llwyd Morgan (Cadeirydd y Pwyllgor Gweithredol)
John Davies (Archesgob Cymru)
Melda Grantham (Ysgrifennydd Cyffredinol yr Undodiaid yng Nghymru)
Richard Morris Jones (Cadeirydd Cyngor yr Eisteddfod Genedlaethol)
Judith Morris (Ysgrifennydd Cyffredinol Undeb Bedyddwyr Cymru)
Meirion Morris (Ysgrifennydd Cyffredinol Eglwys Bresbyteraidd Cymru)
Dyfrig Rees (Ysgrifennydd Cyffredinol Undeb yr Annibynwyr Cymraeg)
Jane Aaron
R Alun Evans
Alun Charles
Rhidian Griffiths
Eryn Mant White

ATODIAD C

Cadeiryddiaeth yr Ymddiriedolaethau

BU PETH AMRYWIO ym mhatrwm y gadeiryddiaeth dros y blynyddoedd. Y nod yw llenwi'r tair swydd, sef:

- cadeiryddiaeth Pwyllgor yr Ymddiriedolwyr Rheoli (y corff cyfan o ymddiriedolwyr)
- cadeiryddiaeth y Pwyllgor Gweithredol yn ymwneud â materion buddsoddi, ariannol a gweinyddol
- cadeiryddiaeth y Pwyllgor Ceisiadau sydd â'r gwaith o ystyried y ceisiadau am gymorth ariannol.

Ar adegau bu un person yn llenwi'r tair swydd. Ar adegau eraill rhannwyd y gwaith rhwng dau berson.

Isod rhestrir enwau'r cadeiryddion o 1957 ymlaen:

Gwilym Lloyd George, Iarll Dinbych-y-pysgod 1957–1967
(cadeirydd y tri phwyllgor tan ei farw yn 1967)

Syr David Hughes Parry 1967–1973
(cadeirydd y tri phwyllgor tan ei farw yn 1973)

Syr Glanmor Williams 1973–1978
(Bu Glanmor Williams yn gadeirydd ar Bwyllgorau'r Ymddiriedolwyr Rheoli a'r Pwyllgor Ceisiadau; bu **Thomas Ivor Williams** yn gadeirydd ar y Pwyllgor Gweithredol. Ivor Williams oedd yr unig ymddiriedolwr yn weddill o'r nifer gwreiddiol a benodwyd yn 1957)

Thomas Ivor Williams 1978–1986
(Bu Ivor Williams yn gadeirydd y Pwyllgor Gweithredol a'r Pwyllgor Ymddiriedolwyr Rheoli; **yr Athro Graham Lloyd Rees** oedd cadeirydd y Pwyllgor Ceisiadau)

Yr Athro Graham Lloyd Rees 1986–2001

(Bu'r Athro Graham Lloyd Rees yn cadeirio cyfarfodydd o'r Ymddiriedolwyr Rheoli ac yn parhau fel cadeirydd y Pwyllgor Ceisiadau; cafwyd parhad yng nghyfnod gwasanaeth Ivor Williams fel cadeirydd y Pwyllgor Gweithredol tan ei ymddeoliad yn 1991. Wedi hyn, ychwanegwyd y cyfrifoldeb hwn at gyfrifoldebau eraill yr Athro Graham Rees)

Emrys Wynn Jones 2001–2011

(Daeth Emrys Wynn Jones yn gadeirydd Pwyllgor yr Ymddiriedolwyr Rheoli ynghyd â'r Pwyllgor Gweithredol; penodwyd **Gwerfyl Pierce Jones** yn gadeirydd y Pwyllgor Ceisiadau)

Gwerfyl Pierce Jones 2011 ymlaen

(Daeth Gwerfyl Pierce Jones yn gadeirydd yr Ymddiriedolwyr Rheoli o 2011 ymlaen, gan barhau ar yr un pryd yn gadeirydd y Pwyllgor Ceisiadau, swydd roedd wedi llenwi ers 2001. Penodwyd **yr Athro Derec Llwyd Morgan** i weithredu fel cadeirydd y Pwyllgor Gweithredol ac y mae'n parhau yn y swydd hon)

ATODIAD Ch

Ysgrifenyddion Gweithredol/ Cynorthwywyr Swyddfa

Ysgrifenyddion gweithredol yr ymddiriedolaethau

Tom Jones	1957–1975
William Mansel Davies[53]	1975–1981
Arthur Cooper[54]	1981–1982
Richard Harding Morgan	1982–2016
Gwenan Creunant	2016 ymlaen

Cynorthwywyr Swyddfa

Pan sefydlwyd yr ymddiriedolaeth gyntaf yn 1957 roedd y swyddfa yn Llundain, a hynny yn 225 Oxford Street, sef lleoliad Stiwdios 1 a 2 (Cinema House), lle'r oedd swyddfeydd DJ. Yn y cyfnod cychwynnol hwn Tom Jones oedd yr ysgrifennydd gweithredol, a thelid am gymorth ysgrifenyddol yn ôl yr angen. O 1968 ymlaen gweinyddwyd yr ymddiriedolaeth(au) o swyddfeydd newydd yn Aberystwyth, a dyma'r rhai a fu'n gweithio fel cynorthwywyr swyddfa:

Mrs Guy	1968–1980
Rachel Berenice Davies	1980–1992
Diane Davies	1992–1995
Nel Williams	1995 ymlaen

[53] Penodwyd Mansel Davies, yn y lle cyntaf, fel ysgrifennydd cynorthwyol i Tom Jones, a hynny yn 1973.

[54] Penodwyd Arthur Cooper fel ysgrifennydd dros dro

ATODIAD D

Cronfa D J James / Cronfa Catherine a'r Fonesig Grace James: rhai ystadegau

Cronfa D J James (o 1959/60 hyd 1966/67)

Cronfa Catherine a'r Fonesig Grace James (o 1966/67 hyd 1997/98)

SEFYDLWYD CRONFA D J James Pantyfedwen yn 1957 ond cyhoeddwyd y cyfrifon blynyddol cyntaf am y flwyddyn 1959/60. Sylfaen y dechreuad oedd rhodd o £500,000 gan DJ – yn cynnwys gwarantau llog penodol (*fixed interest securities*), cyfranddaliadau cwmnïau, eiddo ac arian parod. Yn 1963/64 cafwyd rhodd bellach o £500,000 gan DJ. Unwaith eto, roedd y rhodd yn cynnwys amrywiaeth o fuddsoddiadau ond ei brisiad o werth ei gartref – Sutton Hall, ger Barcombe yn Swydd Sussex, oedd y brif eitem y tro hwn. Y prisiad oedd £300,000 ac o hyn allan y gronfa fyddai'n derbyn y rhent oedd yn daladwy ar y ffermydd a'r tyddynnod oedd yn rhan o Sutton Hall. Byddai arian rhent yn cynnwys £500 y flwyddyn oedd yn daladwy gan DJ ei hun am ei fod bellach yn byw mewn cartref oedd yn eiddo i'r gronfa!

Yn 1966 anfonodd DJ gais at yr ymddiriedolwyr yn gofyn iddynt newid enw'r gronfa i Ymddiriedolaeth Catherine a'r Fonesig Grace James, er cof am ei fam a'i briod. Felly, o 1966/67 ymlaen daeth enw newydd i fodolaeth, sef Ymddiriedolaeth Catherine a'r Fonesig Grace James.

	Gwerth y cyfalaf	Incwm blynyddol	Grantiau a ddyfarnwyd*
	£	£	£
1959/60	519,922	26,037	10,012
1960/61	526,085	29,851	15,009
1961/62	527,307	31,548	30,250
1962/63	583,552	30,115	34,905
1963/64	1,053,653	30,389	34,514
1964/65	1,076,113	41,368	28,710
1965/66	1,100,320	49,863	31,009
1966/67	1,173,964	52,559	40,609
1967/68	1,136,087 (1)	56,629	32,765
1968/69	1,219,011	78,820	32,419
1969/70	1,207,618	75,904	42,492
1970/71	1,152,594	79,188	60,170
1971/72	1,227,554	74,866	57,008
1972/73	1,299,782 (2)	83,236	77,349
1973/74	1,315,025	101,897	71,780
1974/75	1,373,448 (3)	115,641	82,230
1975/76	1,436,626	119,963	77,742
1976/77	1,636,908 (4)	149,077	99,173
1977/78	1,772,189	158,090	102,615
1978/79	1,802,041	173,906	116,600
1979/80	1,855,248	202,919	155,998
1980/81	1,878,222	198,062	157,399
1981/82	2,029,478 (5)	216,109	155,000
1982/83	2,243,613	208,509	184,682
1983/84	2,442,353	233,180	189,995
1984/85	2,573,808	251,537	223,557
1985/86	2,776,846	291,656	246,330
1986/87	2,972,622	282,986	254,544
1987/88	3,125,154	251,731	217,384
1988/89	3,267,194	278,229	200,927
1989/90	3,434,324 (6)	328,098	241,720
1990/91	3,413,254	324,836	299,868
1991/92	3,382,861	296,210	258,447
1992/93	3,376,959	279,896	239,783
1993/94	3,535,211	266,570	198,369
1994/95	3,643,901	241,679	204,970
1995/96	3,761,757	256,426	212,991

	Gwerth y cyfalaf	Incwm blynyddol	Grantiau a ddyfarnwyd*
	£	£	£
1996/97	4,578,980 (7)	261,445	205,699
1997/98	5,381,217	276,631	210,832

*ar y cyfan, roedd cyfanswm yr arian a ddyfernid mewn grantiau bob amser yn llai na'r incwm blynyddol. Roedd peth arian dros ben sawl blwyddyn, ac roedd angen peth o'r incwm i gwrdd â'r gost o gynnal yr ymddiriedolaeth bob blwyddyn. Yn Atodiad Ff gwneir defnydd o 'grantiau a dalwyd', sydd bob amser yn llai na chyfanswm y grantiau a ddyfarnwyd gan fod rhai ymgeiswyr yn gwrthod cynnig yr ymddiriedolaeth tra mae eraill wedi penderfynu peidio â symud ymlaen gyda'u prosiectau

(1) yn cynnwys amcangyfrif o'r hyn oedd i ddod o werthu Sutton Hall (£281,957). Cyn hynny dangosid y gwerth fel eiddo ac yn 1968/69 buddsoddwyd arian y gwerthiant mewn amrywiaeth o warantau llog penodol a chyfranddaliadau cwmnïau

(2) yn cynnwys £16,241 o werthu tir yn Old Kent Road yn Llundain

(3) yn cynnwys £185,000 o werthu tir ac adeiladau Olmar Wharf yn Llundain – i gwmni James a'i Fab

(4) yn cynnwys £178,200 o werthu cyfranddaliadau yn Romford Stadium – buddsoddiad heb ei restru ar y farchnad stoc

(5) yn cynnwys gwerthu'r hyn oedd yn weddill o gyfnod y brydles ar 225 Oxford Street, Llundain (Cinema House – Stiwdios 1 a 2) i gwmni Star am £72,500; yn cynnwys hefyd swm o £89,588 am ildio'r polisi amorteiddio ar 225 Oxford Street; hefyd yn cynnwys y swm o £100,100 a ddaeth o werthu dwy fferm i'r tenantiaid, ynghyd â rhai caeau ym Mhontrhydfendigaid

(6) yn cynnwys £108,734 a gafwyd o werthu eiddo yn Upminster yn Swydd Essex

(7) newid yn y patrwm o baratoi cyfrifon fel bod buddsoddiadau'n ymddangos yn ôl eu gwerth marchnadol yn hytrach na'r gost o'u prynu

ATODIAD Dd

Cronfa John a Rhys Thomas James: rhai ystadegau

Yn ei ewyllys, ac ar ôl talu nifer o gymynroddion personol, bwriad DJ oedd gadael gweddill ei ystad i Ymddiriedolaeth John a Rhys Thomas James a enwyd er cof am ei dad a'i frawd. Sefydlwyd yr ymddiriedolaeth gan DJ yn 1966, ond roedd angen tipyn o weddill yr ystad i dalu'r doll farwolaeth gan nad oedd blwyddyn lawn wedi treiglo rhwng y rhodd gychwynnol a dydd ei farw. Yn wyneb hyn cytunodd y Comisiwn Elusennau i sefydlu cynllun arbennig lle byddai 25% o'r incwm blynyddol ynghyd ag unrhyw incwm oedd yn weddill mewn blwyddyn yn cael ei drosglwyddo i gronfa gyfalaf yr ymddiriedolaeth. Cytunwyd i weithredu'r cynllun hwn am gyfnod o 21 mlynedd. Daeth y trefniant i ben ar 28 Medi 1987. Ar ôl y dyddiad hwn byddai angen trin unrhyw incwm dros ben fel incwm yn hytrach na chyfalaf. Roedd y trefniant yn bwysig dros ben i'r ymddiriedolaeth ac i raddau helaeth dyma sy'n egluro'r twf yn y gronfa gyfalaf hyd at 1987. Amcangyfrifir bod cyfalafu'r incwm dros y cyfnod hwn wedi ychwanegu £809,604 at y gronfa gyfalaf.

	Gwerth y cyfalaf £	Incwm blynyddol £	Grantiau a ddyfarnwyd* £
1966/67	82,653	7,263	1,000
1967/68	90,363	13,445	3,325
1968/69	72,310	6,803	2,035
1969/70	70,330	7,745	2,035
1970/71	72,218	6,060	2,035
1971/72	106,352**	6,338	2,035
1972/73	309,768**	102,083***	3,461

	Gwerth y cyfalaf	Incwm blynyddol	Grantiau a ddyfarnwyd*
	£	£	£
1973/74	439,161**	34,687	3,272
1974/75	473,961	33,205	5,778
1975/76	511,486	30,824	7,539
1976/77	546,268	34,236	9,673
1977/78	595,917	37,122	9,021
1978/79	642,645	42,421	9,188
1979/80	705,101	49,081	15,931
1980/81	775,199	56,174	23,037
1981/82	831,886	64,062	23,711
1982/83	903,143	62,672	30,000
1983/84	994,246	68,550	32,475
1984/85	1,085,962	77,421	37,241
1985/86	1,175,527	79,642	39,203
1986/87	1,371,825	94,225	39,667
1987/88	1,519,865	97,759	40,985
1988/89	1,582,328	131,209	32,235
1989/90	1,620,983	154,135	34,320
1990/91	1,615,028	170,507	47,351
1991/92	1,618,446	159,569	36,548
1992/93	1,598,894	144,794	39,690
1993/94	1,684,561	140,300	34,904
1994/95	1,754.422	134,010	40,479
1995/96	1,820,010	155,964	54,536
1996/97	2,112,938****	149,227	41,603
1997/98	2,773,912****	169,151	42,020

* Mae'r arian a wariwyd mewn grantiau bob amser yn llai na'r incwm. Erys peth o'r incwm heb ei wario (roedd y symiau hyn yn sylweddol mewn ambell flwyddyn). Defnyddir y gweddill i gwrdd â'r gost o gynnal yr ymddiriedolaeth

** yn 1971/72 a 1972/73 derbyniodd yr ymddiriedolaeth symiau o ystad DJ; yn 1973/74 cafwyd y taliad olaf a daeth busnes yr ystad i ben, a hynny chwe blynedd ar ôl marw DJ

*** incwm wedi cronni o ystad DJ dros y cyfnod o Ebrill 1966 tan fis Mawrth 1972 oedd y rhan fwyaf o'r arian hwn

**** newid yn y patrwm o baratoi cyfrifon fel bod buddsoddiadau'n ymddangos yn ôl eu gwerth marchnadol yn hytrach na'r gost o'u prynu

ATODIAD E

Ymddiriedolaeth James Pantyfedwen: rhai ystadegau

DAETH Y DDIWEDDARAF o'r ymddiriedolaethau i fodolaeth ar 1 Ebrill 1998 pan unwyd y ddwy ymddiriedolaeth flaenorol, sef Ymddiriedolaeth Catherine a'r Fonesig Grace James ac Ymddiriedolaeth John a Rhys Thomas James. Ar yr un dyddiad daeth cynllun elusennol newydd i rym ar gyfer yr ymddiriedolaeth 'newydd' oedd yn parchu a diogelu holl ofynion yr ymddiriedolaethau blaenorol.

	Gwerth y cyfalaf £	Incwm blynyddol £	Grantiau a ddyfarnwyd* £
1998/99	8,484,605	444,241	324,588
1999/2000	8,882,224	408,631	354,261
2000/01	8,605,920	436,854	310,000
2001/02	8,282,183	424,686	347,000
2002/03	7,195,083	397,818	333,218
2003/04	7,882,483	417,787	340,744
2004/05	8,287,029	439,521	341,849
2005/06	9,484,208	449,865	332,437
2006/07	10,011,554	461,801	340,434
2007/08	9,377,711	463,063	335,212
2008/09	7,533,428	484,763	362,126
2009/10	9,544,500	424,085	336,111
2010/11	11,395,143**	450,289	351,001
2011/12	11,590,493	499,160	341,634
2012/13	12,914,965	537,687	401,091
2013/14	13,209,284	539,116	415,453
2014/15	13,834,933	568,810	429,760
2015/16	13,247,829	589,379	456,466

	Gwerth y cyfalaf £	Incwm blynyddol £	Grantiau a ddyfarnwyd* £
2016/17	14,927,904	632,579	461,327
2017/18	14,374,645	624,125	403,034
2018/19	14,271,810	645,845	438,237
2019/20	12,244,592	645,175	470,049

* Mae cyfanswm yr arian a ddyfarnwyd mewn grantiau bob amser yn llai na'r incwm blynyddol. Roedd peth arian dros ben mewn sawl blwyddyn ac roedd angen rhywfaint o'r incwm i gwrdd â'r gost o gynnal yr ymddiriedolaeth bob blwyddyn

** Gwerthwyd fferm Tanygraig ar y farchnad agored ym mis Hydref 2010, a hynny am bris o £1,340,000 (yn cynnig elw o £1,150,997). O fis Hydref 2010 ymlaen buddsoddwyd yr arian hwn ym marchnadoedd stoc y byd gan wella incwm yr ymddiriedolaeth yn sylweddol.

ATODIAD F

Y Gronfa Incwm Wrth Gefn

Wrth gyflwyno cais i'r Comisiwn Elusennau yn 1996 i greu un ymddiriedolaeth 'newydd' trwy uno ymddiriedolaethau Catherine a'r Fonesig Grace James a John a Rhys Thomas James daeth cyfle i ofyn i swyddogion y Comisiwn ganiatáu nifer o newidiadau eraill hefyd. Cytunwyd i'r holl newidiadau ac eithrio un. Etifeddodd yr ymddiriedolaeth newydd dros £1.3m mewn incwm heb ei wario, yn bennaf o Ymddiriedolaeth John a Rhys Thomas James. Y cais a wnaethpwyd oedd caniatâd i ychwanegu rhan helaeth o'r swm hwn at y gronfa gyfalaf. Gwrthodwyd y cais ar sail y ffaith bod yr ymddiriedolaethau wedi derbyn eu hincwm heb dynnu treth incwm ohono (fel unrhyw elusen gofrestredig arall) ac roedd disgwyl i'r incwm hwn gael ei wario ar bwrpasau'r ymddiriedolaethau.

Yn 1991 dechreuwyd ar bolisi o fuddsoddi rhan o'r incwm wrth gefn mewn meysydd tu hwnt i arian parod. Gwnaethpwyd hyn er mwyn cynyddu'r incwm. Wrth dderbyn penderfyniad y Comisiwn i beidio â chaniatáu cyfalafu'r incwm wrth gefn, ychwanegwyd at y rhestr fuddsoddiadau a ddechreuwyd yn ôl yn 1991. Bellach mae'r buddsoddiadau hyn yn ffurfio'r hyn a elwir yn 'gronfa incwm wrth gefn'. Isod nodir y twf yn y gronfa hon ers 1998/99. Mae'r incwm a ddaw o'r buddsoddiadau hyn wedi ychwanegu'n sylweddol at gyfanswm incwm yr ymddiriedolaeth, ac yn arbennig o fanteisiol mewn cyfnodau lle mae'r incwm a ddaw o arian parod yn isel tu hwnt, megis y cyfnod hanesyddol o logau isel yn dilyn y dirwasgiad rhyngwladol o 2007/08 ymlaen.

	Incwm wrth gefn	Cronfa Incwm Wrth Gefn
	£	£
1998/99	907,752	487,609
1999/2000	914,969	471,377
2000/01	879,855	483,330
2001/02	698,382	711,505
2002/03	708,607	761,461
2003/04	445,011	982,596
2004/05	466,215	973,214
2005/06	501,134	993,326
2006/07	546,453	947,389
2007/08	579,741	975,281
2008/09	440,159	1,237,417
2009/10	228,032	1,472,934
2010/11	117,042	1,572,845
2011/12	158,334	1,669,161
2012/13	113,749	1,736,450
2013/14	187,674	1,726,790
2014/15	219,405	1,838,159
2015/16	250,003	1,756,460
2016/17	293,901	1,916,733
2017/18	218,016	1,802,911
2018/19	275,028	1,766,163
2019/20	167,078	1,597,137

ATODIAD Ff

Grantiau a Dalwyd

MAE'R WYBODAETH am grantiau yn Atodiadau D, Dd ac E yn ymwneud â phenderfyniadau pwyllgorau mewn ymateb i'r ceisiadau a ddaeth i law. Mewn rhai achosion ni thalwyd y grantiau hyn, a hynny am amryw o resymau – yr ymgeiswyr yn penderfynu peidio symud ymlaen gyda'r prosiect, er enghraifft, neu fyfyriwr wedi llwyddo i ddod o hyd i'r arian angenrheidiol o fannau eraill. Mae'r wybodaeth ystadegol yn yr atodiad hwn yn ymwneud â'r grantiau a dalwyd i ymgeiswyr. Rhennir yr ystadegau'n bedwar cyfnod, sef

- Ymddiriedolaeth D J James Pantyfedwen – 1958/59 hyd 1965/66
- Ymddiriedolaeth Catherine a'r Fonesig Grace James – 1966/67 hyd 1997/98
- Ymddiriedolaeth John a Rhys Thomas James – 1966/67 hyd 1997/98
- Ymddiriedolaeth James Pantyfedwen – 1998/99 ymlaen

Ymddiriedolaeth D J James Pantyfedwen (1958/59 hyd 1965/66)

	£
Pwrpasau crefyddol (ymgeiswyr am y weinidogaeth yn bennaf)	42,442
Adeiladau crefyddol	55,505
Pwrpasau addysgiadol (myfyrwyr gwrywaidd; rhai llyfrau)	38,804
Elusennau cofrestredig	25,023
Yr Eisteddfod Genedlaethol ac Eisteddfodau'r Urdd	11,000

	172,774

Ymddiriedolaeth Catherine a'r Fonesig Grace James (1966/67 hyd 1997/98)

	£
Pwrpasau crefyddol (ymgeiswyr am y weinidogaeth, gweinidogion wedi ymddeol, gweddwon gweinidogion, cronfeydd enwadol)	982,581

Adeiladau crefyddol	1,671,711
Pwrpasau addysgiadol (myfyrwyr gwrywaidd hyd at 1978; ychwanegwyd myfyrwyr benywaidd ar ôl hyn)	1,152,511
Elusennau cofrestredig	588,990
Yr Eisteddfod Genedlaethol, Eisteddfod Llangollen ac Eisteddfodau'r Urdd	118,500
Eisteddfodau Pantyfedwen (Pontrhydfendigaid, Aberteifi a Llanbedr Pont Steffan)	243,000

	4,757,293

Ymddiriedolaeth John a Rhys Thomas James (1966/67 hyd 1997/98)

	£
Eisteddfodau lleol	83,364
Eisteddfodau Pantyfedwen	227,554
Yr Eisteddfod Genedlaethol, Eisteddfod Llangollen ac Eisteddfodau'r Urdd	248,816
Gweinidogion wedi ymddeol a gweddwon gweinidogion	53,066
Ysgolion Sul/ taflunyddion	14,473

	727,273

Ymddiriedolaeth James Pantyfedwen (1998/99 ymlaen)

	£
Pwrpasau crefyddol (ymgeiswyr am y weinidogaeth, gweinidogion wedi ymddeol, gweddwon gweinidogion, cronfeydd enwadol, ysgolion Sul)	541,007
Adeiladau crefyddol	1,705,700
Pwrpasau addysgiadol (ceisiadau gan fyfyrwyr am waith uwchraddedig i gyd, bron)	3,248,950
Elusennau cofrestredig	299,291
Prosiectau arbennig (gweler isod)	508,168
Eisteddfodau lleol	402,398
Eisteddfodau Pantyfedwen	526,900
Yr Eisteddfod Genedlaethol, Eisteddfod Llangollen ac Eisteddfodau'r Urdd	694,590

	7,926,994

Mae rhai sylwadau pellach yn berthnasol yn y fan hon, sef:

(1) ers y dechrau yn 1957 a hyd at ddiwedd mis Mawrth 2020 mae'r ymddiriedolaethau wedi talu allan gyfanswm o £13,584,334

(2) wrth gofio am y lleihad yn y ceisiadau yn gyffredinol yn y cyfnod mwyaf diweddar, ac eithrio ceisiadau gan fyfyrwyr, nid yw'n syndod mai'r cymorth i fyfyrwyr sydd wedi hawlio'r rhan fwyaf o'r cyllid a ddosbarthwyd – £4,440,205 neu 33% o'r cyfanswm – gyda grantiau i adeiladau crefyddol yn hawlio £3,432,916 neu 25% o'r cyfanswm

(3) un o flaenoriaethau pennaf y noddwr oedd cyfrannu at fywyd a gwaith eisteddfodau yng Nghymru, yn fwyaf arbennig Eisteddfodau Pantyfedwen gan iddo fod yn brif sylfaenydd y tair eisteddfod a gynhelir o hyd ym Mhontrhydfendigaid, Aberteifi a Llanbedr Pont Steffan. Mae'n deg dweud na fyddai wedi bod yn bosibl cynnal yr eisteddfodau hyn yn ddi-dor ers y 1960au heb gymorth yr ymddiriedolaethau. O 1965 ymlaen cyfrannwyd cyfanswm o £977,454 at gynnal Eisteddfodau Pantyfedwen

(4) yn yr un modd bu'r ymddiriedolaethau yn cyfrannu'n gyson bob blwyddyn at yr Eisteddfod Genedlaethol, Eisteddfod Ryngwladol Llangollen ac Eisteddfodau'r Urdd (yn genedlaethol ac yn lleol). Dros y cyfnod dan sylw – 1957 hyd 2020 – derbyniodd y cyrff hyn gyfanswm o £1,100,906

(5) un arall o brif ddymuniadau DJ oedd ceisio gwella cyflogau a phensiynau gweinidogion yr efengyl. Am yn agos i bum mlynedd ar hugain bu'r ymddiriedolaethau'n rhannu grantiau i weinidogion wedi ymddeol ac i weddwon gweinidogion. O 1976/77 hyd 2014/15 gwnaethpwyd cyfraniadau blynyddol uniongyrchol i gronfeydd enwadol, gyda'r arian yn cael ei fuddsoddi a'r incwm ar gael i'w ddosbarthu yn ôl yr angen. Dros y cyfnod hwn dosbarthwyd y grantiau canlynol:

Yr Eglwys yng Nghymru	£117,000
Eglwys Bresbyteraidd Cymru	£117,000
Undeb yr Annibynwyr Cymraeg	£117,000
Undeb Bedyddwyr Cymru	£117,000
Synod Cymru o'r Eglwys Fethodistaidd	£90,750
Undeb Bedyddwyr Prydain Fawr (yng Nghymru)	£59,500
Yr Eglwys Unedig Ddiwygiedig (yng Nghymru)	£59,500
Eglwysi Undodaidd (cronfa hyfforddi gweinidogion)	£59,000

(6) yn y flwyddyn 2000 lansiodd yr ymddiriedolwyr arbrawf oedd i barhau tan 2013, sef neilltuo arian i gynorthwyo prosiectau arbennig oedd yn dibynnu, i raddau helaeth, ar ddenu arian i dalu cyflogau. Nid oedd hyn yn digwydd cyn 2000 gan fod prosiectau o'r fath yn gofyn am arian sylweddol, a hynny

dros gyfnodau o flynyddoedd mewn rhai achosion. Roedd yr ymddiriedolwyr o'r farn nad oedd yr adnoddau hyn ganddynt ac y byddai neilltuo adnoddau sylweddol at bwrpasau felly yn peryglu amcanion canolog yr ymddiriedolaeth. Serch hynny, yn 2000 dechreuwyd ar gynllun arbrofol a neilltuwyd £50,000 ar y dechrau. Codwyd hwn i £75,000 yn 2007. Bu rhan helaeth o'r gwariant ar gyfer cyflogi gweithwyr gyda'r ifanc mewn amryw o leoliadau. Wrth adolygu'r gwaith hwn, gan gydnabod bod y gwaith yn anodd ac yn heriol, roedd y canlyniadau yn gymysglyd braidd. O'r deg prosiect a noddwyd, cafwyd tri lle'r oedd y swyddog wedi ymadael cyn diwedd y cyfnod gwasanaeth. Mewn tri arall, ac ar ôl cwblhau'r cyfnod gwasanaeth, ni welwyd unrhyw barhad yn y gwaith gan eraill. Roedd hyn yn siom yn arbennig o gofio mai un o amodau cynnig cymorth ariannol oedd creu strwythur gwaith y byddai'r eglwysi lleol yn cydio ynddo yn dilyn ymadawiad y swyddog cyflogedig. Yn 2014 ar ôl pwyso a mesur yn ofalus, penderfynwyd rhoi'r gorau i'r arbrawf. Rhestrir y defnydd o arian y Gronfa Prosiectau Arbennig rhwng 2001 a 2013 yma:

2001	Cyd-bwyllgor y Llyfr Emynau Cydenwadol (gwaith ymchwil ar gyfer *Cydymaith Caneuon Ffydd*)	£34,000
2001	Cytûn: Llawlyfr Ymddiriedolwyr a Thrysoryddion	£8,600
2002	Eglwysi Gorllewin Morgannwg: gweithiwr ieuenctid	£40,113
2003	Cymdeithas y Beibl: Y Llais	£23,000
2003	Eglwysi Llanelli: gweithiwr ieuenctid	£35,972
2004	Cytûn: Rhwydwaith Twristiaeth Eglwysi Cymru	£12,630
2004	Trobwynt, Llŷn: gweithiwr ieuenctid	£40,600
2006	Gogledd Caerfyrddin: gweithiwr ieuenctid	£38,341
2007	Eco'r Wyddfa: gweithiwr ieuenctid	£25,500
2008	Llandudno: gweithiwr ieuenctid	£40,000
2009	Gogledd Caerfyrddin: gweithiwr ieuenctid	£12,087
2009	Y Genhadaeth Ddigidol	£10,000
2010	Gogledd Ceredigion: gweithiwr ieuenctid	£40,650
2010	Agathos, yr Wyddgrug: gweithiwr ieuenctid	£22,100
2011	Bro Gŵyr: gweithiwr ieuenctid	£33,950
2012	Canolfan Gymdeithasol y Gât, Caerdydd	£10,000
2012	Cyngor Cymru ar Alcohol / Stafell Fyw, Caerdydd	£53,125
2013	Sir Benfro: gweithiwr ieuenctid	£27,500

		£508,168

ATODIAD G

Y Darlithoedd

YN 1961 SEFYDLODD DJ gyfres o ddarlithoedd ar bynciau crefyddol. Mae'r ymddiriedolwyr wedi parhau'r traddodiad hwn er bod y ddarlith wedi'i thraddodi bob dwy flynedd am gyfnod. Ceid darlith yn y Gymraeg a'r Saesneg am yn ail, gan ddefnyddio safleoedd prifysgol yn y gogledd a'r de ar gyfer yr achlysuron hyn.

Ers 2015 mae Ymddiriedolaeth James Pantyfedwen wedi gweithio gyda Chanolfan Ffydd a Diwylliant Morlan yn Aberystwyth i drefnu'r ddarlith yn flynyddol. Fe'i gelwir yn Ddarlith Morlan-Pantyfedwen a'r bwriad yw ei chynnal yn flynyddol am yn ail yn y Gymraeg a'r Saesneg, a hynny yng Nghanolfan Morlan.

Yr amcan gwreiddiol oedd dewis meysydd diwinyddol a chrefyddol a fyddai'n apelio at ystod eang o bobl – ac mae hynny'n ddisgrifiad da o lawer o'r testunau a restrir isod. Mae eraill ar y rhestr yn fwy academaidd eu naws ac y mae nifer o'r testunau wedi esgor ar gyfrolau sydd wedi cyfoethogi ein deall o'r pynciau dan sylw.

1961	Bleddyn Roberts	Sôn am Achub
1962	E T Davies	Religion in the Industrial Revolution in South Wales
1963	W T Pennar Davies	Rhwng Chwedl a Chredo
1964	D R Griffiths	The New Testament and the Roman State
1965	Griffith T Roberts	Dadleuon Methodistiaeth Gynnar
1966	Nantlais Williams	Faith Facing Facts
1967	Gwynfryn Richards	Gwir a Diogel Obaith
1968	W D Davies	The Gospel and the Land
1969	D Eirwyn Morgan	Bedydd – Cred ac Arfer
1970	O E Evans	Saints in Christ Jesus

1971	James Humphreys	Yr Argyfwng Cred
1972	John R Richards	Jesus – Son of God, Son of Man
1973	Maurice Loader	Yr Epistol at y Galatiaid
1975	G Henton Davies	The Old Testament as a Whole
1977	Gwilym R Tilsley	Crefydd y Beirdd
1979	S Ifor Enoch	Jesus in the Twentieth Century
1981	David Protheroe Davies	Gwir Dduw o Wir Dduw
1984	Iorwerth Jones	Recent Revelation Theology
1986	Dafydd G Davies	Canon y Testament Newydd – ei Ffurfiad a'i Genadwri
1988	Islwyn Blythin	Religion and Methodology: Past and Present
1990	Elfed ap Nefydd Roberts	Diwinyddiaeth Fugeiliol: ei Seiliau a'i Hegwyddorion
1992	Cledan Mears	Marriage and Divorce: some Moral Anomalies
1994	R Tudur Jones	Teyrnas Crist a'r Tywyllwch yng Nghymru
1996	D Hugh Matthews	The Church in the New Testament
1998	Martin H F Forward	Gods, Guides and Gurus: Theological Reflections on Travels with my Aunt
2000	Hefin Jones	Crefydd, y Cread a Chadwraeth
2002	Stephen Nantlais Williams	Two Thousand Years On: What is Truth?
2005	Gwilym Henry Jones	Etifeddu'r Tir
2007	Leslie Griffiths	Execrable Villainy: Evangelical Christians and the abolition of the Slave Trade
2009	Gwyn Thomas	Drych Aneglur (Duw a Dyn a Dawkins)
2011	Richard Harries	Passion in Art
2013	Noel Davies	Moeseg Gristnogol Gyfoes
2015	Mererid Hopwood	Gwragwn Tanc: Gwnawn Dangnefedd
2016	Loretta Minghella	Is Christianity Good for the Poor?
2017	Densil Morgan	'Y Williams Iawn?': Golwg Newydd ar Williams Pantycelyn gan Saunders Lewis
2018	Brian Griffiths	Is there a Christian Alternative to Capitalism or Socialism?
2019	Elwen Evans	Milltir Sgwâr, Byd Crwn
2020	Linda Woodhead	'Understanding Young Millennials: Values, Identities and Belonging'

Llyfryddiaeth

Charles Arch, *Byw dan y Bwa* (Caernarfon: Gwasg Gwynedd, 2005)

Charles Arch, *O'r Tir i'r Tŵr* (Caernarfon: Gwasg Gwynedd, 2007)

P J Atkins, 'London's intra-urban milk supply circa 1790 to 1914', *Transactions of the Institute of British Geographers,* 2 (1977), 383–99

P J Atkins, 'The retail milk trade in London 1790 to 1914', *Economic History Review,* 33 (1980), 522–37

Penny Dade, *Alpha to Odyssey: a short history of a St Albans' cinema* (2014)

Gwennant Davies, *The Story of the Urdd 1922–1972* (Aberystwyth: Cwmni Urdd Gobaith Cymru, 1973)

M C Donaldson, 'Edward Richard of Ystrad Meurig', *Ceredigion,* 5(3) (1966), 239–45

Lyn Ebenezer, *Rhwng Mynydd a Mawnog: hanes a lluniau ardal Pontrhydfendigaid, Ffair Rhos ac Ystrad Fflur tan 1975* (Pontrhydfendigaid: cyhoeddwyd gan Grŵp Datblygu Cymuned Ystrad Fflur, 2010)

Huw Edwards, *City Mission: the Story of London's Welsh Chapels* (Talybont: Gwasg y Lolfa, 2014)

T I Ellis, *Crwydro Llundain* (Llandybïe: Christopher Davies, 1971)

E D Evans, 'The unheralded heritage of Ystrad Meurig School', *Ceredigion* 16(3) (2011), 113–24

Goronwy Evans, *Llais Llwyfan Llanbed: Hanes Eisteddfod Rhys Thomas James, Llanbed* (Llandysul: Gomer, 2004)

Allen Eyles, with Keith Skone, *Cinemas of Hertfordshire* (Hertfordshire Publications and Premier Bioscope, 2002)

Allen Eyles, *Odeon Cinemas 1: Oscar Deutsch Entertains Our Nation* (Cinema Theatre Association, 2002)

Allen Eyles, with Keith Skone, *London's West End Cinemas* (English Heritage, 2014)

R B Forrester, *The fluid milk market in London and Wales* (London: HMSO, 1927)

Gwyneth Francis-Jones, *Cows, Cardis and Cockneys* (Talybont: Gwasg y Lolfa, 1984)

Richard Gray, *Cinemas in Britain: a History of Cinema Architecture* (London: Lund Humphries Publishers, 2011)

R E Griffith, *Urdd Gobaith Cymru: Cyfrol 1 (1922–45); Cyfrol 2 (1946–60); Cyfrol 3 (1960–72)* (Aberystwyth: Cwmni Urdd Gobaith Cymru, 1971–3)

Rhidian Griffiths (gol), *Y Cyfoeth Gorau: Cyfrol Deyrnged i W Rhys Nicholas, 1914–1996* (Cymdeithas Emynau Cymru, 2014)

Megan Hayes, *The London Milk Trail* (Llanrwst: Gwasg Carreg Gwalch, 2015)

Megan Hayes, *Cows, Cobs and Corner Shops/Y Lôn Laeth i'r Ddinas* (Talybont: Gwasg y Lolfa, 2018)

Gwilym E Humphreys, *Heyrn yn y Tân* (Caernarfon: Gwasg Pantycelyn, 2000)

Morfudd Jenkins, *Hanes Eglwys Gymraeg Harrow, 1937–87* (Llundain: cyhoeddwyd gan yr Eglwys, 1987)

Emrys Jones (ed), *The Welsh in London, 1500–2000* (Caerdydd: Gwasg Prifysgol Cymru, 2001)

John Rees Jones, *Sôn am y Bont* (Llandysul: Gomer, 1974)

R Tudur Jones, *Yr Undeb: Hanes Undeb yr Annibynwyr Cymraeg 1872–1972* (Abertawe: Gwasg John Penri, 1975)

W Jones-Edwards, *Ar Lethrau Ffair Rhos* (Aberystwyth: Cymdeithas Lyfrau Ceredigion, 1963)

Leslie H Kemp, 'Reflections on Designing Cinemas' (interviewed by Ron Knee in 1988), *Picture House (magazine of the Cinema Theatre Association),* 36 (2011), 3–22

Michael King, 'Leslie H Kemp and D J James', *Picture House (magazine of the Cinema Theatre Association),* 37 (2012), 86–7

Michael King, 'Cinema Centenary in Hornchurch', *Cinema Theatre Association Bulletin,* 48(2) (2014), 12–14

D F Lloyd (gol), *Cymry Llundain, Ddoe a Heddiw* (Llundain: Undeb Cymdeithasau Diwylliannol Cymraeg Llundain, 1956)

Martin Locock (ed), *Poetry from Strata Florida* (Gwauncaegurwen: Carreg Ffylfan Press, 2013)

J R Lloyd-Thomas, *Moth or Phoenix: St David's College and the University of Wales and the University Grants Committee* (Llandysul: Gomer, 1980)

Geoffrey Macnab, *J Arthur Rank and the British Film Industry* (Abingdon-on-Thames: Routledge, 1993)

Derec Llwyd Morgan, *Y Brenhinbren: Bywyd a Gwaith Thomas Parry 1904–1985* (Llandysul: Gomer, 2013)

M J Morgan, *Byd Moc: Hunangofiant Moc Morgan* (Gol. Lyn Ebenezer) (Llanrwst: Gwasg Carreg Gwalch, 2012)

David Hughes Parry, *O Bentref Llanaelhaearn i Ddinas Llundain: Atgofion Syr David Hughes Parry* (Caernarfon: Llyfrfa'r Methodistiaid Calfinaidd, 1972)

D T W Price, *A History of St David's University College, Lampeter, Volume 2 1898–1971* (Caerdydd: University of Wales Press, 1990)

Goronwy Rees, *A Chapter of Accidents* (London: Chatto and Windus, 1972)

Gomer M Roberts, *Y Ddinas Gadarn: Hanes Eglwys Jewin* (Llundain: cyhoeddwyd gan Bwyllgor Dathlu Dauganmlwyddiant Eglwys Jewin, 1974)

Meic Stephens (ed), *Harri Webb: Collected Poems* (Llandysul: Gomer, 1995)

Michael Wakelin, *J Arthur Rank: The Man Behind the Gong* (London: Lion Book, 1996)

E H Wentham, 'The London Milk Trade 1860–1900', *Economic History Review,* 17 (1964), 369–80

E H Wentham, *The London Milk Trade 1900–1930* (Reading: Institute of Agricultural History, University of Reading, 1970)

John Williams-Davies, 'Merched y Gerddi: a Seasonal Migration of Female Labour from Rural Wales', *Folk Life: Journal of Ethnological Studies,* 15 (1977), 12–23

John Williams-Davies, 'Merched y Gerddi: Mudwyr Tymhorol o Geredigion', *Ceredigion,* 8(3) (1978), 291–303

Mynegai

Aaron, Jane, 168, 171
Ace, Caerdydd, 165
Aloud, 161
Amalgamated Picture Theatres, 33, 106
Amazon Watch, 163
Arch, Charles, 16, 46
Arch, Polly, 89
Arch, Richard, 89
Arglwydd Kilmuir, 57
Arglwydd Ogwr, 57
Associated British Cinemas (ABC), 30
Atkins, P J, 5, 6

Ballarat, Victoria, Awstralia, 26
Banc HBOS, 133
Banc HSBC, 136
Banc Lloyds TSB, 133-34
Banc Northern Rock, 133
Banc RBS, 133-34
Banc Santander, 133
Banc Williams a Glyn, 24
Beard, J Stanley, 34
Bennett, Elinor, 167
Bowen, Roderick, 52
Bowen, William Armistice, 162
Bragdy Adnams, Southwold, 25
Bragdy Anheuser Busch, Mortlake, 25
Bragdy Carlsberg, Northampton, 25
Bragdy Charles Wells, Bedford, 25
Bragdy Greene King, Bury St Edmunds, 25
Bragdy Muntons, Stowmarket, 25
Bragdy Scottish Courage, Reading, 25
Bragdy Shepherd Neame, Faversham, 20, 25
Bragdy Truman, Buxton, 20
Bragdy Wenlock, Llundain, 19
Bragdy Whitbread, Llundain a Luton, 19
Bromley-by-Bow, Llundain, 3, 6
Bron Helyg, Bronant, 3
Bryncethin, Tregaron, 3
Buffett, Warren, 133, 164
Burgess, Thomas, 9
Bwrdd Datblygu Cymru Wledig, 75

CADW, 9
Cadair D J James mewn Diwinyddiaeth Fugeiliol, 81
Cadair John James mewn Diwinyddiaeth, 82
Cadwyn Sinemâu Singleton, 31
Cadwyn Eastern Cinemas, 31, 35, 36, 37, 39
Camlas Surrey, 6, 20
Canolfan Cymry Llundain, 56, 57, 60, 61, 62
Canolfan Ffydd a Diwylliant Morlan, Aberystwyth, 145
Canolfan Goffa y Fonesig Grace James, 82
Canolfan Gymunedol Plasnewydd, Caerdydd, 161
Canolfan Materion Rhyngwladol, Caerdydd, 160
Cerbydau Cwmni James a'i Fab, 19-20
Charles, Alun, 168, 171
Cheetham's Picture Palace, Aberystwyth, 109
Clinch, John, 18
Clues, R K, 83
Cole, Sidney, 43
Coleg Amaethyddol Cymru, 113
Coleg Amaethyddol yr Alban, 26
Coleg Cerdd a Drama, Caerdydd, 161
Coleg Crist, Aberhonddu, 142
Coleg Dewi Sant, Llanbedr Pont Steffan, 10
Coleg Llanymddyfri, 142
Coleg Llyfrgellwyr Cymru, 51, 52
Comisiwn Coedwigaeth, 46
Comisiwn Elusennau, 55, 69, 84, 110-11, 120, 124-25, 139-40, 142, 148, 170, 178
Comisiwn Grantiau'r Prifysgolion, 80, 81, 82

Cooper, Arthur, 118, 174
Covid-19, 135
Creunant, Gwenan, 121, 168, 174
Cronfa Catherine James Pantyfedwen, 62
Cronfa John James Pantyfedwen, 70
Cronfa Mynwent Ystrad-fflur, 93-95
Cronfa Prosiectau Arbennig, 149, 151, 152, 153, 187
Cuffley, Swydd Hertford, 5
Cwmni Agrifirm, yr Iseldiroedd, 27
Cwmni AIG, 133
Cwmni Amalgamated Dairies, 5
Cwmni Buddsoddi Allied Provincial, 112
Cwmni Buddsoddi Lazard, 108
Cwmni Buddsoddi y Brodyr Lehman, 133
Cwmni Buddsoddi Lyddon Thomas Freeguard, 111
Cwmni Buddsoddi Murray, 111-12
Cwmni Buddsoddi Schroder, 133
Cwmni Buddsoddi Tilney, Lerpwl, 112
Cwmni Castlegate, 26
Cwmni Cope & Timmins, 23, 48
Cwmni Cow & Gate, 5
Cwmni Crosse & Blackwell, 8, 48
Cwmni Cyfreithiol Bowen a Griffiths, Aberystwyth, 110
Cwmni Enron, 132
Cwmni Express Dairies, 5
Cwmni Fannie Mae, 133
Cwmni Freddie Mac, 133
Cwmni F W Gilbert Dairies, 5, 12
Cwmni Great Western and Metropolitan Dairies, Llundain, 5
Cwmni James a'i Fab, 17-29, 106
Cwmni James a'i Fab, yr Ariannin, 27
Cwmni James a'i Fab, Seland Newydd, 27
Cwmni Ronnie John, 74
Cwmni A Edward Jones, Birmingham, 54
Cwmni Lloyds, Llundain, 49
Cwmni Mi-Feed, 27
Cwmni McCain, 25, 26
Cwmni No Loss, Caerdydd, 74
Cwmni Parkfield, 112
Cwmni L K Roodhome, Walsall, 109
Cwmni Sinemâu Essoldo, Llundain, 38
Cwmni Sinemâu Hornchurch, Llundain, 36
Cwmni Sinemâu Mayfair, Llundain, 38
Cwmni Sinema NAZ, Llundain, 37
Cwmni Unigate, 5
Cwmni United Dairies, 5, 12
Cwmni Wiltshire United Dairies, 5
Cwmni Worldcom, 132
Cwmni Yswiriant Admiral, 162
Cwmni Yswiriant Prudential, 33, 39
Cwmnïoedd FAANG, 134
Cymdeithas Bridio Defaid Romney Marsh, 17
Cymdeithas Ffilmiau Crefyddol, 43
Cymdeithas Gwasanaethau Cymdeithasol Hornchurch, 36
Cymdeithas Hamdden Caersŵs, 160
Cymdeithas Theatr Sinema, 40
Cynan (Archdderwydd), 88
Cyngor Bwrdeistref Aberystwyth, 82, 84
Cyngor Sir Ceredigion, 83
Cyngor Sir Dyfed, 83, 84
Cytûn (Eglwysi ynghyd yng Nghymru), 147

Dafydd ap Gwilym, 93
Daniel, Goronwy, 167
Darlith D J James (bellach Darlith Flynyddol Morlan-Pantyfedwen), 142, 144, 188-89
Datganiad Egwyddorion Buddsoddi, 126-29
Davies, Daniel, 57, 88, 167
Davies, D P, 60
Davies, Diane, 121, 174
Davies, Ebeneser Curig, 65, 68, 167
Davies, Ifor H, 167
Davies, James Arthur, 167
Davies, John (Archesgob Cymru), 171
Davies, Margaretta Janetta, 8
Davies, Rachel Berenice, 121, 174
Davies, Thomas, 8
Davies, William Mansel, 115, 118, 174
Deddf Buddsoddi Ymddiriedolwyr, 124
Deutsch, Oscar, 31
Dewi Sant, 89

Dug Caeredin, 87-88
Dydd Llun Du, 130

Earis, Irene, 46
Earis, Roger, 46
Education Uganda, 163
Edwards, Huw, 23, 86, 87, 114
Edwards, Ifan ab Owen, 49, 53
Edwards, Prys, 75
Eglwys yr Annibynwyr, Harrow, 87
Eglwys Bresbyteraidd Charing Cross, Llundain, 87
Eglwys Bresbyteraidd Cymru, 62, 64, 65 68, 69, 70, 101, 112, 186
Eglwys Bresbyteraidd Falmouth Road, Llundain, 86, 114
Eglwys Bresbyteraidd George Street, Llundain, 60
Eglwys Bresbyteraidd Jewin, Llundain, 58, 86, 87
Eglwys y Fair Fadlen, Davington, 18
Eglwys Rhydfendigaid, 71, 75
Eglwys y Santes Fair, Ystrad-fflur, 89, 90, 91, 92, 93, 95
Eisteddfod Goffa John James Pantyfedwen, Aberteifi, 71, 76-77, 78, 143, 151, 186
Eisteddfod Genedlaethol, 70-71, 72, 143, 149, 151, 165, 186
Eisteddfod Ryngwladol Llangollen, 143, 151, 186
Eisteddfodau Pantyfedwen, 49, 70, 71-79
Eisteddfod Rhys Thomas James Pantyfedwen, Llanbedr Pont Steffan, 71, 76, 77, 78, 143, 151, 186
Eisteddfodau Teulu James Pantyfedwen Pontrhydfendigaid, 15, 49, 71, 72, 73-76, 143, 151, 186
Elusennau a materion buddsoddi: canllaw i ymddiriedolwyr, 124,127
Ellis, R J, 83
Enoch, Robert Alun, 167
Euston, Llundain, 5
Evans, D J Goronwy, 77, 115
Evans, Eddie (Eccles), 78-79
Evans, E Lewis, 64
Evans, Evan, 86
Evans, Geraint, 89, 90, 92, 94, 95
Evans, Ifor, 88
Evans, Lewis Pugh, 88
Evans, R Alun, 168, 171
Evans, Trebor Lloyd, 65, 67
Evans, William Emrys, 167

Fawcett, Charles Leonard, 107, 167
Ford, Henry, 164

Ffair Fawr y Borth, 50
Fferm Blaen Fflur, 14
Fferm Bronberllan, 14
Fferm Caemadog, 14
Fferm Cil Garn, 14
Fferm Dolybolion, 14, 15, 108
Fferm Grofftau, 14
Fferm Penlan, 14, 15
Fferm Talwrn, 14
Fferm Tanygraig, Llanilar, 113, 181
Fferm y Fynachlog Fawr, 14, 15, 16, 108, 109

Gareglwyd, Pontrhydfendigaid, 15
Gates, Bill a Melinda, 164
General Cinema Finance Corporation, 31, 35, 39
George, David Lloyd, 88
George, Gwilym Lloyd (Iarll Dinbych y Pysgod), 88, 106, 111, 166, 172
Glanllyn, 51-52
Global Fishing Watch, 163
Grantham, Melda, 171
Gray, Thomas, 93
Griffith, R E, 49-50, 53, 54-55
Griffiths, James, 50
Griffiths, Rhidian, 168, 171
Gruffydd, Robert Geraint, 167
Guy, Mrs, 121, 174
Gwersyll Celtaidd y Borth, 51
Gwersyll Cydwladol y Borth, 51
Gwesty'r Belle Vue, Aberystwyth, 109
Gwesty'r Cambrian, y Borth, 49-50
Gwesty'r Claridge's, Llundain, 88
Gwesty'r Grand, y Borth, 49-50
Gwesty'r Talbot, Tregaron, 13
Gŵyl Fawr Aberteifi, 76

Hafodeidos, Pontrhydfendigaid, 15
Hafodnewydd, Pontrhydfendigaid, 11
Haggeston, Hackney, Llundain, 3
Hagur, Douglas, 52
Hall, Alfred, 21
Hall, Bob, 21, 24, 28
Hall, John, 21, 24
Hannaway, James, 35
Harris, John Kendal, 167
Hayes, Megan, 4, 6, 12
Hodge, Julian, 138, 161
Howells, Eliseus, 65, 88, 90, 93
Howells, Geraint, 167
Hughes, Glyn Tegai, 167
Hughes, Herbert, 66
Hughes, Ifan Moelwyn, 60, 167
Humphreys, Gwilym, 116-17, 168
Hunt, E W, 92

Iago Pontrhydfendigaid, 88
Imperial Cancer Research Fund, 91
Ifans, Rhiannon, 120

James, Catherine, 3, 4, 8, 9, 10, 18, 34, 42, 44-46
Jamesep, 26
James, Grace Lily, 17, 18, 41, 61, 71, 85, 87, 89, 90, 94, 101
James, John, 3, 4, 5, 8, 9, 10, 11, 12
James, Rhys Thomas, 8, 11, 89
Jenkins, Charles, 7, 20-21, 23, 24
Jenkins, David, 7, 20
Jenkins, David (Aberystwyth), 7-8
Jenkins, David (Penrhyncoch), 167
Jenkins, Idris, 87
Jenkins, John, 7-8, 24
Jenkins, Morfudd, 87
Jones, A K Crisp, 54, 55
Jones, Aled Hall, 78
Jones, Byron, 22-23
Jones, Caradog, 46
Jones, Dorian, 77
Jones, Emrys, 4, 6
Jones, Emrys Wynn, 117, 167, 173
Jones, Geraint R, 168, 171
Jones, Gwenan, 50
Jones, Gwerfyl Pierce, 117-18, 168, 171, 173
Jones, Gwilym R, 78
Jones, Ifan, 25
Jones, Iorwerth, 65, 67
Jones, Jim, 74
Jones, John (Coleg Sant Ioan), 9
Jones, John (Pantyfedwen), 46
Jones, Moses John, 167
Jones, Neli, 76
Jones, Richard Morris, 171
Jones, R Melville, 167
Jones, R Tudur, 65-66
Jones, Selwyn, 76
Jones, Sian Lloyd, 168, 171
Jones, T Gwynn, 93, 95
Jones, T Ivor, 57, 107, 167
Jones, Tom, 54, 57, 83, 92, 110, 114-16, 167, 174
Jones, Wyn Penri, 168, 171
Jones-Edwards, W, 18, 43, 45

Kemp, Leslie, 35, 36, 37, 38, 39, 40, 44, 45, 48, 100
Knee, Ron, 40

Lewis, David Gwynder, 168, 171
Lewis, David Penrose, 167
Lewis, Elfed, 50
Lewis, Enid, 168
Lewis, J Hext, 167
Loch Leven, yr Alban, 90
Loch Lomond *supers*, 25
Luddenham Court, Davington, Faversham, 17

Llais Llwyfan Llanbed, 77, 78
Llaethdy Northampton, Clerkenwell, 4
Llanddewibrefi, 8
Llangrannog, 51, 52
Lledrod, 8
Llewelyn, Rhydian, 167
Lloyd, Hugh P, 57
Lloyd, Peter, 57, 60
Lloyd-Thomas J R, 81, 91, 92

Marchnad Caledonia, Llundain, 12
Matthews, Hugh, 77
Morgan, Derec Llwyd, 80, 81, 118, 168, 171, 173,
Morgan, Enid, 168
Morgan, Moc, 15, 18, 73, 91, 98, 100, 102, 167
Morgan, Richard Harding, 117, 118, 121, 174
Morris, Dai, 113
Morris, Edwin (Archesgob Cymru), 88-89
Morris, John Meirion, 55
Morris, Judith, 171
Morris, Meirion, 171
Morton, V C, 80
Mynegrif NASDAQ, 132

Neuadd Gymunedol Pontrhydfendigaid, 61
New Cross, Llundain, 18
Nicholas, W Rhys, 78-79

Olifyr, Ned, 46
Olmar Investments Cyf, 27, 28
Olmar Wharf, Llundain, 6, 18, 20, 24, 32, 177
Opera Cenedlaethol Cymru, 160
Owen, David Samuel, 167
Owen, Owen M, 76
Owen, W T, 68

Paddington, Llundain, 5
Pafiliwn, Pontrhydfendigaid, 73, 74, 75
Pantyfedwen, Ystrad-fflur, 8, 9, 11, 71
Pantyfedwen (emyn ac emyn-dôn), 78-79
Parc Pantyfedwen, 71
Parry, David Hughes, 50, 64-65, 68, 69, 110, 111, 113, 167, 172
Parry, R Williams, 66
Parry, Thomas, 80, 81, 167
Peate, Iorwerth, 67
Peterborough, 24
Phillips, William John, 168
Plwyf Caron Uchaf, 13
Plwyf Gwnnws Uchaf, 13
Powell, Anna, 13
Prifysgol Abertawe, 162
Prifysgol Aberystwyth, 80, 81
Prifysgol Caerdydd, 81, 161, 162
Prifysgol Cymru, 80, 81, 87, 88
Prifysgol Dewi Sant, Llanbedr Pont Steffan 80-82
Prifysgol Metropolitan Caerdydd, 162
Prifysgol Reading, 26
Pwyllgor y Pedwar Enwad, 63-64
Pwllwhyd, Pontrhydfendigaid, 15

Rank, J Arthur, 31, 39-40, 42-44
Rees, Dyfrig, 171
Rees, Goronwy, 6, 80
Rees, Graham Lloyd, 114, 116-17, 118, 167, 172, 173
Rendel, Stuart, 88
Reynolds, Idris, 77
Richard, Edward, 9
Richards, Brinley, 65, 67
Richards John, (esgob Tyddewi), 52, 89, 90, 91, 92, 94, 95
Richards, Ken, 168, 171
Roberts, E W, 83
Roberts, John, 77
Roberts, William Cynfab, 167
Rockefeller, John D, 164
Rowlands, Cathrine, 3
Rowlands, John, 72
Rowlands, Richard, 3

Rhannu Adeiladau Eglwysig, 147
Rhoddion DJ, 85-86
Rhyddfraint Aberystwyth, 88

Scarborough, 24
Seintiau mewn ffenestri lliw, 89
Selvage, Charles, 21, 24
Sharp, Roy Frederick, 168, 171
Siop ddillad Mango, 39
Sinema'r Astoria, Old Kent Road, Llundain, 33
Sinema'r Astoria, Streatham, Llundain, 33
Sinema'r Capitol, St Albans, 33, 35
Sinema'r Capitol, Upminster, 33, 36

Sinema'r Classic, Hatfield, 37
Sinema'r Curzon, Hatfield, 37
Sinema'r Grand Palace, St Albans, 33, 35
Sinema'r Havana, Romford, 33, 37
Sinema'r Majestic, Stoke Newington, 33, 38
Sinema'r Mayfair, Brick Lane, Stepney, 33, 37
Sinema'r Mayfair, Caledonia Road, 33, 38, 39, 48
Sinema'r Mayfair, Chadwell Heath, Dagenham, 33, 35, 41
Sinema'r Museum, Bethnal Green, 33, 36-37, 40
Sinema'r Odyssey, St Albans, 35
Sinema'r Palladium, Aberystwyth, 119
Sinema'r Palmadium, Palmers Green, 17, 33, 34, 45
Sinema'r Park, Hither Green, 33, 38, 39
Sinema'r Plaza, Romford, 33, 37
Sinema'r Regent, Hatfield, 33, 37
Sinema'r Super, Hornchurch, 33, 36
Sinema'r Towers, Hornchurch, 33, 36
Sinema'r Trafalgar, Greenwich, 33, 35, 41
Sinema'r Vogue, Stoke Newington, 38
Sinemâu Gaumont, 31, 34, 35, 36
Sinemâu Odeon, 31, 35, 36, 37
Smith, Harry, 21, 24
Smith, Stanley Bayliss, 107, 167
Stadiwm Dagenham, 108
Stadiwm Romford, 45, 108, 112, 177
Star Cyf, 39
Steadman, Richard, 13
Steel, Anthony, 81, 82
Stevens, Alice, 17
Stevens, Ashley, 17
Stevens, David, 162
Stevens, Heather, 162
Stiwdios Pinewood, 43
Sutton Hall, Barcombe, 8, 48, 71, 83, 90, 102, 128, 175, 177

Tasker, Frederick, 35, 36, 37, 39, 40
Techniquest, 163
Teulu'r Powells, Nanteos, 13
Teulu'r Shenstone, 48
Thomas, Ben Bowen, 50, 57
Thomas, J Lloyd, 66
Thomas, Percy Tudor, 167
Thomas, R Glyn, 167
Tottenham Cinema and Entertainments Ltd, 108
Trafodaethau gyda'r enwadau yng Nghymru, 62-70
Tŷ'r Sinema. Stryd Rhydychen, Llundain, 32, 33, 38-39, 41, 48, 57, 105, 106, 107
Tŷ Unnos, Gwndwngwynau, Pontrhydfendigaid, 15

Theatr y Frenhines, Hornchurch, 36

Undeb Bedyddwyr Cymru, 62, 63, 65, 69, 186
Undeb Bedyddwyr Prydain Fawr, 186
Undeb Cymru Fydd, 120
Undeb yr Annibynwyr Cymraeg, 62, 63, 64, 65, 66, 67, 69, 70, 101, 186
Upminster, 177
Urdd Gobaith Cymru, 49-56, 142, 143

Ware, Margaret, 82
Water Aid, 163
Webb, Harri, 93
Wellingborough, Northampton, 23, 24, 25, 27
White, Eryn Mant, 168, 171
Williams, Alun Llewelyn, 167
Williams, Elfed G, 92
Williams, Glanmor, 114, 115, 116, 167, 172
Williams, Gwilym, 87
Williams, Howell J, 56
Williams, J G , 71
Williams, John, 88
Williams, Nel, 121, 174
Williams, Thomas Ivor, 58, 107, 114, 116, 167, 172
Williams, Tom, 21, 106
Williams-Davies, John, 67
Wojnarowski, Kostek, 51, 82
Wood, Thomas, 92

Y Gronfa Arian Ryngwladol, 131
Y Gronfa Incwm Tu Cefn, 182-83
Ymddiriedolaeth Catherine a'r Fonesig Grace James, 16, 54, 75, 109, 119, 144, 145, 148, 175-77, 180, 184-85
Ymddiriedolaeth Cyfiawnder Amgylcheddol, 163
Ymddiriedolaeth Cymry Llundain, 56
Ymddiriedolaeth D J James Pantyfedwen, 61, 94, 106, 109, 141, 175-77, 184
Ymddiriedolaeth Garfield Weston, 164
Ymddiriedolaeth James Pantyfedwen, 98, 99, 102, 105, 118, 120, 125, 147, 148, 159, 164, 180-81, 185
Ymddiriedolaeth Jane Hodge, 158, 160-62, 164
Ymddiriedolaeth John a Rhys Thomas, 56, 109, 111, 119, 120, 121, 144, 145, 148, 178-79, 180, 182, 183
Ymddiriedolaeth Leverhulme, 164
Ymddiriedolaeth Margaret Davies, Llandinam, 88, 159-60
Ymddiriedolaeth Nuffield, 158, 164
Ymddiriedolaeth Waterloo, 158, 162-63, 164
Ymddiriedolaeth Wellcome, 164
Ymddiriedolaeth Tywysog Cymru, 161, 163
Ymddiriedolwyr Cyffredin, 166-68
Ymddiriedolwyr yn rhinwedd eu swyddi, 166
Y Mudiad Cenedlaethol dros Feysydd Chwarae, 86, 87, 88
Yr argyfwng ad-dalu morgeisi, 133
Yr Eglwys yng Nghymru, 62, 63, 65, 186
Yr Eglwys Fethodistaidd (yng Nghymru), 62, 63, 65, 186
Yr Eglwys Unedig Ddiwygiedig (yng Nghymru), 186
Ysgol Gynradd Ystrad-fflur, 9
Ysgol Rydal, 142
Ystad Sunny Hill, Tregaron, 13
Ystafell Dewi Sant, Tŷ'r Sinema, 58
Y Swper Olaf, 89
Y Swyddfa Gymreig, 83

Tanysgrifwyr

Jane Aaron, Aberystwyth
Eurfyl ap Gwilym
Pwyll ap Siôn, Caernarfon
David Barnes, Cwmystwyth
Gwynn Bowyer, Caerfyrddin
Capel Bethania, Tymbl Uchaf
Coleg y Bedyddwyr, Caerdydd
R Alun Charles
Gwenan Creunant, Aberystwyth
Cynog a Llinos Dafis, Llandre
Lyn Lewis Dafis, Penrhyn-coch
Amelia Davies, Aberystwyth
Carys Wynne Davies, Dolau
Y Parchedig Ddr Desmond Davies, Caerfyrddin
Eleri Davies, Aberystwyth
Elfyn a Rowena Davies, Ffarmers
Elgan a Dilys Davies, Pontarfynach
Elgan a Menna Davies, Bow Street
Gwyn Tudur Davies, Aberystwyth
Martin Davies, Aberystwyth
Phil Davies a Megan Mai, Tal-y-bont
Marian Delyth, Blaenplwyf
Eisteddfod Calfaria, Garnant
Eisteddfod Gadeiriol Dyffryn Conwy, Llanrwst
Eisteddfod Rhys Thomas James Pantyfedwen, Llanbedr Pont Steffan
Eisteddfod Gadeiriol y Talwrn, Ynys Môn
Dafydd Morgan Evans, gynt o Bontrhydfendigaid
Eirian a Menna Evans, Aberystwyth
Emyr Gwyn Evans, Y Tymbl
Huw Evans, Aberystwyth
Janet Evans, Llambed
Dr R Alun Evans, Caerdydd
Beti Griffiths, Llanilar
Dafydd a Meri Griffiths, Caerdydd
Wil a Mair Griffiths, Comins Coch
Ceris Gruffudd, Penrhyn-coch
Lloyd Harries, Trelech
Marged Haycock, Capel Madog
Yr Athro Mererid Hopwood, Llangynnwr
Bernant Hughes, Rhuthun, gynt o Ystalyfera
Dewi Hughes, Clydach
Dr Bleddyn Owen Huws, Aberystwyth
Richard E Huws, Bont-goch, Ceredigion
Christine James ac E Wyn James, Caerdydd
Dafydd Charles Jones, Bae Colwyn
Dorian a Rhian Jones, Llanbedr Pont Steffan
Elin Jones, Aberaeron
Eric Jones, Aberdâr
Y Parchedig Eric Jones, Bangor
Gareth Morgan Jones, Pontardawe
Geraint R Jones, Bontnewydd
Gwerfyl Pierce Jones, Penrhyn-coch, Aberystwyth
Y Parchedig Gwilym O Jones, Croesoswallt
Hefin Jones, Caerdydd
Ifan Jones, Bethania
John, Menna, Cadi a Siencyn Jones, Ffair-rhos
Lona Jones, Waunfawr, Aberystwyth
Wynne Melville Jones, Llanfihangel Genau'r Glyn
Rhian a Wyn, Tonteg
Y Parchedig Eirian Wyn Lewis, Mynachlog-ddu, Sir Benfro
John Lewis, Llandysul
Mrs Dilys J Lloyd, Aberystwyth
Pryderi Llwyd Jones, Cricieth
Elvey a Delyth MacDonald, Llanrhystud
Dr J Lionel Madden, Aberystwyth
Derec Llwyd Morgan
Y Parchedig Ganon Enid Morgan, Aberystwyth
Yr Athro Alun a Mrs Mary Morris
Judith Morris, Penrhyn-coch
Y Parchedig Robert Nicholls, Llundain
Gareth a Nonna Owen, Aberystwyth
Richard Owen, Penrhyn-coch
Delyth Morgans Phillips, Talsarn
W John Phillips, Llanbedr Pont Steffan
John Pritchard, Llanberis
Eilir Pryse a Fflur Rhys, Caerfyrddin
Eleri a Maldwyn Pryse, Aberystwyth
Y Parchedig Elwyn Pryse, Pen-y-garn

Y Parch Hywel Wyn Richards, Penybont-ar-Ogwr
Ken Richards, Aberystwyth`
A a G Sippings, Aberystwyth
Elan Closs Stephens, Aberystwyth
Wyn Thomas, Llandyfriog
Stephen Thomas, mab Sir Gâr
Geraint Tudur, Bangor
Jeremy a Mari Turner, Aberystwyth
Undeb yr Annibynwyr Cymraeg
Dr Huw Walters, Aberystwyth
Eryn White, Aberystwyth
Dafydd ac Elinor Wigley
David Williams a Gwyneth Evans, Llanbedr Pont Steffan
Dilwyn a Nerys Williams, Pen-y-groes
Emyr Williams, Aberystwyth
Hywel a Susan Williams, Llanrug
John Tudno ac Ina Williams, Capel Seion, Aberystwyth
Y Parchedig O G Williams, Amlwch